同光之际海防人才政策研究

季岸先　著

中国海洋大学出版社

·青岛·

图书在版编目(CIP)数据

同光之际海防人才政策研究 / 季岸先著. —青岛：
中国海洋大学出版社,2017.11
ISBN 978-7-5670-1647-7

Ⅰ.①同… Ⅱ.①季… Ⅲ.①海防－人才政策－研究
－中国－清后期 Ⅳ.①E295.2

中国版本图书馆 CIP 数据核字(2017)第 300167 号

出版发行	中国海洋大学出版社			
社　　址	青岛市香港东路 23 号		**邮政编码**	266071
出 版 人	杨立敏			
网　　址	http://www.ouc-press.com			
电子信箱	1193406329@qq.com			
订购电话	0532－82032573(传真)			
责任编辑	孙宇菲		**电　　话**	0532－85902469
印　　制	虎彩印艺股份有限公司			
版　　次	2017 年 12 月第 1 版			
印　　次	2017 年 12 月第 1 次印刷			
成品尺寸	170 mm×230 mm			
印　　张	11.875			
字　　数	210 千			
印　　数	1—1000			
定　　价	36.00 元			

发现印装质量问题,请致电 18600843040,由印刷厂负责调换。

目　录

引　言

　　中国负陆面海，既是一个陆域辽阔的国家，也是一个海疆宽广的国家。早在殷商时期，远古中国即有以"渔盐之利"和"舟楫之便"为主的涉海活动。春秋战国时期，吴楚、吴齐和吴越之间，均发生过以舟船为军事装备的水上争战。秦汉一统时期，秦朝在对南越、东瓯、朝鲜的征战中出现了海上征战的实例。不过，历朝历代面临的强敌主要来自北方塞外，而非东南海疆。古代中国由此也不十分重视海上防卫力量的建设与发展。直至明朝，因倭寇的侵扰，朝廷上下开始关注海防。但是，与倭寇的斗争，依靠的军事力量，主要源于陆军，而非海上。清朝入关之后，出于巩固统治和压制反抗势力的现实需要，继续实行明朝以来的海禁政策，海上武备松弛，防卫虚弱。虽设立水师布防沿海和长江，但旧制水师的军事装备水平和军事人才素质都远谈不上是真正的海防力量，更够不上"海军"的称谓。何况，旧制水师尚且时存时废，时断时续。对此，《清史稿》也说："国初"的海防，只是用以防备海盗而已。直至1840年6月，英国以蒸汽机舰船为主要标志的近代舰队从印度出发，抵达中国海面，以坚船利炮打开了中国国门。于是，海禁大开，形势急剧变化，海防由此显得更加重要。

　　第一次鸦片战争是中国旧式军事装备与西方近代军事装备之间的一次海上较量。英军以较少的兵力、较小的代价战胜了中国。战事以清政府的惨败告终。究其原因，首当其冲的原因当然是清政府的腐败无能。政治上反动和腐朽，必然导致军事上腐败无能。于清朝皇帝而言，海防战略上，长期疏于战备，可谓"有海无防"；于八旗绿营而言，立朝之后，一直过着养尊处优的优游生活，对于军事战备，疏于训练，纪律松弛，队伍散漫，军心涣散；于将帅统领而言，军事素质不过硬，军事思想陈旧落后，对西方海防战略战术更是所知甚少。正因为长时间的闭关锁国，导致中英之间军事装备对比悬殊。从表面上看，武器装备是一个"物"的问题，而其设计、制造与使用，归根结底源于"人"，源自"人"的思想，"人"的制造和"人"的使用。武器装备在根本上仍是一个"人"的问题。正如早期禁烟名臣黄爵滋所言："人存则政举，故天下无难为之事，无难为之时，总在得有为之人。"①具体说到国防,即所谓"整饬戎务",无论边防,还是海防,根本在于练兵,"尤在择将"。② 可见,人才始终是第一要义。应对海防危机,根本任务在于训练海防兵勇,选拔海防将领,解决海防人才问题。

第一次鸦片战争结束之后,清政府发动沿海沿江督抚官员进行海防善后事宜的讨论,被动地、被迫地寻求化解海上危机的药方。此后,清政府又先后经历了第二次鸦片战争、日本侵略台湾、日本侵吞琉球、中法战争、中日甲午战争等重大海防危机。每次海防危机之后,晚清政府照样会发动沿海沿江的督抚大臣进行海防善后事宜的讨论。历次海防策略大讨论或多或少都会涉及"用人"问题。确实,中外之间的海防斗争,是彼此综合国力的较量,而人才,尤其是海防人才,则是其中的关键因素,其中的根本问题。

进入 21 世纪以来,全球围绕海洋资源与海洋权益的国际争端越来越激烈,形势越来越复杂。我国与周边国家之间的海洋权益纷争也日趋常态化、长期化和复杂化。当前,我国正致力于建设海洋强国,并切实应对"维护国家海洋权益"这一重大命题。这就需要不断推进国家海洋维权力量的发展与建设,其中的关键,同样在于人才,在于教育。

同治十四年(1874 年),在日本侵吞台湾的海防危机事件之后,晚清政府在沿海沿江督抚中再次发动了海防思想大讨论,即第三次海防策略大讨论。历史学家称之为同光之际海防策略大讨论。③ 应该清醒地认识到,鸦片战争之后,1840 到 1874 年,晚清政府已先后两次开展海防策略大讨论。无论是海防斗争与海防筹备,还是海防思想与海防政策,晚清政府都已进行了 30 多年的实践与探索。朝野上下对海防问题应该有了一个相对清楚的认识,对海防思想与政策的认识也应该进入了一个相对成熟的阶段。海防思想与政策的发展演变,进入到一个"趋实时期"。④ 将同光之际海防策略大讨论置于晚清海防斗争史,或者说晚清海防思想史这一历史坐标之下分析,不难发现,它事实上正处在晚清海防思想与政策发展演变的历史交汇点,具有承上启下的显著特征。1874 年,清政府进行了海防讨论。1875 年,清政府进行了海防决策。随后 10 年间,即 1875

---

①　黄爵滋.鸿胪寺卿黄爵滋敬陈六事疏(道光十五年九月初九日)//张晓华.中国近代战策辑要(上).北京:军事科学出版社,1993:1.

②　黄爵滋.鸿胪寺卿黄爵滋敬陈六事疏(道光十五年九月初九日)//张晓华.中国近代战策辑要(上).北京:军事科学出版社,1993:2.

③　王宏斌.晚清海防:思想与制度研究.北京:商务印书馆,2005:80.

④　戚其章.晚清海防思想的发展及其历史地位.东岳论丛,1998(5):82.

至 1884 年,至中法战争前夕,清政府对海防政策进行了实际的执行探索。1885
年,晚清政府对海防政策进行了修订调整。随后 10 年间,即 1885 至 1894 年,至
中日甲午战争前夕,清政府对调整之后的海防政策进行了再次的执行。同光之
际,通过上下讨论所形成的朝廷海防政策,是对此前海防思想与认识的一次系统
总结,是对此后海防发展与建设实践的一次系统筹划。同光之际海防策略大讨
论是一个"漏斗",清政府以往的海防思想都流入了此次海防讨论,清政府之后的
海防实践都从此次海防讨论流出。无论是讨论的主题、参与讨论的人员范围,还
是事后的朝廷决策、政策执行、政策调整及其历史影响等,同光之际海防策略大
讨论在历史上的影响都是空前的,具有显著的代表性特征和典型性意义。

学术界非常重视对同光之际海防策略大讨论的历史研究。致力于中国近代
军事史、中国近代海军史、近代军事教育史、中国近代教育史,甚至是中国近代史
等研究领域的学者,往往或多或少都会涉及这一重大历史事件。以往的学术研
究往往过于偏重对此次海防策略讨论的历史事实的发掘,注重从史实的角度,关
注沿海沿江军政官员的内部思想矛盾,关注"海防"与"塞防"的争论,关注此次海
防讨论的主题,所达成的思想共识等,这些都富有价值与见地。据笔者查实的文
献资料,目前尚未见到从政策学的视角对同光之际海防策略大讨论的思想基础、
决策机制、政策执行、政策调整和政策启示等展开系统研究的理论成果,更未见
到专门研究"海防人才"这一议题的理论成果。从政策学的角度而言,同光之际
海防策略大讨论具有明显的典型性,主要表现在:面临的问题非常明确,即如何
应对海防危机;讨论的主题非常集中,主要涉及"练兵""简器""造船""筹饷""用
人""持久"六大方面;参与讨论的范围非常典型,基本限定在沿江沿海督抚之间;
运行的流程比较完整,从确定主题、发动讨论、汇总意见,到晚清政府的海防决
策,将沿江沿海军政官员的海防思想上升到朝廷海防政策的层面,再到光绪前
期对海防政策的执行、检讨、调整与再执行等,比较完整地涵盖了政策学的基
本要素。

既然"海防人才"是海防建设的核心议题,而同光之际海防策略大讨论又是
晚清海防思想与政策发展演变的关键节点。为此,本书将紧扣"海防人才"这一
核心议题,以 1874~1894 年为时间跨度,选取"同治朝末期"至"光绪朝前期"这
一历史时段,运用政策学的理论视野,从思想基础、决策机制、执行实践、调整过
程与当代启示等方面,对同光之际海防人才政策进行一次系统考察。试图通过
"紧扣核心议题""选取典型案例""截取关键阶段"等技术路线,"以点带线""以线
带面""以小见大",对晚清海防人才思想与政策的发展演变,甚至是海防思想与

政策的整体衍变,形成一种宏观认识与总体把握。

为应对国家安全危机,尤其是海防危机,晚清政府被迫地、被动地开始学习西学,从起先的"器"的购买与仿制,到"人"的培养与引进,再到"思想"的移译与东渐,"制度"的学习与变革,逐步开启了中国近代化的历史征程。其中,中国教育的近代化,可以说是以解决应对海防危机所需的人才问题为直接动力的。紧紧抓住"为什么要重视海防人才问题""需要什么样的海防人才问题""如何解决海防人才问题"等基本论题,全面分析晚清海防人才的思想基础、政策决策、政策执行和政策调整的历史过程,有助于正确认识晚清政府解决海防人才问题的应对策略,合理看待近代海防教育的经验教训,从而深刻把握中国教育近代化的生动历史,并分析总结晚清政府在应对海防人才危机过程中的成败得失,这对于总结当代海权人才观,反思当代海权人才建设的战略思维、实现路径、决策机制与执行机制等,具有显著的历史意义与现实意义。

第一章　同光之际海防人才的思想观念

　　1874 年春,日军借口船民在台湾遇难,悍然发兵侵略台湾,东南沿海形势骤然紧张。面对国与国之间的海防危机与冲突,比拼的是彼此的海上防卫力量,起决定作用的是国家综合实力。奕䜣一句"苦于我之备虚"①,道出了晚清海防虚弱的实质。根据沈葆桢的来函,奕䜣了解到,虽然朝廷已经将购置铁甲轮船列为筹防计划,但是,一直并未真正实施,屡犯"有事即力图补救""事过则仍事恬嬉"②的错误。由此,对待日军只能采取"宜防不宜遽阻"③的消极防御战略。中日之间一旦决裂开战,滨海沿江,处处都需要设防,而当时的实际情形是"各口之防难恃"。面对明知其理屈的日军的侵犯,晚清政府只能采取"慎于发端""勿遽开仗"④的消极被动战术。一方面,晚清政府进行所谓"委曲将就""多方开谕"的外交斡旋;另一方面,"调兵集船,购利器、筑炮台"⑤,虚张声势。弱国无外交,在国家利益冲突面前,倚靠外交辞令,进行所谓的"外交斡旋"和"道义规劝",结果可想而知。最终,清政府赔款 50 万两白银,并被迫承认琉球为日本属国。

　　1840~1874 年,清政府汲取两次鸦片战争的惨痛教训,海防筹备已经走过了 30 多年的发展历程。即使从洋务运动算起,1861~1874 年,至此也已有了十几年的发展历史。虽然清朝廷多次谕令各地疆臣实心实力筹备海防,筹备海防的诸多计划却并未真正落到实处,务实的海上防卫力量也并未真正的建起。一旦面临海防危机,海防筹备的实际情形仍是"自问殊无把握"⑥,不得不再次采用

---

　　①　奕䜣等.海防亟宜切筹将紧要应办事宜撮叙数条请饬详议折//宝鋆等.筹办夷务始末(同治朝).北京:中华书局,2008:3951.

　　②　黄濬.花随人圣庵摭忆.李吉奎整理.北京:中华书局,2008:436.

　　③　奕䜣等.海防亟宜切筹将紧要应办事宜撮叙数条请饬详议折//宝鋆等.筹办夷务始末(同治朝).北京:中华书局,2008:3951.

　　④　奕䜣等.海防亟宜切筹将紧要应办事宜撮叙数条请饬详议折//宝鋆等.筹办夷务始末(同治朝).北京:中华书局,2008:3951.

　　⑤　李鸿章.奏议覆总理各国事务衙门详议海防折//宝鋆等.筹办夷务始末(同治朝).北京:中华书局,2008:3986.

　　⑥　奕䜣等.海防亟宜切筹将紧要应办事宜撮叙数条请饬详议折//宝鋆等.筹办夷务始末(同治朝).北京:中华书局,2008:3951.

所谓的"羁縻之术"。由于缺乏相应的海防力量,清廷再次遭受了落后挨打、丧权辱国的可悲命运。此次海防危机暴露出来的问题再次引起朝野上下的震动。以奕䜣为代表的一批相对开明的朝廷重臣意识到,中日之间的海防斗争已然失败,此时筹备海防已然滞后,然而,假设再不亡羊补牢,再不及时修备海防,后果将更为不堪设想。与以往如出一辙,晚清政府再次在海防斗争惨败之后,召集沿江沿海督抚就海防善后事宜进行广泛的讨论,即历史学家所称的同光之际海防策略大讨论。

一、海防讨论的正式发动

1874 年 11 月,恭亲王奕䜣有感于以往朝廷内外不乏筹备海防之"心"与筹备海防之"言",却无筹备海防之"实"的积弊,代表总理各国事务衙门上了一道题为《海防亟宜切筹将紧要应办事宜撮叙数条请饬详议折》的奏折,强调当前切实筹备海防的重要性,奏请在南北洋大臣、沿海沿江各督抚将军等朝廷官员之间,就"练兵""简器""造船""筹饷""用人""持久"六条紧要应办事宜,开展一次海防策略大讨论。据历史学家考证,这次总理衙门的奏稿,最初由总理衙门章京周家楣起草。① 总理衙门在上奏时,将周家楣奏折中的"设厂"和"备船"的条议合并为"造船",另外,增添了"用人"和"持久"两条,由此列出了"练兵""简器""造船""筹饷""用人""持久"六大议题。筹备海防,始终离不开人、财、物,即海防人才、海防经费、海防装备等基本要素。历次筹议海防都离不开经费的筹措、武器装备的改进、选人用人等核心议题。时至同光之际,即 1874~1875 年前后,朝野上下意识到,海防人才的作用与地位更为根本,更为核心,更为关键。这次海防策略大讨论中涉及海防人才的议题主要有以下几方面。

一是,以往筹备海防的历史实践中,往往并非"法之未善",而是由于"用非其

---

① 王宏斌在《晚清海防:思想与制度研究》一书中考证说,这次总理各国衙门的奏稿最初是由总理衙门京章周家楣起草的。为此,查阅了《总理各国事务衙门奏周家楣海防亟宜切筹武备必求实际折(同治十二年九月二十七日)·附录周家楣"拟奏海防亟宜切筹武备必求实际疏"所拟五条》这篇历史文献。早在 1873 年 9 月,周家楣从"练兵""备船""简器""设厂""筹饷"五大方面提出了切实筹备海防的建议。其中,在"练兵"一条,周家楣明确提出了"另立海军"的主张,并对海防人才提出了"律严志合,胆壮技精,详悉沙线,神明驾驶,狎习风涛,娴熟演放枪炮"的基本要求。如此,对于海防兵将的训练,除严明纪律、服从命令、锻炼胆识等之外,周家楣还提出了"详悉沙线""神明驾驶""狎习风涛"等专业性、专门性的规格要求,并提出了"雇募外国善于驾驶演放之人为教习"的人才引进措施。周家楣在海防人才问题上提出的这一开创性见解,应当给予肯定。

人",致使"事之不可为"。① 无论是"练兵"与"简器",还是"造船"与"筹饷",海防条议是否能够落实到位,关键在人,在于得人。"一不得人,均归虚费"②。此次筹备海防,必须将海防人才摆在更加突出的位置。

二是,与"陆海兼防"的海防战略相契合,与沿海沿江口岸布防设防的海防策略相配合,清政府必须适应近代海防斗争的实际需要,在训练陆兵的同时,建设一支"娴于驾驶"且"熟狎风涛"的外海水师,以便在海上部署"海洋重兵"③,与侵略者展开迎剿、截击与尾追等形式的海防斗争。

三是,海防筹备的重中之重在于选拔合适的人才出任"海防统帅"和"海防分统"。奕䜣提出,依据"知兵重望""实心办事""熟悉洋情"④的基本原则,遴选朝廷大员出任"海防统帅",并按照"实举所知""公议会推""奏请钦定"⑤的基本程序,选拔优秀的提镇将领担任"海防分统"。

总理衙门的海防条议单列了"用人"问题,并提出了一系列海防人才议题,字里行间隐含的主要问题包括,"需要什么样的海防兵勇""需要什么样的海防统帅""需要什么样的海防分统""如何训练海防兵勇""如何遴选海防统帅""如何选拔海防分统"等。转换为当代话语体系,归结起来,这些问题涉及"为什么要重视海防人才问题""需要什么样的海防人才问题"和"如何解决海防人才问题"等基本论题。

对于奕䜣的这份奏折,道光皇帝予以高度的重视,他认识到,筹备海防的确是事关朝廷命运的"当务之急"与"久远之图"。这份奏折先后廷寄至李鸿章、李宗羲、沈葆桢、都兴阿、李鹤年、李翰章、英翰、张兆栋、文彬、吴元炳、裕禄、杨昌濬、刘坤一、王凯泰、王文韶等朝廷重臣,谕令沿江沿海各省督抚详细筹议海防事务,切实做到悉心筹划、实力讲求与同心筹办。

筹议海防的谕令下达后不久,时任广东巡抚的张兆栋上了一封转奏丁日昌

---

① 奕䜣等.请敕议海防六事疏(同治十三年)//台湾省银行研究室.台湾文献史料丛刊第288种.道咸同光四朝奏议选辑.台北:台湾大通书局,1984:44.

② 奕䜣等.请敕议海防六事疏(同治十三年)//台湾省银行研究室.台湾文献史料丛刊第288种.道咸同光四朝奏议选辑.台北:台湾大通书局,1984:44.

③ 奕䜣等.请敕议海防六事疏(同治十三年)//台湾省银行研究室.台湾文献史料丛刊第288种.道咸同光四朝奏议选辑.台北:台湾大通书局,1984:43.

④ 奕䜣等.请敕议海防六事疏(同治十三年)//台湾省银行研究室.台湾文献史料丛刊第288种.道咸同光四朝奏议选辑.台北:台湾大通书局,1984:44.

⑤ 奕䜣等.请敕议海防六事疏(同治十三年)//台湾省银行研究室.台湾文献史料丛刊第288种.道咸同光四朝奏议选辑.台北:台湾大通书局,1984:44.

所拟的"海洋水师章程"的奏折。其中，对海防人才议题多有论述。

第一，基于第一次和第二次鸦片战争的惨痛教训，丁日昌提出，必须坚持"水师""陆师"兼顾，设置一支外海水师，建立近代新型海军，扩充海上防卫力量，以确保朝廷的海上安全。

第二，设置外海水师需要解决"人"与"器"两个方面的问题。从"器"的角度而言，装备外海水师的第一利器是火轮船，其中尤以大兵轮船最为亟需。对此，丁日昌建议从国外购置火轮船。"办天下事，非才不举"①，从"人"的角度而言，对于装备外海水师所需的人才，丁日昌则主张从本土选拔，建议从沿海地区"重值招募，分别等第，设法抚驭"，这样做的主要目的在于，确保海防装备的驾驭与使用"无须资助外人"，真正实现"指挥如意"②。

第三，选拔"仁廉干练之员"③担任沿海地方官员，在其带领下，发动沿海士民，修筑城堡，编行保甲，教练乡民，巩固海防。

第四，根据丁日昌的设想，分设北洋、东洋、南洋三支水师。同时，"水师"与"制造"兼顾，在"三洋"各设一大制造局。如此，力求实现"水师"与"制造"互为表里，彼此兼顾，不致偏废。设立机器局，制造武器装备，同样离不开人才。其中，"通算学""熟舆地""熟沙线""能外国语言文字"是一种海防人才类型；"谙兵法""优武艺""有胆略"④是另一种海防人才类型。"熟舆地""熟沙线"，这在实质上是提出了海洋素养层面的人才规格要求；"谙兵法""优武艺""有胆略"，则提出了军事素质层面的人才规格要求。应该认识到，这是丁日昌对"需要什么样的海防人才"做出的一种尝试性回答。

第五，根据丁日昌的筹划，海防人才的选拔与海防人才的使用是紧密联系在一起的。正所谓："今日督造轮船之人，即他日驾驶轮船出使外国之人"，⑤应将轮船的制造与轮船的驾驶联系在一起；"今日督造枪炮之人，即他日办理军务之人"，⑥应将枪炮的制造与军务的办理联系在一起。不过，尽管丁日昌一直十分

---

① 丁日昌. 拟海洋水师章程六条//宝鋆等. 筹办夷务始末(同治朝). 北京：中华书局，2008：3957.

② 丁日昌. 拟海洋水师章程六条//宝鋆等. 筹办夷务始末(同治朝). 北京：中华书局，2008：3956.

③ 丁日昌. 拟海洋水师章程六条//宝鋆等. 筹办夷务始末(同治朝). 北京：中华书局，2008：3957.

④ 丁日昌. 拟海洋水师章程六条//宝鋆等. 筹办夷务始末(同治朝). 北京：中华书局，2008：3958.

⑤ 丁日昌. 拟海洋水师章程六条//宝鋆等. 筹办夷务始末(同治朝). 北京：中华书局，2008：3958.

⑥ 丁日昌. 拟海洋水师章程六条//宝鋆等. 筹办夷务始末(同治朝). 北京：中华书局，2008：3958.

关注海防人才问题,①但对于"如何解决海防人才问题",主要倾向于本土人才的培养与选拔,而尚未考虑异域人才的引进与使用。

接到丁日昌《拟海洋水师章程六条》的奏折之后,总理衙门的中枢大臣认识到,"谋必期于慎始,制必贵乎因时,事必要诸可久。"②于是,奏请道光皇帝,建议将丁日昌的奏议与前面总理衙门的奏折一道,发给南北洋通商大臣,沿海、沿江各将军、督抚等,要求将其与总理衙门的海防条议结合起来,一并奏覆。按照清廷的谕令,15位沿江沿海督抚和将军参加了此次讨论。总理衙门先后收到了54件折片、清单和信函。考虑到左宗棠一向留心洋务,总理衙门将海防条议抄寄给了左宗棠,征求其意见建议。至此,同光之际海防人才政策的思想讨论正式发动。笔者拟围绕"为什么要重视海防人才问题""需要什么样的海防人才问题"与"如何解决海防人才问题"等基本论题,归纳沿海、沿江15名军政官员的思想观点,梳理这一时期清廷上下对海防人才议题的思想认识。

二、对海防人才地位与作用的认识

1840年第二次鸦片战争之后,清政府对西方列强海上军事力量的感受与认识,经历了一个从"重器"到"重人"的思想认识转向。起初,清政府重视的是坚船利炮的购置与仿造,关注的是"器"的问题,"师夷长技以制夷"的强烈呼声即可以在某种程度上印证这一点。历史发展到同光之际,王公大臣、朝廷官员和海防将领逐渐认识到,筹备海防,"用人"是"急务",是"要领",是根本。这就由以往的

---

① 早在1867年12月,丁日昌给李鸿章所陈条说中就对海防人才问题多有涉及。在《李鸿章附呈藩司丁日昌条说》的"第三条",丁日昌看到了当时人才问题上最突出的矛盾,即"所用非所习,所习非所用",认为这犯了兵家大忌。武器装备固然重要,而培养出可以熟练使用这些武器装备的人,其实更为关键。这是因为,"夫器械不利,固以其卒予敌,然有器而不知所以用之,仍适以资敌而已。"他在关注"器之制造"的同时,更为关注"器之使用"。其实,无论是"制器"还是"用器",都离不开人,离不开专门性人才。为此,丁日昌提出变通科举,"取士兼求实用之才",使"所用"与"所学"相匹配。"今之儒者,殚心劳神于八股方字,及出而致用也,闭户造车,或不能出门合辙,似应于文场科举之制,略为变通,拟分为八科,以求实济:一曰忠信笃敬,以觇其品;二曰直言时事,以觇其识;三曰考经经史百家,以觇其学;四曰试帖括诗赋,以觇其才;五曰询刑名钱谷,以觇其长于吏治;六曰询山川形势,军法进退,以观其能兵;七曰考算数格致,以观其通,问机器制作,以尽其能;八曰试以外国情事利弊,言语文字,以观其能否不致辱命。上以实求,下亦必以实应。"其中,"询山川形势""考算数格致""试以外国情事利弊"等,都是因应当时海防斗争需要而做出的变通。显然,"询山川形势",主要指向军事地理,甚至是海洋素养;"考算数格致"指向海防人才的科技素质;"外国情事利弊"指向外交事务。除此,所谓"忠信笃敬",指向人才的"品",主要是海防人才的"政治品格"。这些都是有益于晚清时期海防人才培养的先进思想,可惜,当时并未引起清政府的重视。

② 奕䜣等.奏请丁日昌拟海洋水师章程六条饬下南北洋通商大臣及沿海沿江将军督抚奏议折//宝鋆等.筹办夷务始末(同治朝).北京:中华书局,2008:3960.

"重器",逐步转向到"重人",以一种全新的视野审视海防人才的地位与作用。时任直隶总督的李鸿章的观点最具代表性,他认为,总理衙门提出的六大海防条议,确实是"救时要策",于当下而言,是"当务之急";于今后而论,是"久远之图"。① 但是,这六大海防条议的逐条落实,有待于克服"人才之难得""经费之难筹""畛域之难化"和"故习之难除"②等现实困难。为此,必须痛改以往的"拘执"与"常例",从"节省冗费""讲求军实""造就人才"等方面大力推进"变法"。除此,"别无下手之方",其中,"尤以人才为极要"。③ 与此类似,部分督抚同样将"用人"问题摆在了突出位置。

(一)海防策略的制定者与执行者

筹备海防,不仅需要"治海之法",更需要"治海之人"。这是因为,海防策略的制定与执行,在于人才,在于海防人才。正如两广总督英翰、安徽巡抚裕禄在奏折中所说:"自来有治人,始有治法"④。不仅英翰和裕禄持有这种观点,其他军政官员,比如,李翰章、王凯泰、杨昌濬、刘坤一等,都以不同的表述方式,表达了类似的思想观点。⑤ 虽然"法"对于应对海防危机很重要,但"法"毕竟是人制定的,仍然取决于"人"。而且,即使有了应对海防危机的"良法",也得靠"人"来掌握和贯彻。"治海之法"固然重要,更重要的是"治海之人"。

说到"治海之法",即所谓海防策略,鸦片战争中殉国的关天培在1836年前后汇编过《筹海初集》。鸦片战争以后,梁廷枏、俞昌会和李福祥等编辑了类似的海防著作。魏源的《海国图志》更是详细列举了海防的"守之法""战之法""款之法"等种种策略。《海国图志》初版于1843年,1847年和1852年又进行了几次

---

① 李鸿章.大学士直隶总督李鸿章奏议覆总理各国事务衙门详议海防折//宝鋆等.筹办夷务始末(同治朝).北京:中华书局,2008:3988.

② 李鸿章.大学士直隶总督李鸿章奏议覆总理各国事务衙门详议海防折//宝鋆等.筹办夷务始末(同治朝).北京:中华书局,2008:3988.

③ 李鸿章.大学士直隶总督李鸿章奏议覆总理各国事务衙门详议海防折//宝鋆等.筹办夷务始末(同治朝).北京:中华书局,2008:3988.

④ 英翰等.升任两广总督英翰安徽巡抚裕禄遵旨议覆总理各国事务衙门详议海防折//宝鋆等.筹办夷务始末(同治朝).北京:中华书局,2008:3980.

⑤ 根据《筹办夷务始末(同治朝)》所载沿海沿江督抚"议覆总理各国事务衙门详议海防"的奏折,湖广总督李翰章在议覆奏折中说:"自来有治法,尤赖有治人。不得其人,虽有良法,亦终无济。"福建巡抚王凯泰的议覆奏折认为:"有治法者尤贵有治人,得人而后可以持久。"杨昌濬在议覆奏折里也谈到,"承饬议各条,洵为当务之急。而用人、筹饷二者,尤为紧要。"他同样认为:"足食乃能足兵,有治人乃有治法。"刘坤一在议覆奏折里也旗帜鲜明地强调:"法待其人以行。"可见,英翰、裕禄、李翰章、王凯泰、杨昌濬、刘坤一等在这个问题上,基本持相同的思想观点。

修订。至于呈交给咸丰皇帝御览，则是 1858 年的事，时隔 15 年。当年 7 月，王茂荫进呈《海国图志》一书，是希望得到咸丰的采纳，并希望可以准予重新刊印，让亲王大臣、宗室八旗都"以是教，以是学，以知夷虽难御，而非竟无法之可御。人明抵制之术，而日怀奋励之思，则是书之法出，而其法之或有未备者，天下亦必争出备用，可以免无法之患。"①魏源的《海国图志》并没有引起朝野的重视，反倒在日本产生了深远的影响。另一类似例子是冯桂芬的《校邠庐抗议》。这本书出版于 1861 年，翁同龢将其呈交给光绪帝，则是 1889 年的事，时隔 28 年。此书所贡献的海防智慧同样未能付诸实际。纵有"治海之法"，却有赖"治海之人"去执行，去落实。即所谓"至法赖人行，则更须求人之法"。② 清政府其实不乏"治海之法"，不乏治海"嘉言"；缺乏的是"治海之人"，缺乏的是治海"嘉行"。又如，1840 年鸦片战争之后，朝廷也曾一改水师仅仅用于"防守海口""缉捕海盗"的传统做法，有过购置外洋船舰以辅助水军的动议。其时，禁烟名臣林则徐实际着手整顿水师。在其倡议下，除"捐资仿造西船"和新式炮械之外，还从美国购置了 1 艘 1100 吨级的商船，将其改为兵船，以西方先进军事技术装备水师，一改以往筹海处处被动的局面。以先进的武器装备为基础，林则徐多次成功击退英国海军的进犯，粉碎了侵略者的军事冒险行动。可以说，当时不仅有"治海之法"，而且有"治海之人"，海防筹备由此呈现出了良性的发展势头。可惜的是，由于顽固派和妥协投降派的阻挠反对，林则徐抱恨离职，未偿其愿。在所谓的"获咎之后"，林则徐筹备海防之事，还念念不忘地说："要之船炮水军断非可已之务。即使逆夷逃归海外，此事亦不可不亟为筹画，以为海疆久远之谋。"③由于林则徐的离职，一时缺乏真正的"治海之人"，刚刚起步的海防近代化进程再次陷入停滞。这是典型的人"离"政"亡"。可见，筹备海防，应对危机，需要"治法"，更需要"治人"。

（二）海防装备的制造者与使用者

海防装备的制造与使用，同样在于人，在于海防人才。时任浙江巡抚的杨昌濬说过："兵不精，利器适以资敌；兵精矣，而器不利，亦难以决胜"，④这是对"器"

---

① 王茂荫. 奏治法治人之本在明德养气折//宝鋆等. 筹办夷务始末（同治朝）. 北京：中华书局，2008：1049.

② 王茂荫. 奏治法治人之本在明德养气折//宝鋆等. 筹办夷务始末（同治朝）. 北京：中华书局，2008：1049.

③ 林则徐. 复吴子序编修书//吴曾祺. 国朝名人书札. 北京：商务印书馆，1919：19.

④ 杨昌濬. 浙江巡抚杨昌濬奏议覆总理各国事务衙门详议海防折//宝鋆等. 筹办夷务始末（同治朝）. 北京：中华书局，2008：4005.

的强调。杨昌濬对海防武器装备的重视,是与晚清政府自 1840 年以来海防思想的发展演变紧密联系在一起的。鸦片战争以来,西方军事火力在奕䜣和文祥等王公大臣心中留下了难以磨灭的印象。整饬海防时,他们最关注的即是"器"的问题。1864 年 6 月,恭亲王和文祥等分析清政府海防斗争失败的原因时,主要归因于"有制胜之兵"而"无制胜之器",并由此提出了"自强以练兵为要、练兵又以制器为先"①的自强之道。

与之相对,李鸿章则将"制器"与"练兵"摆在同等重要的位置,既强调火器的制造,又强调兵将的选用。"器不精,则有器与无器同""用不审,则有精器与无精器同。"②在李鸿章看来,不仅制造技法有成理,而且炮弹的施放,也有至当的定理。"炮不能施放,弹不能炸裂,此制造者之过也;弹之远近疾徐,炮之高下缓急,此用炮者之事也,其中皆有至当一定之理,非可浅尝而得。"③"制器之法"需要学习,"施放之法"同样需要学习。"制器"需要专门人才,"施放"同样需要专门人才。"器"为制胜之具,而"用器"的是"人"。武器作用的发挥,必须以高素质的军事人才作为条件。否则,就会陷入"器即其器,人非其人"④的被动局面。反思近代海防战争史,不难发现,科学技术的发展和武器装备的更新,恰恰对人的素质提出了更高的要求。不论是对西方海防装备的仿造,还是创新,其中起决定性作用、处在根本性地位的,恰恰是人,是人才。仅仅强调海防装备的仿造与购置,忽视海防兵将的培养、选拔与使用,显然是片面、孤立的观点,而非全面、辩证的观点。

与李鸿章的观点相契合,还有部分督抚同样在重视"器"的同时,强调了"人"的因素。李宗羲分析说,国运兴衰,在于"人材"之盛衰,而不在于"财用"之赢绌;在于"政事"之得失,而不在于"兵力"之强弱,不在于"武器"之重轻。西方海上力量强大的真正原因在于,在妥善解决"人"的问题的基础上,辅之以精锐的武器,实现了"人"与"器"的辩证统一。由此,李宗羲得出了"火器不可不讲求,而实未可专恃以制胜"⑤的结论。时任湖南巡抚的王文韶同样认为,"制胜者器",而"用

---

① 奕䜣等.奏请派京营弁兵往江苏学制火器折//宝鋆等.筹办夷务始末(同治朝).北京:中华书局,2008:1081.

② 李鸿章.李鸿章函(答制火器)//宝鋆等.筹办夷务始末(同治朝).北京:中华书局,2008:1087.

③ 李鸿章.李鸿章函(答制火器)//宝鋆等.筹办夷务始末(同治朝).北京:中华书局,2008:1087.

④ 周天爵.周天爵奏对英宜思患豫防并密陈兵事折//贾桢等.筹办夷务始末(咸丰朝).北京:中华书局,1979:42.

⑤ 李宗羲.两江总督李宗羲奏议覆总理各国事务衙门详议海防折//宝鋆等.筹办夷务始末(同治朝).北京:中华书局,2008:4028.

器者人"，西方军事力量称霸海上，不仅在于"器"之精良，而且在于"平日操演""设立标准""以仪器测其远近，随在命中，不差分寸，是以所向无前。"①可见，不仅要重视"器"的购置、"器"的制造，更要重视"器"的使用。比如，清政府当时设立了洋枪队，"器"的问题基本解决之后，随之而来的是"人"的问题，是"人"对"器"的使用问题。当时的实际情形是，在专门操练演习洋枪洋炮的过程中，"但知操演，不言准的"②，对于西方军事科学技术的引进与学习，实际上是一种"遗神而取貌"的对付与敷衍。正如冯桂芬所说，对于武器装备，可以实现"能造，能修，能用"③，则是"我"之利器；始终处于"不能造，不能修，不能用"④的状态，则仍是"他人"之利器。可见，"器"固然重要，而"使器之人"更为重要。

对于海防策略的制定与执行，沿海沿江督抚提出了"治法"与"治人"的关系问题；对于海防装备的制造与使用，他们又提出了"人"与"器"的关系问题。而且，部分督抚官员运用"本"与"末"这对思想范畴，分析、理解、看待和处理"海防人才"与"海防其他事宜"的辩证关系。任何事物的发生发展，都有其"根"与"本"，有其"枝"与"末"。只有分清了事物发展的"本"与"末"，才能抓住事物发展的基本规律。一旦"根本"壮盛，"枝叶"没有不繁茂的。促进事物发展，关键在于抓住"根"与"本"。只有分清了"根"与"本"、"本"与"末"，才能真正避免犯"误本为末""倒末为本""本末倒置"的思想错误。面对"为什么要重视海防人才"这个基本论题，沿海沿江军政官员将"用人"摆在"本"的位置。比如，王文韶就认为，在总理衙门提出的六大海防条议中，"练兵""简器""造船""筹饷"，是应对海防危机的"末节"，而"用人"与"持久"则是应对海防危机的"根本"。⑤ 两江总督李宗羲也认为，"用人""持久"两条，是"练兵""简器""造船""筹饷"四条的要领，前两者是"本"，后四条则是"末"，而"持久之道，在于得人。"⑥这是因为，不论就"练兵""简器""造船"和"筹饷"等诸多条议而制定的章程如何完备，制度如何精详，

① 王文韶.湖南巡抚王文韶奏议覆总理各国事务衙门详议海防折//宝鋆等.筹办夷务始末（同治朝）.北京：中华书局，2008：4019.
② 王文韶.湖南巡抚王文韶奏议覆总理各国事务衙门详议海防折//宝鋆等.筹办夷务始末（同治朝）.北京：中华书局，2008：4019.
③ 冯桂芬.制洋器议//郑振铎.晚清文选.北京：中国人民大学出版社，2012：109.
④ 冯桂芬.制洋器议//郑振铎.晚清文选.北京：中国人民大学出版社，2012：109.
⑤ 王文韶.湖南巡抚王文韶奏议覆总理各国事务衙门详议海防折//宝鋆等.筹办夷务始末（同治朝）.北京：中华书局，2008：4017.
⑥ 李宗羲.两江总督李宗羲奏议覆总理各国事务衙门详议海防折//宝鋆等.筹办夷务始末（同治朝）.北京：中华书局，2008：4026.

最终都有赖于"人"去执行,去实施。而且,"一入急切营私之手,势必颠倒舞弊,尽坏立法之初意",①继而致使章程与制度形同虚设,海防事业根本不可能得到扎实的推进,也不可能产生持久的效力。正如赫德所言:"海军之于人国,譬犹树之有花,必其根干支条坚实繁茂,而与风日水土有相得之宜,而后花见焉;由花而实,树之年寿亦以弥长。"②清廷海防建设,理当着眼于根本,"盖国家一切根本,自在政治、教育"。③

通过奏折分析,不难发现,历史发展到同光之际这一阶段,面对海防危机,沿海沿江军政官员们较为一致地认识到,筹备海防,"得人"最为重要。正如李宗羲所言:"故用人一条,尤为万事之根本。第就防海言之,则以求将才为最要。"④闽浙总督李鹤年、山东巡抚丁宝桢也提出了类似的思想主张。⑤在他们看来,"用人"为"本",其余为"末";"海防人才"是"本","海防其他事宜"是"末",这就突出了海防人才的主体地位与根本作用,是非常宝贵的人才思想和海防智慧。

三、对海防人才的素质与能力的认识

沿海沿江军政高级官员逐渐意识到,"海洋情形"与"内地情形"迥异,"海战"也不同于"陆战"。比如,"海中风涛之险"⑥就是陆战不会碰到的实际困难,而"陆路洋枪队,不习风涛,不善驾驶",⑦征调陆勇去防卫海疆,可谓"迁地弗良,恐难得力"⑧。并且,"惟陆军与水师,用法各殊,练法亦异","似不宜两用

---

①　李宗羲. 两江总督李宗羲奏议覆总理各国事务衙门详议海防折//宝鋆等. 筹办夷务始末(同治朝). 北京:中华书局,2008:4026.

②　黄濬. 花随人圣庵摭忆. 李吉奎整理. 北京:中华书局,2008:262.

③　黄濬. 花随人圣庵摭忆. 李吉奎整理. 北京:中华书局,2008:262.

④　李宗羲. 两江总督李宗羲奏议覆总理各国事务衙门详议海防折//宝鋆等. 筹办夷务始末(同治朝). 北京:中华书局,2008:4026.

⑤　闽浙总督李鹤年在《议覆总理各国事务衙门详议海防折》中提出,海防之策,紧要的任务有"练兵""制器""筹饷"和"用人"等,"四者之中,仍以用人为急务,而尤在专其责成。"山东巡抚丁宝桢在议覆奏折中也说,自古以来,治理国家都是以"得人"为本,一个国家,治理得人,自然就会繁荣昌盛,而"用兵"不过是治理国家的事务之一,当然也以"得人"为本。"现在筹办海防,任人最为吃紧。不得其人,则兵器与船皆成虚器。惟海疆之用兵,不惟与陆路异,即与长江水师亦异。故得人尤为最难。"

⑥　李翰章. 湖广总督李翰章奏议覆总理各国事务衙门详议海防折//宝鋆等. 筹办夷务始末(同治朝). 北京:中华书局,2008:4035.

⑦　杨昌濬. 浙江巡抚杨昌濬奏议覆总理各国事务衙门详议海防折//宝鋆等. 筹办夷务始末(同治朝). 北京:中华书局,2008:4004.

⑧　杨昌濬. 浙江巡抚杨昌濬奏议覆总理各国事务衙门详议海防折//宝鋆等. 筹办夷务始末(同治朝). 北京:中华书局,2008:4004.

以致两误。"①联系 1862 年 2 月湖广总督官文和两江总督曾国藩的联名奏折,认为"两湖水勇,能泛江不能出海,性之所习,迁地弗良,但可驶至海上,不能遽放重洋。"②其实,他们对"驶至海上"的估计也是一种乐观主义,实际很难发挥相应的作用,至于"遽放重洋"更是无从谈起。海防不同于陆防,也不同于江防。海防人才不同于陆防人才,也不同于江防人才。这就在素质与能力方面,对海防兵将提出了一种不同于陆路兵将,也不同于江防兵将的独特要求。这实际上就提出了一个"需要什么样的海防人才"的基本论题。对此,沿海沿江督抚官员们发表了各自的观点。

(一)海防人才的政治品格

为理解与辨析海防人才,部分督抚官员借助了"体"与"用"的思想范畴。比如,李鹤年就有"求才之难,难于体用兼备""明体达用、晓畅军务"③等提法。对于人才而言,所谓"体",即"人"之"本",主要指向"人"自身的心性、德行与品质等,指向"做人"。常说"身体""体育""体能""体格"等,都是对"体"的强调。从人才的成长成才而言,根本的一点,在于"立体""培体""明体"。所谓"用",即是"体"的发动,是"体"的达用,将"人"的德行、修养、能力与素质等作为"人之本",发动于"事"的层面,即指向"做事"。常说"资用""致用""达用"等,则是对"用"的强调。"君子之于学也,因用以求其体",对于人才而言,根本在于"立"其"体",以期"达"其"用"。"体"未曾"立","用"则无从谈起。理想的人格当然是做到"才识兼茂,明于体用",成为德才兼备、体用兼赅的人才。所谓"明体",就是使人懂得修身、齐家、治国、平天下的道理,强调的是"德"。所谓"达用",就是使人懂得经世致用的道理,将所学知识通达于实际,运用于实践。从"大"的方面而言,可以论道经邦,从"小"的方面而论,可以作而行事,成为报效国家、报效社会的有用之才,强调的是"才"。

落实到海防人才,所谓"体"与"用",则主要指向海防人才的"政治品格"与"专业技能"。"政治品格"是其"体",而专业技能则是其"用"。李鹤年就提出了

---

① 李鸿章.大学士直隶总督李鸿章奏议覆总理各国事务衙门详议海防折//宝鋆等.筹办夷务始末(同治朝).北京:中华书局,2008:3989.

② 官文.曾国藩.奏新添轮船豫派将弁折//宝鋆等.筹办夷务始末(同治朝).北京:中华书局,2008:550.

③ 李鹤年.闽浙总督李鹤年奏议覆总理各国事务衙门详议海防折//宝鋆等.筹办夷务始末(同治朝).北京:中华书局,2008:4041.

一种"明体达用、晓畅军务"①的海防人才标准。其实,这里的"体",主要是政治品格上的要求;这里的"用",则主要是军事素质上的要求。对此,薛福成有过更为明确的论述:所谓"体",主要指人才的"道德之蕴""忠孝之怀"和"诗书之味"②;所谓"用","论致治于今日,则必求洞达时势之英才,研精器数之通才,练习水陆之将才,联络中外之译才。"③

"体"与"用"这对思想范畴不仅是品鉴人才的重要尺度,也是培养人才的重要参照。从人才品鉴的角度而论,"体用兼赅,上也;体少用多,次也"④,这要求既具备忠诚的政治品格,又具备高深的专业技能,即所谓"体"与"用"兼备、"德"与"才"兼具,这样的人才,才堪称一流。与之相应,如果政治品格不过硬,纵然专业素质突出,也不过末流。从作养人才的角度而言,"劝之有具,斯培之有本""培之有本,斯用之不穷"⑤,重要的是"培其本""明其体",从而"达其用"。部分督抚官员借助"体"与"用"的思想范畴,对于新式人才,尤其是海防人才,既关注其"体",又关注其"用",倡导一种"明体达用"的人才成长理念,富有启示意义。

需要特别指出的是,其中的"体",主要指向"政治品格",而"政治品格"的重中之重,就是"忠诚"。中国传统文化讲求所谓的"八德",即"忠""孝""仁""爱""信""义""和""平"等,其中,"忠"列"八德"之首。除此之外,还不乏"忠德之正""忠恕而已""精忠报国"等思想精华。中国传统文化一直非常强调"忠诚"的政治品格,将其视作无上崇高的道德规范,将其视为"修身之要""天下之纪纲""义理之所归"。海防人才,作为国防人才,作为军事人才,尤其需要讲求其忠诚。当然,在当时的历史条件下,所谓的忠诚,主要是忠于清朝皇帝,忠于大清王朝。

(二)海防人才的专业技能

面对西方新式武器装备,一是如何紧跟西方武器装备发展的形势,懂得如何

---

① 李鹤年.闽浙总督李鹤年奏议覆总理各国事务衙门详议海防折//宝鋆等.筹办夷务始末(同治朝).北京:中华书局,2008:4041.

② 薛福成.强环伺疏//沈云龙.近代中国史料丛刊第七十六辑,陈忠倚.皇朝经世文三编(第46卷).台北:文海出版社,1966:721.

③ 薛福成.强环伺疏//沈云龙.近代中国史料丛刊第七十六辑,陈忠倚.皇朝经世文三编(第46卷).台北:文海出版社,1966:721.

④ 薛福成.强环伺疏//沈云龙.近代中国史料丛刊第七十六辑,陈忠倚.皇朝经世文三编(第46卷).台北:文海出版社,1966:721.

⑤ 薛福成.强环伺疏//沈云龙.近代中国史料丛刊第七十六辑,陈忠倚.皇朝经世文三编(第46卷).台北:文海出版社,1966:721.

仿制,如何使用的问题,二是如何超越西方武器装备发展的步伐,如何推陈出新,如何出奇制胜的问题。这要求既具备一种应用能力,又具备一种创新能力。

从应用角度而言,面对西方新式的武器装备,既要学会仿制,又要懂得使用。李宗羲说:"寻常战舰不及轮船""寻常轮船又不及铁甲船"①,重视武器装备已成为人所皆知的共识。不过,"然船之得力与否,仍视乎人"②,在于"人"对"物"的驾驭、调度和使用,在于"人"对于武器装备具备的一种应用能力。

从创新角度而言,西方的洋枪洋炮,样式愈出愈新,比如格林、克虏伯等,可谓是无奇不有。"轮船电报之速,瞬息千里,军器机事之精,工力百倍,炮弹所到,无坚不摧,水路关隘,不足限制,又为数千年来未有之强敌。"③清政府起先只得购买,再仿效制造西方武器装备。随后,逐步意识到,必须选聘一批机巧工匠,追求"能出新样,别有制胜之法"④。没有相应的创新能力,根本无法做到这一点。

海防斗争实践中,部分沿海沿江督抚官员逐渐意识到,购置与造仿西方武器装备,掌握其使用技能仅仅是"学其已成",还只是"步其后"。为了夺取海防斗争的主动权,赢得战争的最终胜利,还必须"求其制胜",可以做到"开其先"。真正实现"学其已成",需要培养一种应用能力;而要实现"求其制胜",则需要培养一种创新能力。就专业技能层面而言,海防人才必须实现"应用能力"与"创新能力"的辩证统一。这确实提出了一个激动人心、激励斗志的理想图景。问题恰恰在于:如何真正培养海防人才的应用能力? 如何真正培养海防人才的创新能力? 为此,当时的一些开明人士开始思考"科学应用"背后的"科学原理",逐渐意识到,西方武器装备的制造与使用,既有一个科学应用层面的问题,还有一个科学原理层面的问题。正是基于"明于制器尚象之理",才在武器装备上"得其用"⑤。海防武器装备的制造与使用,其背后存在一种以"算学"为基础的"制器之理"与"尚象之理"。具体而言,西方的格致、测算、舆图、火轮、机器、兵法、炮位、化学、

---

① 李宗羲.两江总督李宗羲奏议覆总理各国事务衙门详议海防折//宝鋆等.筹办夷务始末(同治朝).北京:中华书局,2008:4026.

② 李宗羲.两江总督李宗羲奏议覆总理各国事务衙门详议海防折//宝鋆等.筹办夷务始末(同治朝).北京:中华书局,2008:4026.

③ 李鸿章.大学士直隶总督李鸿章奏议覆总理各国事务衙门详议海防折//宝鋆等.筹办夷务始末(同治朝).北京:中华书局,2008:3987.

④ 王凯泰.福建巡抚王凯泰奏议覆总理各国事务衙门详议海防折//宝鋆等.筹办夷务始末(同治朝).北京:中华书局,2008:4011-4012.

⑤ 李鸿章.李鸿章函(答制火器)//宝鋆等.筹办夷务始末(同治朝).北京:中华书局,2008:1084.

电气学等,"此皆有切于民生日用、军器制作之原"①。清政府要想在引进、消化和创新西方军事装备等方面真正做到"学其已成",并尝试着"求其制胜",就必须学习西方科学技术,学习掌握武器装备的制造与使用背后的"制作之原"。

李鸿章等提出设立洋学局,引导海防人才分门别类学习西学,学习武器装备的"制作之原",以期在本土武器装备的制造与使用等方面有所创新,有所突破,甚至可以自主创造"破其利器者"②,找到真正的攻敌之法。然而,当时的实际情形是,面对西方海防装备发展精益求精、日益精巧的紧迫形势,"学其已成"已经是一件困难的事情,更何况实现"求其制胜",更是望尘莫及,几乎没有可能性。"步其后"尚且困难重重,"开其先"更是无从谈起。不过,李鸿章等从"科学应用"与"科学原理""应用能力"与"创新能力"等维度,分析中西海防装备制造与使用的差距,确实抓住了问题的实质。虽然李鸿章等提出的解决问题的方案不一定还存在多少当代价值,但是,他们所提出的问题却富有显然的当代意义。如何提高海防人才的应用能力?如何提高海防人才的创新能力?100多年前即已存在的这些跨世纪难题,当代中国依然亟待缓解,亟待破解。

(三)海防人才的海洋素养

对于海防人才,尤其是海防将领而言,需要应对来自海上的安全危机,需要保卫海疆安全,显然必须了解海洋,认识海洋,进而利用海洋,保护海洋。对真正意义上的海防人才,不仅有一种军事素质方面的要求,还存在一种海洋素养方面的要求。首先,海防人才必须具备相应的海洋知识。这就需要认识与了解沿海地理形势,沿海布防区域的位置、范围、面积、海岸线长度等,具有军事意义的海湾、海峡、水道、岛屿、半岛等,海洋水文要素中的潮汐、海流、海浪、海水温度、深度等。再者,海防人才必须具备相应的海防战略、海权战略、海防战术、海防意识、海权意识和海洋意识等。最后,海防人才必须具备相应的海防观、海权观,甚至是海洋观。这些统称起来,说到底是一个海洋素养的问题。

1840年5月,姚莹在《言夷务书》中提出,"善海洋""习知洋面""熟悉海面情

---

① 李鸿章.大学士直隶总督李鸿章奏议覆总理各国事务衙门详议海防折//宝鋆等.筹办夷务始末(同治朝).北京:中华书局,2008:3999.

② 文彬.署山东巡抚漕运总督文彬奏议覆总理衙门练兵简器造船等办法折//宝鋆等.筹办夷务始末(同治朝).北京:中华书局,2008:3963.

形"和"熟悉风云沙线",①这是对海防人才的客观要求,是评价和选拔海防人才的基本尺度。祁寯藻同样主张依据"熟习洋面情形""勇敢有为"②等基本要求来考核兵将,为水师储备可资任用的人才。朝廷由此谕令各省督抚专折保举"熟习洋面情形""勇敢有为"③的人才,以备简用。再如,石景芬在"攻英之策"中也谈到,与陆上用兵不同,海上用兵必须考量"风色之顺逆,潮汛之迟早",④突出了"海上用兵"的特殊性,突出了海防人才必须掌握海上"风色"与"潮汛"的素质要求。伊里布在考量海防人才的时候,开始关注"熟悉洋情"与"谙习行阵"⑤等核心内容。特依顺也提出,水师讲求"识风涛沙线""折戟船只"和"施放火器"⑥等,有其不同于陆路的专门性要求,"水师人材""非专门之技,不足以收功"⑦。但是,洋务运动之前,对于海防人才的海洋素养的认识,朝野上下主要还停留在一个直观、朴素的水平,更没有进入教育实践环节。

　　任何一项海防策略的提出、组织与实施,总是与一定的海防观相关联,以一定的海防战略、海防战术为立论的根基,为理论的支撑。面对海防危机,海防将领采取怎样的海防战略,与其自身的海防观,或者说海权观、海上安全观、海防战略和海防战术等紧密相连。往深处说,是与其自身的海洋素养紧密联系在一起的。仅以《防海新论》⑧为例,该书提出了"集中兵力重点设防"的海防思想,并指出,最为积极主动的海防方案在于"用战舰封锁敌国海口"。《防海新论》提出的

---

　　①　姚莹.台湾道姚莹覆邓制府言夷务书(道光二十年五月十二日)//张晓华.中国近代战策辑要(上).北京:军事科学出版社,1993:11.

　　②　祁寯藻等.祁寯藻等奏请筹议海防择选水师将领折//文庆等.筹办夷务始末(道光朝).北京:中华书局,1964:364-365.

　　③　上谕(答祁寯藻等折)//文庆等.筹办夷务始末(道光朝).北京:中华书局,1964:364-365.

　　④　石景芬.石景芬奏陈攻英之策折(道光二十年十二月初十日)//文庆等.筹办夷务始末(道光朝).北京:中华书局,1964:621.

　　⑤　伊里布.伊里布又奏请敕福建金门镇总兵资振彪驰赴浙省委用片//文庆等.筹办夷务始末(道光朝).北京:中华书局,1964:402.

　　⑥　特依顺等.特依顺等奏会筹海疆善后事宜折//文庆等.筹办夷务始末(道光朝).北京:中华书局,1964:660.

　　⑦　祁寯藻等.祁寯藻等奏请筹议海防择选水师将领折//文庆等.筹办夷务始末(道光朝).北京:中华书局,1964:365.

　　⑧　《防海新论》原为德意志人布里哈所著,由华蘅芳与傅兰雅合译,于同治十二年(1873年)由上海江南制造总局刊印发行,是近代西方一部关于海防要塞防御工程建筑的专著。《防海新论》共18卷,主要论述了近代海防的重要性,海岸炮台和水中障碍装备配合拦阻敌舰的基本内容,同时还详细介绍了各种水雷的构造、性能、布设、使用和排除方法,用沉物和浮物拦阻敌舰的工程技术等问题。第二至第四卷以1861~1865年美国南北战争、1870~1871年普法战争、1877~1878年俄土战争为例,论述了要塞建筑的得失。

海防思想与方案,实际上阐释的是一种重要的海防安全观,这对于海防战略的选择,对于海防工事的构筑,对于海防力量的布设,对于海防兵将的调遣等,都具有根本性的指导意义。

《防海新论》及其海防思想的"东渐",使得同光之际海防策略大讨论获得了重要的理论支撑。通过奏折分析,可以看出,15 位参与同光之际海防策略大讨论的督抚重臣,其中仅有 5 人借用了《防海新论》中的海防思想与策略。① 例如,李鸿章在奏折中接受了《防海新论》提出的"防海三策":"凡与滨海各国战争者,若将本国所有兵船,径往守住敌国各海口,不容其船出入"②,此为防海上策;"自守"③,此为防海中策;假如一个海洋国家海岸线过长,四处皆有可能受到敌船的攻击,则可以采取"聚积精锐,止保护紧要数处"④的策略,此为防海下策。李鸿章一句"所论极为精切"⑤,充分肯定了书中的"防海三策"。

正是受益于"防海三策"的理论指导,李鸿章认识到,清政府兵船过少,海防力量薄弱,实施"堵敌国海口"的"海防上策"根本做不到。中国沿海袤延万里,海口众多。沿着海岸线处处布防,将全部海防力量散布在广袤的海面,则过于分散,容易陷入"一处受创,全局失势"的被动局面。沿海处处布防重兵,所需海防经费也过于浩繁。以当时清政府的财力,一时同样根本无法。实施"自守"的中策也绝非易事。"惟有分别缓急,择尤为紧要之处"⑥,即实施海防下策。

正是依据《防海新论》提出的海防观,李鸿章结合沿海形势,进一步分析认为,京畿地区是"天下根本",直隶沿大沽、北塘、山海关一带,是"京畿门户"。这一线为"最要"。长江流域是"财赋奥区",江苏、吴淞至江阴一带,是"长江门户"。这一线为"次要"⑦。由此,他提出了重点布防的"最要"与"次要",再"略为布置

---

① 王宏斌.《防海新论》与同光之交海防大讨论. 史学月刊,2002(8):59.

② 李鸿章. 大学士直隶总督李鸿章奏议覆总理各国事务衙门详议海防折//宝鋆等. 筹办夷务始末(同治朝). 北京:中华书局,2008:3991.

③ 李鸿章. 大学士直隶总督李鸿章奏议覆总理各国事务衙门详议海防折//宝鋆等. 筹办夷务始末(同治朝). 北京:中华书局,2008:3991-3992.

④ 李鸿章. 大学士直隶总督李鸿章奏议覆总理各国事务衙门详议海防折//宝鋆等. 筹办夷务始末(同治朝). 北京:中华书局,2008:3992.

⑤ 李鸿章. 大学士直隶总督李鸿章奏议覆总理各国事务衙门详议海防折//宝鋆等. 筹办夷务始末(同治朝). 北京:中华书局,2008:3992.

⑥ 李鸿章. 大学士直隶总督李鸿章奏议覆总理各国事务衙门详议海防折//宝鋆等. 筹办夷务始末(同治朝). 北京:中华书局,2008:3992.

⑦ 李鸿章. 大学士直隶总督李鸿章奏议覆总理各国事务衙门详议海防折//宝鋆等. 筹办夷务始末(同治朝). 北京:中华书局,2008:3992.

其余海口"。这样一来,即使海防斗争稍有所失,对于朝廷大局也无大碍。此即谓当时"重点布防"与"分区布防"相统一的海防战略的由来。正是受益于西方海防观的理论指导,筹防重臣提出的海防策略因此而变得更为切中要害,更为契合实际。

再如,受《防海新论》一书的启发,丁日昌①在《海防条议》中提出改变以往"零星散漫"的做法,采取"要口设防"的策略。江西巡抚刘坤一②、两江总督李宗羲③等也关注过《防海新论》,各自提出了较为独到的海防见解。应该看到,反思两次鸦片战争的惨痛教训,可以追溯出海上力量对比悬殊、指挥系统反应迟钝、清廷中央政府腐败无能等诸多原因,其中,海防将领缺乏灵活的海防战术思想、缺乏科学的海防战略思想,缺乏先进海防思想的理论指导,也是不可忽视的重要因素。

海洋素养为海防人才的核心素质要求之一。然而,缺乏真正具备海洋素养的人才,却是当时清廷面临的主要困境。部分督抚官员敏感地认识到,鸦片战争以来,虽然朝廷不乏将才,但"娴于陆路者多,熟于海洋情形者少"。④ 为此,他们提出,在选拔海防人才的时候,必须将"海洋素养"列为重要的选拔原则。比如,李鸿章在举荐沈葆桢和丁日昌之时,所列举的理由之一,即为"熟悉洋情""文武兼资""素习风涛驾驶轮船操法"⑤等。其中"熟悉洋情"一条,实际指向的就是海洋素养问题。王凯泰也提出了"通算学、熟洋图、识沙线""娴机器,谙兵法、具胆略"⑥的海防人才选拔准则。所谓"熟洋图""识沙线",同样指向海防人才的海洋

---

① 王宏斌.《防海新论》与同光之交海防大讨论. 史学月刊,2002(8):61.

② 刘坤一在议覆海防的奏折中说:"臣尝见布国布理哈所撰防海新论一册,于海口岸上如何筑炮台,水中如何设拦阻之物,言之甚详。并称水中无物拦阻,即岸上之炮台林立,亦不足以抵御兵船。而于水中拦阻之物,除各样水雷外,别法尚多,均经绘图注说。且述南北花旗交兵之时,某处以某物制胜,某处以某物取败,历历有据。今中国于海口筹防,似可采择是书,或者不无裨益。"可见,刘坤一关注了书中"口岸上如何筑炮台,水中如何设拦阻之物"的议题。

③ 李宗羲在议覆海防的奏折中说:"查西洋火器,日新月异,迭出不穷。今日之所谓巧,即后日之所谓拙。论中国自强之策,决非专恃火器所能制胜。观西人所著防海新论,备言南北花旗交战之事,虽有极善之炮台,极猛极多之大炮,祇能击坏一、二敌船,并不能禁其来去。如是,火器之不足深恃,可谓明证。"可见,李宗羲从《防海新论》找到了支持自己"西洋火器不足恃"的理论依据。

④ 杨昌濬.浙江巡抚杨昌濬奏议覆总理各国事务衙门详议海防折//宝鋆等. 筹办夷务始末(同治朝).北京:中华书局,2008:4006.

⑤ 李鸿章.大学士直隶总督李鸿章奏议覆总理各国事务衙门详议海防折//宝鋆等. 筹办夷务始末(同治朝).北京:中华书局,2008:3998.

⑥ 王凯泰.福建巡抚王凯泰奏议覆总理各国事务衙门详议海防折//宝鋆等. 筹办夷务始末(同治朝).北京:中华书局,2008:4011-4012.

素养；所谓"谙兵法""具胆略"，则指向海防人才的军事素质。对于海防将领，李宗羲同样提出"熟悉沙线、能耐劳苦"①的规格要求。基于一种直观的理解与认识，部分督抚官员还将海防人才与"海疆之人"联系起来，认为，在滨海生活生产的"海疆之人"对"水性""沿海情形""风涛沙线"可能具备更多的直接经验，具有更多的感性认识。王文韶就明确提出，"非海疆之人不能为将，亦非海疆之人不能为兵"②。而且，历史上的施琅、黄梧、李长庚、王得禄等水师名将，确实也都是"海疆之人"。在当时的历史条件下，这些思想观点都不乏一定意义的合理性，甚至不乏一定意义上的先进性。毕竟，这充分认识到了"海防人才"与"海洋素养"之间的直接关联，并将"海洋素养"的习得与涉海的生产生活实践联系起来。

总之，在他们看来，海防将领必须做到"熟习海道""与海相习"③；海防兵勇则必须"熟悉各处海洋情形及一切风云沙线""惯于操驾、善于枪炮、熟习泅没""在船如履平地、运用器械、跳跃灵便"。仔细分析这些遴选海防人才的基本准则，都或多或少与海战的客观要求相联系，与海洋素养相关联。

四、解决海防人才问题的基本策略

对于"为什么要重视海防人才"和"需要什么样的海防人才"等问题，沿海沿江督抚官员发表了一系列富有价值的思想与见解，对海防人才的地位与作用有了一个较为清醒的认识，对海防人才的素质与能力也有了一个较为清晰的把握。所谓"将须帅用，兵随将转；果统帅得人，其所部之军，自精锐可用。"④筹备海防，离不开"兵"与"将"。"将领不得其人，有兵如无兵。"⑤筹备海防，关键在将。如何解决海防人才匮乏，尤其是海防将领匮乏的问题？沿海沿江督抚官员对此也做出了各自的思考与讨论。针对海防人才匮乏的问题，解决方案大体无外乎三条：一是选拔，二是培养，三是引进。

① 李宗羲.两江总督李宗羲奏议覆总理各国事务衙门详议海防折//宝鋆等.筹办夷务始末（同治朝）.北京：中华书局，2008：4026.

② 王文韶.湖南巡抚王文韶奏议覆总理各国事务衙门详议海防折//宝鋆等.筹办夷务始末（同治朝）.北京：中华书局，2008：4018.

③ 王文韶.湖南巡抚王文韶奏议覆总理各国事务衙门详议海防折//宝鋆等.筹办夷务始末（同治朝）.北京：中华书局，2008：4020.

④ 李翰章.湖广总督李翰章奏议覆总理各国事务衙门详议海防折//宝鋆等.筹办夷务始末（同治朝）.北京：中华书局，2008：4037-4038.

⑤ 吴元炳.江苏巡抚吴元炳奏议覆总理各国事务衙门详议海防暨丁日昌海洋水师章程折//宝鋆等.筹办夷务始末（同治朝）.北京：中华书局，2008：4099.

（一）选拔海防人才

人才选拔方面，清政府延续历史传统，沿用了以往的人才举荐制度和科举取士制度。历朝历代用人都讲求文武并重。"文"有注重"科目"的文举，"武"则有注重"营伍"的武举，这些制度安排在历史上都曾发挥过积极作用。然而，海防形势日益严峻，对海防人才的需求日益迫切，而旧有的人才选拔体系所处的实际情形却是"积久弊生，仕途日益杂，民生日益困，人才日益不可恃"。① 旧有的人才选拔制度，根本无法应对日益深重的海防人才危机。与之相对，晚清政府积弊丛生，痼疾难除，日益走向腐朽没落，一时又无法改弦易辙，从制度上根本改变以往因循守旧的人才选拔机制。如此，旧有人才制度与新兴人才需求之间的矛盾日益加深，日渐激化。

一是对传统武举制度的批评。清朝自马背得天下，因而有崇尚武功的传统。就武举的制度安排而言，武举外场主要考核"马射""步射"，合格者再试"硬弓""舞刀""掇石"；内场起先是考核策论，此后，又改为对《孙子》《吴子》《黄石公三略》《姜太公六韬》等为核心内容的"武经七书"的默写。通过传统武举选拔出来的军事人才，往往"与兵事无涉"，"施之今日，亦无所用"。主要问题在于"所用非所养，所养非所用"。② 拉尔夫·尔·鲍威尔曾经深入分析过清朝军队的状况，他认为，尽管清朝政府建立了与文官科举制度类似的武科考试制度，经过三试，逐步从岁试乡试到北京会试选拔将弁，而且，理论上规定，完全按照个人资质与才能，大公无私地选择合适的将弁。但实际情形与理想目标相距甚远。当时的武科考试，"考试内容有军事操练和虚应故事的笔试，包括背诵一段古典军事论文。"③这种陈腐的选拔考试方式与内容，主要强调的是臂力和武艺，考核的是马步、弓箭、舞大刀、拉硬弓、举重石等。这与近代现实海防斗争的客观要求相距甚远。清政府的最大失误在于，"假定只须有蛮力和勇气就可以成为将才。"④更糟糕的是，至少是在 19 世纪末期，大部分武举出身的人，即通过武举选拔出来的军

---

① 陶覆. 粤督陶覆奏培养人材折//沈云龙. 近代中国史料丛刊第七十九辑，甘韩. 皇朝经世文新编续集. 台北：文海出版社，1966：90.

② 陶覆. 粤督陶覆奏培养人材折//沈云龙. 近代中国史料丛刊第七十九辑，甘韩. 皇朝经世文新编续集. 台北：文海出版社，1966：91.

③ 〔美〕拉尔夫·尔·鲍威尔. 1895—1912 年中国军事力量的兴起//中华民国资料丛稿·译稿（第一辑）. 北京：中华书局，1978：11.

④ 〔美〕拉尔夫·尔·鲍威尔. 1895—1912 年中国军事力量的兴起//中华民国资料丛稿·译稿（第一辑）. 北京：中华书局，1978：11.

事人才,并没有在军队中服役过,而正式的将弁却很少出身武科。旧有的武举制度安排,根本无法选拔和培养足以胜任现实战争需要的军事将领,更谈不上选拔和培养足以应对新兴海防斗争需要的新式人才。李鸿章一针见血地指出:"武举"考的是"弓马"。除"弓马"之外,有志之士并无其他向主流社会晋升的通道。而士子整日在"弓马"上用功用力,操演练习"弓马之术",对于"洋务隔膜太甚"①。一方面,依照这样一种旧有考试制度和考试内容选拔出来的海防人才,根本无法应对现实斗争需要;另一方面,有志于海防事业、有助于海防事业的有志之士与有识之士,又得不到效力朝廷、效力国家的机会。

早在1842年12月,部分朝廷重臣就提出,水师应该改变以往"重骑射"的传统,而以"讲求操驾舟楫,辨识风云沙线,熟习大炮鸟枪"②为首要任务。沈葆桢曾提议设立"算术科"。丁日昌也有"武试"改考"枪炮"的奏议。可是,这些意见与建议最终"皆格于部议不行"。正如拉尔夫·尔·鲍威尔所说:"19世纪中叶,有些官员即已建议取消这种无价值的考试。但是,反对改革的力量是如此根深蒂固,以致这种只凭臂力的考试,直到1901年才最后废除。"③可见,时至同光之际这一时期,旧有武举选拔制度与近代海防人才需求之间的矛盾日益激化。变革旧有人才选拔机制的现实需要日益迫切,却面临着传统反对势力的重重阻挠。

二是对传统保举制度的因循。"保举",即通过举荐,使被举荐的人得到提拔任用。当时,部分沿海沿江督抚主张沿用"保举",借助"实举所知""共相荐引""博采旁搜"和"破格拔擢"的传统官员选拔制度,逐步破解海防人才匮乏的困境。比如,两广总督英翰、安徽巡抚裕禄提出,按照"才具出众""确实可靠"的选拔标准,通过"特简"和"保奏"的方式,"不论资格""不限官阶",拔擢筹备海防所需的"统兵重臣",选拔筹备海防所需的"海防将领"。当然,从奏折来看,其所提出的选拔人才的基本依据在于"才学",而不是"资格""官阶"等其他因素。杨昌濬也提出举荐"知兵事"的人才,以"膺将领之选"④;举荐"善筹划"的人才,以"膺理财

① 李鸿章.大学士直隶总督李鸿章奏议覆总理各国事务衙门详议海防折//宝鋆等.筹办夷务始末(同治朝).北京:中华书局,2008;3998.

② 耆英等.耆英等奏请造同安梭船并变通水师营章程折//文庆等.筹办夷务始末(道光朝).北京:中华书局,1964;2524.

③ 〔美〕拉尔夫·尔·鲍威尔.1895—1912年中国军事力量的兴起//中华民国资料丛稿·译稿(第一辑).北京:中华书局,1978;11.

④ 英翰.升任两广总督英翰安徽巡抚裕禄遵旨议覆总理各国事务衙门详议海防折//宝鋆等.筹办夷务始末(同治朝).北京:中华书局,2008;3980.

之任"①；对于"熟悉洋情，能测虚实""谙练机器，能精制造"②的人才，则"见才为用""量才为用"，将其安排在合适的职位发挥其相应的作用。

就人才举荐的思想认识而论，沿海沿江督抚对于保举海防人才的基本准则的把握，涉及政治品格、军事素质、海洋素养、专业技能等诸多方面。比如，"威望素著，志虑忠诚"③，强调的是海防人才的"政治品格"；"知兵望重、实心办事、堪为统帅"④"水师出身，久经战阵"⑤"知兵事"⑥"善筹划"⑦等，重点强调的是海防人才的军事素质；"惯涉风涛，长于海战"⑧"熟习风云沙线"⑨"熟悉洋情"⑩等，强调的是海防人才的"海洋素养"；"善于驾驶"⑪"谙练机器"⑫等，则强调了海防人才的专业技能。姑且不论举荐海防人才的实际情形，仅就理想层面而言，沿海沿江督抚官员们对人才选拔的基本准则的认识，相对契合了海防斗争实践中对人才素质的客观要求。

就人才举荐的实践层面而言，清政府采取"实举所知，公议会推"的保举方式，发动朝野上下着力保举海防人才。在议覆海防的奏折中，沿海沿江督抚也确

①　英翰.升任两广总督英翰安徽巡抚裕禄遵旨议覆总理各国事务衙门详议海防折//宝鋆等.筹办夷务始末(同治朝).北京:中华书局,2008:3980.
②　英翰.升任两广总督英翰安徽巡抚裕禄遵旨议覆总理各国事务衙门详议海防折//宝鋆等.筹办夷务始末(同治朝).北京:中华书局,2008:3980.
③　杨昌濬.浙江巡抚杨昌濬奏议覆总理各国事务衙门详议海防折//宝鋆等.筹办夷务始末(同治朝).北京:中华书局,2008:4006-4007.
④　杨昌濬.浙江巡抚杨昌濬奏议覆总理各国事务衙门详议海防折//宝鋆等.筹办夷务始末(同治朝).北京:中华书局,2008:4006-4007.
⑤　杨昌濬.浙江巡抚杨昌濬奏议覆总理各国事务衙门详议海防折//宝鋆等.筹办夷务始末(同治朝).北京:中华书局,2008:4007.
⑥　英翰.升任两广总督英翰安徽巡抚裕禄遵旨议覆总理各国事务衙门详议海防折//宝鋆等.筹办夷务始末(同治朝).北京:中华书局,2008:3980.
⑦　英翰.升任两广总督英翰安徽巡抚裕禄遵旨议覆总理各国事务衙门详议海防折//宝鋆等.筹办夷务始末(同治朝).北京:中华书局,2008:3980.
⑧　李鹤年.闽浙总督李鹤年奏议覆总理各国事务衙门详议海防折//宝鋆等.筹办夷务始末(同治朝).北京:中华书局,2008:4041.
⑨　刘坤一.江西巡抚刘坤一奏议覆总理各国事务衙门详议海防折//宝鋆等.筹办夷务始末(同治朝).北京:中华书局,2008:4042-4043.
⑩　英翰.升任两广总督英翰安徽巡抚裕禄遵旨议覆总理各国事务衙门详议海防折//宝鋆等.筹办夷务始末(同治朝).北京:中华书局,2008:3980.
⑪　李鹤年.闽浙总督李鹤年奏议覆总理各国事务衙门详议海防折//宝鋆等.筹办夷务始末(同治朝).北京:中华书局,2008:4041.
⑫　英翰.升任两广总督英翰安徽巡抚裕禄遵旨议覆总理各国事务衙门详议海防折//宝鋆等.筹办夷务始末(同治朝).北京:中华书局,2008:3980.

实举荐了一批海防人才。粗略分析,这些被举荐的人才大致存在两大来源:一方面,一直以来参与和支持洋务运动的新派人物,成为被举荐人才的重要组成部分;①另一方面,则是旧有水师出身的提督、总兵、副将、游击等。② 问题在于,当时的清政府并没有相应的人才储备,尤其是没有契合近代海防斗争需要的新式人才储备,这就失去了选拔人才的根本性前提。旧有水师出身的将领在军事素质方面存在明显的短板。比如,山东巡抚丁宝桢敏锐地认识到,自军兴以来,朝廷用兵日久,各省督抚对于治下的将帅可能确实相对比较熟悉,这是举荐海防人才有利的一面,而"所知多系陆路之兵与长江习战之员"。③ 举荐擅长于"陆防"和"江防"的将领,"以之移任海防,恐知识未能尽悉。"④针对当时的现实情况,纵然具备合理的人才选拔制度设计,其实也无法选拔出真正适应海防斗争需要的专门性人才。

而且,"各将或系旧部,或由访选拔擢,庶意气相孚。或已成暮气,或艰难久历、思就安闲,未必人人可用。"⑤传统举荐制度存在着深层次的痼疾。据《近代稗海》记载:"湘淮军兴,削平发、捻、回诸大乱,各路军功所提记名提督,部册所载近八千人,总兵则近二万人,副将以下汗牛充栋矣。"⑥这里所说的"提督"为"一品"大员,"总督"为"二品"大员。两者累计,仅武职,通过军功获举荐而致的红顶大员当时已是成千上万,绝非虚言。除此,举荐的文职更是"遇缺即选",而且采取"尽先补用"的原则,以各种名目名义,一群一群地流向地方官场。最后的局面

---

① 王凯泰在《又奏举荐海防人才片》中举荐丁日昌,认为他多年以来致力于洋务及制造事宜,艰苦任事,百折不回,"其整顿地方,不遗余力,亦不留人余地"。丁日昌从严筹办海防,这一做法群僚"怨之谤之",而民众却"感之思之",是不可多得的筹防干才。他又举荐沈葆桢,认为其心坚气锐,忠勇过人,在综理船政事物的过程中,实力讲求,尤其在"笼络船员"和"驾驭洋匠"等方面独具苦心。与此同时,王凯泰还举荐了"办理洋务""熟悉洋情"的黎兆棠、冯焌光。王凯泰认为,黎兆棠"有干济才,胆略足以副之",冯焌光"讲求制造,刻意专精,在沪局多年,阅历既深,洋情尤熟","该二员皆可备分办洋防之选。"

② 王凯泰在《又奏举荐海防人才片》中以"胸有定见,习气不移""毅然任事"举荐了李成谋;杨昌濬在议覆海防奏折中举荐了杨岳斌、曾国荃、彭玉麟等,认为他们"知兵望重、实心办事、堪为统帅",且"威望素著,志虑忠诚";杨昌濬还保举了时任台湾镇的张其光、时任衢州镇的喻俊明、时任乍浦协副将的卢成金等;李鹤年在议覆海防奏折中举荐了福建水师将领贝锦泉、总兵杨春和、副将卢成金、游击吴世忠、陈世荣、张连登、周善初、都司黎林等一批旧有水师出身的将领,认为他们有胆有识,血性过人。

③ 丁宝桢.山东巡抚丁宝桢奏议覆总理各国事务衙门详议海防并丁日昌海洋水师章程折∥宝鋆等.筹办夷务始末(同治朝).北京:中华书局,2008:4054-4055.

④ 丁宝桢.山东巡抚丁宝桢奏议覆总理各国事务衙门详议海防并丁日昌海洋水师章程折∥宝鋆等.筹办夷务始末(同治朝).北京:中华书局,2008:4054-4055.

⑤ 李翰章.湖广总督李翰章奏议覆总理各国事务衙门详议海防折∥宝鋆等.筹办夷务始末(同治朝).北京:中华书局,2008:4037-4038.

⑥ 荣孟源,张伯锋.近代稗海(第七辑).成都:四川人民出版社,1988:258.

是,受到举荐的官员遍及各省,如此足见"举荐之多"。与之相应,其中就不免"举荐之名"与"举荐之实"完全不符的流弊,而"举荐之滥"的问题更是日趋严重。一方面,存在"举荐之多""举荐之滥"的现象,另一方面,又存在"海防缺将""海防缺人"的现象。无奈,部分督抚官员只能将眼光更多地投向海防人才的培养。①

三是对洋务取进制度的呼吁。"取进",就是谋求晋升。"洋务取进",即考察从事洋务的能力与实绩,以此作为人才选拔的依据。清政府当时设有同文馆,并开始挑选幼童出洋学习,学习西学的门径已经打开。由于缺乏配套的人才选拔机制,尤其是并没有将西学作为选拔人才的考核内容,更多的士大夫其实并没有转而学习西学。"文举"考的仍然是"章句",除此,再无其他向主流社会上升的通道。聪明智巧的士人仍然"穷老尽气,销磨于时文、试帖、楷书无用之事"②,并不愿转而学习"制器尚象"之学。③冯桂芬等社会精英提出在不变革旧有科举制度的基础上,并行不悖地再开"洋务"一科,"令分其半以从事于制器尚象之途"④,以此挑选精于西学的新式人才。士子整日钻研"章句之学","于洋务隔膜太甚",⑤的确并非应对海防危机所需的人才。李鸿章也分析说,既然科目不能"骤更",时文不能"遽废",而"小楷试帖"又并非"作养人才之道"⑥,由此提出退而求其次的策略,即变通旧有科举制度,"另开洋务取进一格"⑦,选拔筹备海防所亟需的人才。从制度上设计"洋务科",确实有助于激发士子学习西学的热情与动力,这是基于对传统武举积弊的反思,对海防人才选拔提出的一种渐进式、改良式、微调性的解决方案。朝廷一时根本无法改变,也不愿意改变传统的科举旧制,致使其落入空谈,无从落到实处。

---

①　山东巡抚丁宝桢在议覆海防奏折中提出:"人材以磨砺而出,但须质地朴勇,血心自负之士,任之以事,假之以权,责之以效,而又能正以率之,严以驭之,恩以结之,使之知威知感,自能鼓舞奋兴,可以致其死力,足为我用。如谓一举而即为可靠之材,恐亦未敢必也。"李翰章在议覆海防奏折中也谈到,"窃意英才辈出,亟宜博求新进,教练成材。"

②　冯桂芬.制洋器议//郑振铎.晚清文选.北京:中国人民大学出版社,2012:109.

③　冯桂芬.制洋器议//郑振铎.晚清文选.北京:中国人民大学出版社,2012:109.

④　冯桂芬.制洋器议//郑振铎.晚清文选.北京:中国人民大学出版社,2012:109.

⑤　李鸿章.大学士直隶总督李鸿章奏议覆总理各国事务衙门详议海防折//宝鋆等.筹办夷务始末(同治朝).北京:中华书局,2008:3998.

⑥　李鸿章.大学士直隶总督李鸿章奏议覆总理各国事务衙门详议海防折//宝鋆等.筹办夷务始末(同治朝).北京:中华书局,2008:3999.

⑦　李鸿章.大学士直隶总督李鸿章奏议覆总理各国事务衙门详议海防折//宝鋆等.筹办夷务始末(同治朝).北京:中华书局,2008:3999.

(二)培养海防人才

　　培养人才，储备人才，这是选拔人才的基本前提。试想，海防危机之前，清政府已经储备了相应的海防人才，出现海防危机之后，则可从中选拔相应的人才，及时应对危机。实际情形是，一向闭关锁国的晚清政府始终缺乏相应的海防人才储备。时至1874年，西方列强兵犯中国，已有30多年之久，而清政府在培养海防人才方面举措平平，实效甚微。

　　时任福建巡抚的王凯泰分析说，说到海防，最重要的要数水师，但旧有水师根本无法应对日益严峻的海防形势，必须变通旧制。"各省水师额船，人人知其不能御敌，若不及时改议，无论如何整顿，止可为捕盗之用，不足为御侮之资。"①以江西水师为例，用来防剿内陆的土匪，可能还算得力。西方的洋船闯入内陆的江河湖泊，水师依靠地利，也可发挥一定的军事震慑。"若调赴海洋，与洋人兵船争锋，形势敌情，均非所习，断难期其得力。"②不光江西水师如此，推之湖南、湖北及安徽各省，也大多不过如此。可见，一旦海上有事，由于缺乏相应的人才储备，根本无法选拔到真正"练达兵略、精通洋法"③的人才。部分开明的督抚官员清醒地认识到，仅仅局限于人才选拔，很难从根本上解决海防人才问题，必须重视海防人才的培养。

　　海防人才匮乏，是"不学之过"。"下不学"，因"上不教"。解决海防人才问题的根本之道，在于兴学。对于海防人才的培养，当时出现了两大派思想观点。一种观点认为，"海防之要，莫重于水师""水师能兼习陆师，陆师断不能兼水师"④，筹备海防必须专练水师；另一种观点则认为，中国水师一时难以赶超西方，而中国陆域多于水域，仍然应当以陆军为立国的根基，在训练陆军的同时，加紧训练水师，做到"水陆兼练"。比如，浙江巡抚杨昌濬就主张，陆军与海军必须并重，当然建设海军甚至更为迫切。"此时整饬海防各师，比江防为尤急。虽沿海各省，本有额设战舰，然以御外洋兵船，胜负不待智者而决。是必须扩充轮船，置备铁

---

①　王凯泰. 福建巡抚王凯泰奏议覆总理各国事务衙门详议海防折//宝鋆等. 筹办夷务始末(同治朝). 北京:中华书局,2008:4010.

②　刘坤一. 江西巡抚刘坤一奏议覆总理各国事务衙门详议海防折//宝鋆等. 筹办夷务始末(同治朝). 北京:中华书局,2008:4042.

③　刘坤一. 江西巡抚刘坤一奏议覆总理各国事务衙门详议海防折//宝鋆等. 筹办夷务始末(同治朝). 北京:中华书局,2008:4042.

④　丁宝桢. 山东巡抚丁宝桢奏议覆总理各国事务衙门详议海防并丁日昌海洋水师章程折//宝鋆等. 筹办夷务始末(同治朝). 北京:中华书局,2008:4051.

甲船,俾各练习驾驶,方有实际。明知其费甚巨,其效难速,而不能不如此也。"①
李宗羲同样主张:"今日练兵,仍以水陆兼练为主。"②

(三)引进海防人才

无论是海防人才的选拔,还是海防人才的培养,都是着眼于本土人才。而近代水师的装备借助西方的科学技术,必然会碰到许多本土人才无法解决的问题。所谓"海洋用兵,全凭船只"③,此处的"船只",主要是指西方科学技术装备起来的近代兵船。仅就兵船而言,其驾驶涉及"风色"和"潮信",实际属于近代海洋科学知识的范畴。兵船的制造与驾驶都涉及西学。晚清政府毫无疑问没有相应的本土人才储备。这就需要借助外域人才,通过引进人才来破解本土海防人才匮乏的困境。此前已有引进人才担任教习的成例④,延聘洋人已成为洋务派学习西学的重要策略,本不应再起争议。然而,在此次海防思想讨论过程中,时任湖广总督的李翰章重提雇佣洋人的问题,并强调,所有外海轮船,"弁兵水手,概不雇用洋人"。⑤ 举出的理由是,福建和上海设立制造局,用于轮船制造,"现在中国所制轮船,虽不及外洋之精,较之前数年日见改观。驾驶不用洋人,是其明效。熟能生巧,自可精益求精。"⑥殊不知,福建与上海等地正是因为雇用了洋匠,才得以粗略知晓轮船的制造,而中西之间轮船制造工艺的差距启示还很大,需要采取的补救措施理当是加快学习西学的步伐,而非"不用洋人"。

围绕海防人才议题,沿海沿江督抚所贡献的思想智慧,一定程度上集中反映了当时历史条件下清廷海防思想与观念的最高水平。时代在发展,社会在进步,

---

①　杨昌濬.浙江巡抚杨昌濬奏议覆总理各国事务衙门详议海防折//宝鋆等.筹办夷务始末(同治朝).北京:中华书局,2008:4003.

②　李宗羲.两江总督李宗羲奏议覆总理各国事务衙门详议海防折//宝鋆等.筹办夷务始末(同治朝).北京:中华书局,2008:4026.

③　刘韵珂.刘韵珂奏筹议练兵造船设险以固浙江海防折//文庆等.筹办夷务始末(道光朝).北京:中华书局,1964:2554.

④　早在1863年2月,李鸿章仿照同文馆之例,拟在上海添设外国语言文字学馆,其中就明确提出聘任西人担任教习。紧接着,1864年6月,奕䜣也开始着手聘请外洋人才。这些外洋人才不仅需要完成预定的技术指导,更重要的任务便是培养人才,将工艺中的技巧、规矩和秘诀一一传授给国内学徒。再如,1867年1月,考虑到"制造机器火器必须讲求天文算学",奕䜣为同文馆增设天文算学馆,采取的主要举措,也是延聘洋人在同文馆担任教习。

⑤　李翰章.湖广总督李翰章奏议覆总理各国事务衙门详议海防折//宝鋆等.筹办夷务始末(同治朝).北京:中华书局,2008:4036.

⑥　李翰章.湖广总督李翰章奏议覆总理各国事务衙门详议海防折//宝鋆等.筹办夷务始末(同治朝).北京:中华书局,2008:4036.

思想在进化。历史发展到今天,在新的历史条件下,回顾同光之际海防思想讨论这段历史,并不是为了抱残守缺,更不能抱着历史的教条不放,而是为了深刻认识当代海权人才建设所面临的问题,分析当时的社会精英人士为解决问题做出的尝试性努力,从而总结经验、吸取教训,为当代创造性解决类似的历史命题贡献新的思想与智慧。虽然社会历史在不断发展,但是,从"海防"到"海权",发展建设所面临的根本性问题却并没有变化。如何结合新的社会历史条件,应对新的形势与任务,对这些历久弥新的历史命题重新做出符合时代的创新性解答,是一代又一代人必须反复应对的时代课题。

第二章　同光之际海防人才政策的朝廷决策

　　同光之际，面对国家海上安全危机，朝野上下一批以天下为己任的精英人士，特别是一批忠君爱国的朝廷官员开始思考，怎样才能切实维护朝廷的独立自主，尤其是维护朝廷的海上安全这一迫在眉睫的问题。沿海沿江督抚就海防人才议题提出的一系列思想主张，能否上升到最高决策层面，而哪些可以上升到最高决策层面，则有待于深入分析其实际的决策过程。针对自上而下的海防策略讨论，包括海防人才政策的讨论，其最终的最高决策遵循了沿海沿江督抚提出意见与建议，总理衙门汇总，再由廷臣会议合议，最后由中央政府，即清朝皇帝（实际是慈禧太后）最终决策的基本过程。

一、决策机构

　　考察同光之际海防人才政策的决策机制，需要分析晚清朝政的实际运行。清政府最高决策主要借助军机处①和后来的总理各国事务衙门来实现，而由清朝皇帝行使最终决定权。先说军机处，清朝皇帝几乎每天都召见军机大臣，谕令其办理政务。皇帝执掌朝政所到之处，军机大臣往往也随从而至。清朝皇帝直接掌控着军机处，使之实际成为皇帝办理政务的秘书处。按照当时的政治体制，虽然军机处是执政的最高国家机关，却又始终处于一种临设机构的地位。兼职组成军机处的军机大臣和军机章京既没有品级，也没有俸禄。而且，军机大臣的任命也没有可供遵循的制度安排，完全出于清朝皇帝的主观意志。皇帝可以随时令其中的军机大臣离开军机处，回到原来的衙门。军机大臣非专职人员，其职务也没有相应的制度性规定与安排，一切都出于皇帝的临时交办。如此，"军机处"不过是皇帝集权的政治工具，军机大臣只是完全执行皇帝意旨的办事人员，最高权力的真正掌控者始终是清朝皇帝。

　　回顾历史，1861年，咸丰驾崩之后，慈禧等人发动宫廷政变，形成了一个由

---

　　①　军机处成立于雍正七年（1729年），初名"军机房"，不久改称"办理军机处"，乾隆朝以后，省去"办理"二字，由此简称"军机处"。成立军机处之后，乾隆五十六年（1791年）废止了议政王大臣会议制度，内阁变成一个办理例行事务的管理机构，一切机密大政均由军机处办理。至此，军机处总揽军政大权，成为执政的最高国家机关。

垂帘听政的慈禧、年少软弱的同治皇帝以及军机大臣构成的中枢决策层。以往，作为最高统治者的清朝皇帝往往进行"乾纲独断"式的最高决策。至同光之际这一历史时期，作为实际上的最高统治者的慈禧，却很少亲自批阅奏折，很少作出"乾纲独断"式的国家决策。其时，慈禧往往将问题转至总理衙门合议，再做出决策；对于一些重大问题，慈禧还常让总理衙门牵头，由相关地方督抚开展讨论，在广泛讨论的基础上再作决定。于此，慈禧太后的决策心理、决策思路，外加军机大臣的决策水平与决策能力，对于同光之际海防人才政策的决策走向，起着决定性的作用。

雍正朝至咸丰朝，清朝中央决策中枢本在军机处。第二次鸦片战争之后，清廷上下，无论是以奕䜣为首的中央枢要，还是以曾国藩、李鸿章等为首的封疆大吏，他们对海外世界的认识都发生了明显的转变，开始主张适应"变局"，略为变更旧有管理体制。于是，清政府于 1861 年设立了总理衙门①和南北洋大臣。当时，总理衙门对海防事业的管理，同样受制于原有的"军机—六部—督抚"决策机制。例如，清廷设立总理衙门时，奕䜣在《拟总理衙门章程折》中奏请："嗣后新旧各口中外商情是否和协，即令各该将军、府尹、督抚按月据实奏报，一面咨报钦差大臣及通商大臣。"②对此，咸丰皇帝的批示是："各省机密事件，应照例奏而不咨，如事关总理衙门者，即由军机处随时录送知照，亦甚便捷，著无庸由各口先行咨报总理衙门。"③"决策"之权在军机处，而"执行"之权在地方督抚。而且，总理衙门并没有单独安排有关人事的权力，也不能单独进行决策，更无法提供执行政策的经费，其职责主要在"核准"和"备案"，起一种上承下达的作用。相对而言，南北洋通商大臣分别由两江总督和直隶总督兼任，被授予办理通商、交涉洋务和军事事务的全权："所有练军设局及招致海岛华人诸议，统归该大臣等择要筹办，

---

① 根据刘锦藻《清朝续文献通考》记载，总理衙门基本的职权范围主要有："不仅为各国交涉而已，凡策我国之富强者，要皆于该衙门为总汇之地，而事较繁于六部者也。夫铨叙之政，吏部主之，今则出洋大臣期满，专由该衙门请旨，海关道记名，专保该衙门章京，而吏部仅司注册而已。出纳之令，户部掌之，今则指拨海关税项，存储出洋公费，悉由该衙门主持，而户部仅司销核而已。互市以来，各国公使联翩驻京，租界约章之议，燕劳赉赐之繁，皆该衙门任之，而礼部主客之仪如虚设矣。海防事起，力求振作，来购战舰军械，创设电报邮政，皆该衙门主之，而兵部武库、车驾之制可裁并矣。法律本掌于刑部，自各国以公法相持，凡交涉词讼之曲直，悉凭律以为断，甚或教案一出，教士多方袒护，畸轻畸重，皆向该衙门论理，而刑部初未与闻也。制造本隶于工部，自各国船坚械利，耀武海滨，势不得不修船政、铁政，以资防御，迄今开办铁路，工作益繁，该衙门已设有铁路、矿务总局矣，而工部未遑兼顾也。是则总理衙门之事，固不独繁于六部，而实兼综乎六部矣。"

② 奕䜣．拟总理衙门章程折//贾桢等．筹办夷务始末(咸丰朝)．北京：中华书局，1979：2680．

③ 奕䜣．拟总理衙门章程折//贾桢等．筹办夷务始末(咸丰朝)．北京：中华书局，1979：2680．

其如何巡历各海口,随宜布置及提拨饷需整顿诸税之处,均著悉心经理。"①军机处和地方督抚的职权明显大于总理衙门。

时至 19 世纪 60 年代至 80 年代,军机大臣大多兼任总理大臣。比如奕䜣、文祥等人,既是军机大臣,又是总理大臣。尤其是恭亲王奕䜣,作为议政王兼首领军机大臣,主持朝政。出于奕䜣的人事安排,一批亲信纷纷进入军机处。这样一来,总理衙门与军机处在人事上有了很大的重叠成分,总理衙门的政治地位不断提高,权势显赫,"在一定程度上取代了军机处的部分决策职能,在海防、外交等洋务事务上成为晚清决策的中枢机构之一。"②在应对海防危机的决策中,总理衙门逐渐发挥一种举足轻重的作用。此时,总理衙门作为"洋务"的"总汇之地",不仅"事较繁于六部",实际上"兼综乎六部"。总理衙门重臣当时大多出自慈禧太后的恩赐,也大多效忠于慈禧。正是由于总理衙门重臣身份的特殊性,外加总理衙门职责的双重性,即决策与执行,使得其逐渐成为晚清洋务决策的中枢机构之一。清政府的中央决策机制由此出现清朝皇帝(实际是慈禧太后)、总理衙门和廷臣会议三个层次。

中央对地方的管辖,主要通过督抚制度③实现。清朝在政治体制上主要承袭明朝,以总督和巡抚作为地方最高行政长官。中国自古以来是一个"中央集权"的国家。时至清朝,中央集权制高度缜密,形成了一种"部臣守经""疆吏达权"④的治理结构。"内"则综之以"六部","外"则统之以"督抚"。督抚作为地方最高行政长官,其权力的大小,直接影响着清朝时期"中央"与"地方"之间的权力结构。分析中央政府与地方督抚之间的权力格局,有助于考察同光之际海防人才政策的实际决策过程。

学者李细珠分析认为,从宏观角度而论,"清代地方督抚权力有一个从小到大再到小的历史演变过程"⑤,大致经历了三个阶段:"清前期(鸦片战争以前),

①　奕䜣.拟总理衙门章程折//贾桢等.筹办夷务始末(咸丰朝).北京:中华书局,1979:2680.

②　杨玉荣,龚耘.晚清军事变革中的决策机制探析——基于北洋水师主战舰艇引进的考察.湖北社会科学,2013(8):92.

③　督抚制度起源于明朝,形成于清朝。不过,"总督"和"巡抚"这两个语词起源则更早。《汉书》记载:"昭宣承业,都护是立,总督城郭,二十有六。"《国榷》记载:"巡抚之设,即成周以朝卿出监之意也。""总督"和"巡抚"最初都是动词,自明朝开始,则被用作名词,指称官名。明代设置督抚,已经确立了"分省设抚""跨省设督"的基本原则。

④　朱寿朋.光绪朝东华录.北京:中华书局,1958:1296.

⑤　李细珠.晚清地方督抚权力问题再研究——兼论清末"内外皆轻"权力格局的形成.清史研究,2012(3):2.

权力主要集中于中央的内阁、军机处与皇帝特简之经略大臣,地方督抚权力相对较小;清中期(从咸丰军兴到庚子事变),地方督抚权力增大;清末期(庚子事变以后),朝廷加强中央集权,地方督抚权力又被削弱变小。"①"咸同之后"(即自咸丰朝和同治朝之后),清朝出现了"兵为将有"的现象,将帅"各私其军",而又"出任疆寄",不可避免地形成了"外重内轻以至于分崩割据的局面"。地方督抚与中央政府之间的权力博弈,呈现出一种"督抚专政、外重内轻"的权力格局。② 同光之际海防人才政策这一议题,正处在"咸丰军兴"到"庚子事变"这一时段之内。"地方督抚"与"中央政府"之间的权力博弈正处于督抚权力逐渐上升的特定历史阶段。关注这一时期"地方督抚"与"中央政府"之间权力格局的阶段性特征,有助于分析同光之际海防人才政策的决策机制,有助于考察海防人才政策的执行情况。

二、决策方式

实行君主专制制度的清朝,与以往的封建王朝如出一辙,朝廷政策的最终决策权集于皇帝一身。不过,皇帝虽然处在皇权的最高位置,但不能,也不可能包揽朝廷决策的全部过程,而是需要军机处、总理衙门等中枢机构以及地方督抚提出问题、分析问题,拟定解决问题方案,皇帝借此做出最终的决策。对于海防人才政策的最终决策,与朝廷其他重大事宜一样,需要依靠已有的决策机构和决策群体,借助相对固定的决策原则、方式与机制,使之最终得以上升到朝廷政策层面。就决策方式而言,主要有以下几方面。

1. "朱批奏折"——中央最高决策的基本方式

"奏折"和"朱批"是自康熙朝以来清廷最高决策者与决策群体之间的信息传递的基本渠道。"奏折"是朝臣的上行文书,而"朱批"是皇帝决策的基本方式。通过"秘密奏折",决策信息实现自下而上的传递;通过"朱批谕旨",决策意图实现由上而下的贯彻。即使是历次海防危机时期,无论是海防斗争的军事部署,还

---

① 李细珠.晚清地方督抚权力问题再研究——兼论清末"内外皆轻"权力格局的形成.清史研究,2012(3):2.

② 罗尔纲先生在其著作《湘军新志》中正式提出了"督抚专政"的观点:"晚清兵为将有的起源,始于湘军……这种兵为将有的局面,所以会直接地影响到政治上去而牵动了一朝的政局,却是由于湘军将帅得有总督巡抚的地位,因为他们既擅兵柄,又握地方上的财政、民政等政权,于是,他们便上分中央的权力,下专一方的大政,便造成了咸同以后总督巡抚专政的局面。"另外,依据台湾学者傅宗懋在《清代督抚制度》中的分析,他对清代督抚制度也持有"督抚集权"的观点,基本结论是:"地方督抚集兵、财、刑、外交诸权于一身,平添封建割据之观念。"

是事后的海防善后事宜讨论，以及中外条约的签订和各种中外交涉事件，主要由皇帝通过"朱批"的方式，做出最高决策，直接指向封疆大吏与钦差大臣。正是借助"奏折"与"圣旨"，晚清政府的最高决策得以实现上下之间的信息互动。

　　面对日益严峻的海防斗争形势，"朱批谕旨"这一传统决策方式遇到了前所未有的问题与挑战。奏折逐渐成为皇帝与外臣信息交流的主要渠道，成为朝廷决策信息的主要来源，甚至是朝廷最高决策的基本依据。海量的战时奏折，需要晚清皇帝在短时之内，迅速做出最终决策，这是瞬息万变的战争的客观要求。由于时间和精力的限制，仅凭皇帝一己之力，难以避免片面决策甚至错误决策。而且，这种决策方式更多地体现了清朝皇帝个人的意志，决策过程不可避免受制于皇帝个人性格、观念、眼光等主观因素的影响。而且，出自钦差大臣和封疆大吏之手的奏折，很难保证其真实性，也很难保证其时效性。错误的决策依据，必然导致错误的决策。朝廷由此不免出现决策失误，甚至决策错误。

　　时至同光之际，同治从父亲（咸丰皇帝）手中继承皇位，皇权有其合法性。光绪皇帝不同于同治皇帝，他并非名正言顺地从同治手中继承皇位，而是完全出于慈禧的权术。于光绪而言，慈禧太后既可作成他于先，也可废黜他于后。慈禧太后的权力由此实际上凌驾于光绪之上，对朝廷的所有奏折握有最终的批阅权和裁决权。即便正式宣告引退之后，幕后操纵权仍握在慈禧之手。朝廷重臣入宫请示谕旨时，面对的往往并非皇帝一人，而是皇帝与皇太后（即光绪帝与慈禧太后）同时在座。对于外交事务和朝廷内外的事宜，慈禧太后往往都有体现自身意志的懿旨。而且，时至光绪朝，大多王公大臣逐渐都出自慈禧太后的恩赐，这些朝廷重臣自然也效忠于慈禧太后。以翁同龢为例，他是光绪的老师，也是光绪的心腹顾问，自然也是亲光绪皇帝的。但是，即便是翁同龢，其显宦地位的获得，也主要归于慈禧太后的恩典。协助清政府做出重要决策的高级官员的人事安排，不能说全部源自慈禧太后，至少大部分如此。幕后的慈禧在实际上操控着清政府的最高决策权。

　　朝廷的最高决策权实质上掌握在只懂权术、不谙朝政、很少批阅奏折的慈禧手中。此时，朝廷最高决策的时效性、有效性和科学性更难得到保证。经过历次海防危机的洗礼，曾国藩、李鸿章、沈葆桢和胡翼林等有识之士，在思想认识上对西方的科学技术、坚船利炮、工业制造和新式教育等都发生了变化，纷纷提出了学习西方科学技术、购买西方武器装备、设厂制械和派员留学等思想主张。在当时的决策体制之下，清朝皇帝（实际上为幕后实掌朝政的慈禧太后）作为最高决策主体却往往不作为，乱作为，或很少作为，致使上述先进的思想主张根本无法上升到朝廷政策层面。例如，据《花随人圣庵摭忆》记载："和议既成，举国争言洋务，请开铁路者有之，请练洋操者有之，请设陆军学堂、水师学堂者亦有之。"①这些提议固然很好，不过，得到朝廷的认可与支持，是提议得以实现的先决性条件。正所谓："诸人非必无见，诸说亦多可行，然天时人事，则犹有所待也。"②隐含之意是，当时垂帘听政的慈禧太后是不会采纳这些思想主张的，即所谓"天时人事"的时机不到。言外之意，"非德宗亲政，则西太后无意行之，行亦无补。"③时人事后回首，不免感叹："夫以慈禧奢而悍，朝士之暗而懦，海军不亡于甲午，亦必全覆于庚子，殆无幸免之理。"④

朝廷最高决策主体的"缺位"，或者说，最高决策主体的"不当位"，这对同光之际海防决策，包括人才政策的决策，是致命的影响，是要害所在。正是由于握有事实上的最高决策权的慈禧太后，"当作为"却"不作为"，很大程度上致使一系列有利于推动海防建设、海防人才建设的思想主张未能及时上升到朝廷的最高决策，一次次错失发展海防事业的良机。

2."廷臣会议"——中枢参与决策的基本方式

一般而言，皇帝在面对重大事项时，感到事关重大，而又无法直接决策，就可以召开中枢会议讨论。经皇帝授意，军机大臣召集相关部院衙门甚至九卿，召开不同类型的会议，这是中枢决策的重要方式，也是皇帝以"奏折朱批"直接决策之外的有益补充。召开"廷臣会议"，有助于最高决策者听取各方意见和建议，并基于多种备选方案选取最优方案。会议的议题，一般由清朝皇帝亲自下达。与会成员一般也由皇帝自行决定。最终的决策权，始终掌握在皇帝手中。根据会议的方案，皇帝可以"择优"，也可以"从众"，自行做出最终的裁决。到同光之际这一特定时期，以光绪皇帝名义召开的中枢会议，最终体现的也主要是慈禧太后的意志。

1861年宫廷政变之后，逐渐形成了一个由垂帘听政的慈禧、年少软弱的同治帝和军机大臣构成的中枢决策层。经慈禧亲自组建，军机处变成一个仅仅服从慈禧自身主观意志的决策机构。恭亲王奕䜣为首领军机大臣。大学士桂良、户部尚书沈兆霖、户部右侍郎宝鋆、鸿胪寺少卿曹毓瑛等著在军机处行走。原为

① 黄濬. 花随人圣庵摭忆. 李吉奎整理. 北京：中华书局，2008：147.
② 黄濬. 花随人圣庵摭忆. 李吉奎整理. 北京：中华书局，2008：147.
③ 黄濬. 花随人圣庵摭忆. 李吉奎整理. 北京：中华书局，2008：147.
④ 黄濬. 花随人圣庵摭忆. 李吉奎整理. 北京：中华书局，2008：261.

军机大臣的户部左侍郎文祥,著仍在军机处行走。这是当时的情形。此后,虽有人事上的变动,但唯一不变的是,军机大臣往往都出自慈禧太后的恩典恩赐,并服从于慈禧太后的主观意志。据《清代官职年表》记载,同治十三年(1874年),军机处由奕䜣、文祥、宝鋆、沈桂芬和李鸿藻等组成。① 至光绪元年,军机处的军机大臣并无显著变化。对于当时的中枢决策层,曾国藩曾这样议论:“两宫(东太后慈安、西太后慈禧)才地平常,见面无一要语。皇上(穆宗,时年十四岁)冲龄,亦无从测之。时局仅在军机。恭邸奕(䜣)、文(祥)、宝(鋆)诸人,权过人主。恭邸极聪明,而晃荡不能立足。文柏川(祥)正派,而规模狭隘,亦不知求人自辅。宝佩衡(鋆)则不满人口。……余更碌碌,甚可忧耳。”②其时,奕䜣就海防设施、舰队组建、经费筹措、舰船购买与制造等问题,与地方督抚反复磋商,为后来组建海军衙门和建成北洋舰队做出了历史性贡献。“奕䜣、文祥等人作为自强运动的倡导者,加强海防和建设近代海军的决策人,面对顽固派的干扰、掣肘,始终坚持推进中国海军和海防的近代化,实属难能可贵。”③而同治至光绪两朝,“才地平常”的慈禧太后在事实上把持着朝政,“其残忍酷妒,奢骄褊狠,诸恶德俱备,才亦足以济之”“屡谋废立,虽不敢行,然先弑慈安,继摧光绪,胆力福命,皆过于雉、娶矣”④,可谓有“玩弄权术”之才,无“兴邦安国”之谋。

皇帝由一个傀儡换成另一个傀儡,慈禧一直以来始终重权在握。此前“乾纲独断”的局面一去不复返。时人感叹:“清之当亡,固有必然。而其演于外者,为新旧之争,和战之争;郁于内者,为夫妻之衅,母子之衅;此四者,庶可以赅之矣。”⑤帝后之间的矛盾,影响着朝政的走向。就晚清宫廷的内幕而言,“因夫妻反目而母子不和”⑥,又因母子不和而致使权臣谋篡,导致事关朝廷决策的军机大臣一换再换,总的趋势却一任不如一任。⑦ 恭亲王和文祥,作为军机大臣,时人对其履职情形也颇有微词,但总体而言还算差强人意。与后来的军机大臣相

① 钱实甫. 清代职官年表. 北京:中华书局,1980:152.
② 何烈. 清咸同时期的财政政策. 台北:“国立”编译馆中华丛书编审委员会,1981:36.
③ 《近代中国海军》编辑部. 近代中国海军. 北京:海潮出版社,1994:85.
④ 黄濬. 花随人圣庵摭忆. 李吉奎整理. 北京:中华书局,2008:188.
⑤ 黄濬. 花随人圣庵摭忆. 李吉奎整理. 北京:中华书局,2008:185.
⑥ 黄濬. 花随人圣庵摭忆. 李吉奎整理. 北京:中华书局,2008:185.
⑦ 黄濬《花随人圣庵摭忆》记载:“故以其进退菀枯与时局之大势参照测之,奕䜣在诸王中犹为谨慎明白者。湘绮所论门包等事,或为小疵。予入京时,闻老辈谈礼亲王世铎秉性庸弱。近闻放庵先生言,老七爷(即醇亲王奕譞)实至糊涂,迥不如六爷稳健。证以恭王甲申黜后,有旨,军机处遇有重要事会同醇亲王商榷行之,而伯羲旋有疏陈,醇亲王不宜预闻机务,留中不报。以理言之,伯羲攻去恭王、高阳,而易以世铎、奕譞,一蟹不如一蟹,郁华阁主其亦有悔心哉?”

比,这两人反倒是最有见识的。因此,部分朝廷重臣认为,同治中兴后,"湘乡曾文正,合肥李文忠诸公,夹辅于外,而恭忠亲王密运枢机于内,虽外患渐侵,国事犹不至遽坏"。① 但是,为了权力斗争的需要,慈禧太后多次打击奕䜣集团,随后更是将恭亲王等人直接逐出军机处,继之以礼王世铎,而实权操于醇亲王奕譞之手。世铎秉性庸弱,醇亲王不明事理。在他们的操纵下,"时局日非,遂如江河之日下矣"。② 尤其是,"迨醇邸当国,援引孙毓汶入直,从此贿赂公行,风气日坏,朝政益不堪,旋有甲午之役。"③反思光绪朝政治日益败坏的原因,重要一点在于:"那拉后有憾于恭王""所谓去贤亲佞,以至于亡国败家,皆由于妇人之揽权,与纵欲之败度"④。

当时的中枢决策层囿于深宫,对民情国事尚且不明,更谈不上对海防斗争实际情形的了解,根本没有运筹帷幄的魄力与见识。这样的决策层,即使承平之日,也难有所革新,有所作为,何况面对海防形势突变这一"旷古未有之变局",更是难以应付。

3."督抚奏折"——地方参与决策的基本方式

地方督抚既责任"修饬封疆",又负责"安内攘外"。遇到重大事项,地方督抚仍需以奏折的形式请示朝廷,以便得到朝廷的最终谕旨。"督抚奏折"往往提出问题、分析问题,并提供可资决策参考的备选方案。以"督抚奏折"为基本前提,皇帝通过"朱批奏折"做出回应,实现最终决策。其中,"督抚奏折"为中枢决策提供了决策信息和决策建议。这既是地方督抚的基本职责,也是地方督抚参与决策的重要方式。

对于海防筹备,同光之际沿海沿江督抚官员不免存在保守派、激进派、骑墙派等不同情形。对于朝廷讨论海防善后事宜的谕令,积极应对者有之,敷衍塞责者有之,顽固反对者亦有之。曾国藩、左宗棠、李鸿章等人作为建设近代海军的决策参与者与执行者,做了大量实质性、开创性的工作。特别值得称道的是,他们依靠自己的职位和声望,提拔、重用和保举了一批开明之士。比如,丁日昌、沈葆桢、容闳、徐寿、华衡芳、李善兰、傅兰雅等。于李鸿章、丁日昌和沈葆桢等开明之士而言,纵然不乏加快海防建设的真知灼见,不乏解决海防人才的金玉良言,

① 黄濬. 花随人圣庵摭忆. 李吉奎整理. 北京:中华书局,2013:494.
② 黄濬. 花随人圣庵摭忆. 李吉奎整理. 北京:中华书局,2013:503.
③ 黄濬. 花随人圣庵摭忆. 李吉奎整理. 北京:中华书局,2008:519.
④ 黄濬. 花随人圣庵摭忆. 李吉奎整理. 北京:中华书局,2008:523.

而其是否可以上升为朝廷政策,是否可以得到最终的执行,则始终有赖于清政府的决策与支持,有赖于军机处和总理衙门的直接支持。

同光之际,即同治末年至光绪初年,军机大臣之中的实力派人物主要是李鸿藻和翁同龢。能否取得朝廷重臣的支持,这是影响朝廷决策的关键因素。① 当时,总理衙门支持了李鸿章、沈葆桢在海防人才政策方面的部分建议,而对于另外一些建议,总理衙门要么不关心,要么感到办不到。比如,李鸿章提出,在各省会设立新式学堂,讲授西学。对此,文祥内心深处持有一种肯定的意见,并抱有一种同情的态度。但是,于凌辰和王家璧等顽固派强烈反对学习西学,部分汉臣也猛烈攻击李鸿章的这一思想主张。如此,"设立学堂讲授西学"的提议,未能得到进一步的讨论,也未能上升到朝廷决策层面。"在朝的顽固派显然已经形成一股不得不加以认真考虑的力量。虽然如此,李鸿章仍然发展了与恭亲王、文祥的工作关系,而且也增进了与沈桂芬和宝鋆两位军机大臣的关系,所以他的某几项计划确实得到了朝廷的支持。这时,他才发现为了推动其兴建海军和发展工业的计划,必须与醇亲王联合,以便赢得慈禧本人的欢心。"②这就是当时地方督抚实际面临的权力格局。

李鸿章、丁日昌和沈葆桢等海防人物所处的时代,是一个封建君主高度集权专制的时代,是一个专制政体发展到高峰时期,达到集权极点的时代。任何政策的执行实施,都离不开朝廷的支持,离不开最高统治者,即清朝皇帝(实际上是慈禧太后)的支持。③ 然而,慈禧太后根本做不到知人善任,更谈不上用人不疑,谈

---

① 梁启超在《李鸿章传》中就曾说过,"李鸿章历任之官,则大学士也,北洋大臣也,总理衙门大臣也,商务大臣也,江苏巡抚湖广两江两广直隶总督也。自表面上观之,亦可谓位极人臣矣。虽然,本朝自雍正以来,政府之实权,在军机大臣(自同治以后,督抚之权虽日盛,然亦存乎其人,不可一例),故一国政治上之功罪,军机大臣当负其责任之大半。虽李鸿章之为督抚,与寻常之督抚不同,至若举近四十年来之失政,皆归于李之一人,则李固有不任受者矣。"由此可见,军机大臣以及后来的总理衙门,对于海防人才政策的执行确实具有重要的影响,甚至是决定性作用。

② 〔美〕费正清等. 剑桥中国晚清史(上卷). 中国社会科学院历史研究所编译室,译. 北京:中国社会科学出版社,1985:329.

③ 梁启超《李鸿章传》有这样一段记载:"李之历聘欧洲也,至德见前宰相俾斯麦,叩之曰:'为大臣者,欲为国家有所尽力。而满廷意见,与己不合,群掣其肘,于此而欲行厥志,其道何由?'俾斯麦应之曰:'首在得君。得君既专,何事不可为?'李鸿章曰:'譬有人于此,其君无论何人之言皆听之,居枢要侍近习者,常假威福,挟持大局。若处此者当如之何?'俾斯麦良久曰:'苟为大臣,以至诚忧国,度未有不能格君心者,惟与妇人孺子共事,则无如何矣。'(注:此语据西报译出,寻常华文所登于星轺日记者,因有所忌讳不敢译录也。)李默然云。呜呼! 吾观于此,而知李鸿章胸中块垒,牢骚郁抑,有非旁观人所能喻者。吾之所以责李者在此,吾之所以恕李者亦在此。由此观之,则李鸿章数十年来共事之人可知矣。虽其人贤否才不才,未便细论,然要之皆非与李鸿章同心同力同见识同主义者也。……"

不上放手用人、放心用人，反而多方掣肘，多方猜忌。比如，李鸿章在筹备海防的过程中，慈禧不断发出的懿旨，可谓"层层责备，层层束缚"，翻阅这些奏折，不免让人感叹："西后之狠，可畏也。"①李鸿章"欲变法自强，持之数十年，无人应和"，②这是因为，"有一西后于上，虽十李文忠公亦无所用。"③于李鸿章而言，"有谋国之责，而其实无权"，可谓"尤极人世之苦痛。"④可见，地方督抚参与朝廷决策始终是有条件的，也是有限的。当然，以积极的心态看待这段历史，整体而言，由于奕䜣、文祥等倡导和决策于"上"，左宗棠、李鸿章等筹划和统驭于"中"，沈葆桢、丁日昌等实干和运作于"下"，⑤局面还不至于糟糕透顶，由于开明人士的勇于担当，近代海防人才培养仍然在艰难中起步，在曲折中前行。

三、决策过程

沿海沿江督抚围绕"海防人才的地位与作用""海防人才的素质与能力"和"海防人才的选拔、培养与引进"等议题，提出了各自的思想主张，这实际上是对"为什么要重视海防人才""需要什么样的海防人才""如何解决海防人才困境"等问题做出的一系列尝试性解答。只有回到历史深处，分析同光之际海防人才决策的实际过程，才能了解地方督抚的思想观点最终上升为国家决策的实际情形。

1. 陕甘回函："海防"与"塞防"的争论

同光之际海防策略大讨论的主要参与者是沿海沿江督抚官员，时任陕甘督臣的左宗棠并不在列。总理衙门考虑到左宗棠留心洋务，也相对熟悉洋务，便将原奏六条一并函抄录给左宗棠。早在同治五年（1866 年），左宗棠就曾上疏，奏请设局，监造筹备海防所需的轮船，获得朝廷俯允，准予试行办理。左宗棠随即在福州马尾，选择地址，建办船厂，外派人员出国购买机器、船槽等设备，并创办了求是堂艺局（亦称船政学堂），培养专门的造船技术和海防人才。时逢西北事起，旋即改任陕甘总督。左宗棠推荐了原江西巡抚沈葆桢担任总理船政大臣，于 1867 年正式开工建设福州船政局（亦称马尾船政局），成为中国第一个新式造船厂。左宗棠作为著名湘军将领、洋务派首领和晚清重臣，在海防人才问题上所

---

①　黄濬. 花随人圣庵摭忆. 李吉奎整理. 北京：中华书局，2008：661.
②　黄濬. 花随人圣庵摭忆. 李吉奎整理. 北京：中华书局，2008：661.
③　黄濬. 花随人圣庵摭忆. 李吉奎整理. 北京：中华书局，2008：661-662.
④　黄濬. 花随人圣庵摭忆. 李吉奎整理. 北京：中华书局，2008：662.
⑤　《近代中国海军》编辑部. 近代中国海军. 北京：海潮出版社，1994：86.

持的思想观点,无疑会对朝廷决策起到重要的影响。

左宗棠在回函中强调:"制器之人",必须知晓"用器之法";而"用器之人",必须通晓"制器之意"①。他在关注"器"的同时,关注到"人",突出"人"对"器"的制造与使用。他提出,筹备海防"固借水师",而陆路之师"亦不可忽"②,主张"水师"与"陆师"兼练。而且主张立足本土,招募和培养一批能够驾驶大兵轮船的专门人才,实现"全船皆无须资助外人"③,做到对大兵轮船的自我指挥与自我掌控。这体现了左宗棠对海防人才问题的认识与理解。此时,即光绪元年(1875年),清政府争议出兵收复新疆的问题,还引发了"海防"与"塞防"争议。争议的核心内容其实是国防经费的筹措问题。李鸿章出于筹备海防经费的考虑,力主海防,提出放弃塞防,停止向新疆用兵,把西线军费移作海防之用。这种错误的观点,已经为学界批驳。左宗棠则是塞防派,认为筹备海防是一个相对长期的任务,而西北为陆域重要屏障,如果自行撤除藩篱,则会"我退寸"而"寇进尺",尤其会导致英国、俄国的渗透。当时的军机大臣文祥为左宗棠所说服,于是全力支持"塞防"。光绪皇帝和慈禧太后下诏授命左宗棠出任钦差大臣,全权节制三军,择准时机出兵边塞,平叛新疆。

"海防"与"塞防"的争议,涉及清政府的国防经费列支,理所当然会影响到海防人才政策的最终决策。注重"海防"的李鸿章,是淮系头领,可谓位高权重;注重"塞防"的左宗棠,是湘系支派领袖,可谓根基雄厚。清朝最高决策层当然希望平衡湘淮,使之互相制约,于此最有利于控制政局。为此,清政府左右权衡,彼此兼顾,在最终的国防决策上,采取了"海防"与"塞防"并重的策略,先任命左宗棠以钦差大臣的身份督办新疆军务,继而任命李鸿章和新任两江总督沈葆桢分别督办北、南洋海防事宜。显然,这样的朝廷决策,是对李鸿章与左宗棠的平衡,是对湘淮矛盾的调和,是对"海防"与"塞防"的兼顾,是一种折中妥协。

2.廷臣会议:革新主张与保守心理的博弈

1875年3月,总理衙门以海防事宜事关重大为由,奏请派郡亲王奕譞会同内阁、六部和九卿大臣,召开廷臣会议,对各督抚、将军的折片、清单以及左宗棠

---

① 奕䜣等.总理各国事务衙门奕䜣等照录陕甘总督左宗棠签注丁日昌条陈单(光绪元年正月二十九日)//张晓华.中国近代战策辑要(下).北京:军事科学出版社,1993:128.

② 奕䜣等.总理各国事务衙门奕䜣等照录陕甘总督左宗棠签注丁日昌条陈单(光绪元年正月二十九日)//张晓华.中国近代战策辑要(下).北京:军事科学出版社,1993:128.

③ 奕䜣等.总理各国事务衙门奕䜣等照录陕甘总督左宗棠签注丁日昌条陈单(光绪元年正月二十九日)//张晓华.中国近代战策辑要(下).北京:军事科学出版社,1993:129.

的信件等,开展进一步思想讨论。① 郡亲王奕譞在这次廷臣会议占有主导地位,这就需要适当分析其政治经历及决策心理。道光三十年(1850 年),奕譞封为醇郡王。咸丰年间,奕譞的政治表现并不出色。咸丰帝死后,奕譞积极配合慈禧太后,发动了辛酉政变,亲自捉拿时为"顾命八大臣"之首的肃顺,并娶慈禧太后之妹为嫡福晋,此后,慈禧太后逐渐开始重用奕譞。奕譞非常了解慈禧,而且,一生小心侍奉慈禧。因此,与奕䜣不同,奕譞的仕途一直顺风顺水。在经历了同治帝后之死、东太后暴卒等政治事件之后,奕譞更加谨小慎微,兢兢业业,始终把取信于慈禧看作自己唯一的本分。这样一种"唯上",实际上也是"唯己"的政治心理暴露无遗。总理衙门字面上仍希望廷臣"勿存成见""勿参两可""勿以臣衙门为故设难端""勿以臣等为意在诿卸",详商论定筹备海防事宜,"总期于事有济"②,对所有原奏内筹议各条及各大臣议覆中提出的意见与建议,充分发表观点,以此进一步统一思想认识。

面对事关国家海防事业的督抚奏折,醇亲王奕譞先是发表了诸如夷务为"中原千年变局",海防为"军旅非常创举","自来有治法无治人,与有地利无人和,同一无济于事"③之类大而化之的空话套话。部分地方督抚提出,"用人"为"要领",为"根本",为"制治之鸿图"。醇亲王奕譞对此也表示了表面的认同,建议皇太后(指慈禧太后)"先选能办海防之勋臣宿将""或择诸京官,或调自外省""令与恭亲王等悉心密商"④筹备海防的办法。表面上看,对于"用人",醇亲王奕譞似乎与部分思想开明的沿海沿江督抚意见比较一致。实际上,双方对于"用什么样的人"这个根本问题,却有着本质上不同的理解。廷臣会议的讨论极不正常。

---

① 据《大清德宗景皇帝实录》记载,谕军机处等:"总理各国事务衙门奏筹办海防事宜,并丁日昌条陈海洋水师章程,业经李鸿章等覆奏,请饬廷臣会议。左宗棠覆陈各件可否一并会议,暨情饬廷臣将该衙门原奏内筹议各条并各大臣议覆中引申请议各节,详商论定各折片,除管理该衙门事务王大臣毋庸与议外,着派亲郡王会同大学士、六部、九卿悉心妥议,限一月内覆奏。其各省将军、督抚等历次覆奏及总理各国事务衙门具奏各折片清单,均着发给阅看。"查阅当时朝廷大学士、军机处、部员的人员组成,就可以大体知道参与这次廷臣会议的人员。据《清代职官年表》记载,光绪元年(1875 年),内阁大学士主要由李鸿章、文祥、左宗棠、宝鋆、英桂、沈桂芬等人组成。军机大臣则包括奕䜣、文祥、宝鋆、沈桂芬、李鸿藻等。而部院大臣方面,吏部是英桂、毛昶熙;户部是载龄、董恂;礼部是灵桂、万青藜;兵部是广寿、沈桂芬;刑部是崇实、桑春荣;工部是崇纶、魁龄、李鸿藻;理藩院是阜保;都察院是魁龄、景廉、贺寿慈等。
② 奕䜣等. 光绪元年正月二十九日总理衙门奕䜣等奏折附片//中国近代史资料丛刊. 洋务运动(第1 册). 上海:上海人民出版社,1961:105.
③ 奕䜣等. 光绪元年正月二十九日总理衙门奕䜣等奏折附片//中国近代史资料丛刊. 洋务运动(第1 册). 上海:上海人民出版社,1961:116.
④ 奕䜣等. 光绪元年正月二十九日总理衙门奕䜣等奏折附片//中国近代史资料丛刊. 洋务运动(第1 册). 上海:上海人民出版社,1961:116.

"部分高级官员在内阁阅读了各省督抚、将军的折片和清单之后,有的只是发表了一些不痛不痒的观点,敷衍了事;有人则通过阅读奏折,找到了借题发挥的机会",①这暴露了部分京官的保守心理。通过妥协折中,礼亲王世铎归纳各方面的意见,综合各方的声音,递了一道条陈。其中对海防人才问题,经过对沿海沿江督抚思想观点的"利益过滤",朝廷中枢主要形成如下意见。

第一,充分肯定海防人才在海防筹备中的地位与作用。在京官员同样认为,"有治人",然后"有治法"。"苟不得其人,虽炮利船坚,终归无用",②"器"必须依赖"人"才能发挥作用。朝野上下对海防人才问题的认识上升到了一个相当的高度。所谓"办防首在得人"③,筹备海防,最为重要的是解决"用人"的问题。这当然是一种笼统的提法。"治海之法"当然重要,关键是采用何种"治海之法"。"用人"当然也很重要,关键是任用"什么样的人"。

第二,明确以选拔已有人才为破解人才困境的基本方案。在京官员强调了"简派"和"举荐"等用人之道。对于海疆防务督办,同意总理衙门所拟条陈,简派大员来担任;对于提镇将领等各级官员,则提出应由沿海各督抚"各举所知,以备擢任"。④ 在京官员当然关注人才选拔问题。这是因为,选人用人背后,始终存在巨大的利益。黄濬在《花随人圣庵摭忆》中就说:"和议成后,一年以来,渐皆复旧,所稍异者,南城赁屋之价,不致太昂,各衙门团拜之戏,或有不举而已。其谋差事、求京察者,则纷纷扰扰,无异昔时也。"⑤大多数士子官绅,关心的是朝局的动态,关心的是个人的仕途,关注的是官职的升迁,至于朝廷的安危、民众的利益,则无所挂怀,漠然无视。在京的朝廷重臣与其说是关心海防人才的选拔,不如说是盯着人才举荐背后巨大的利益。至于是否可以选拔到胜任海防、适应海防斗争所需的干才,则毫不关心。由此,对于海防人才的培养,则根本没有进入在京官员的视野。

第三,明确提出了选拔海防人才的基本原则。以世铎为代表的在京官员看到,所谓"防夷之法"与"制夷之方",重要的是抓住"财力"与"人才",即海防经费

---

① 王宏斌. 晚清海防:思想与制度研究. 北京:商务印书馆,2005:116.
② 世铎等. 礼亲王世铎等奏各大臣议海防折(光绪元年二月二十七日)//张晓华. 中国近代战策辑要. 北京:军事科学出版社,1993:138.
③ 世铎等. 礼亲王世铎等奏各大臣议海防折(光绪元年二月二十七日)//张晓华. 中国近代战策辑要. 北京:军事科学出版社,1993:138.
④ 世铎等. 礼亲王世铎等奏各大臣议海防折(光绪元年二月二十七日)//张晓华. 中国近代战策辑要. 北京:军事科学出版社,1993:139.
⑤ 黄濬. 花随人圣庵摭忆. 李吉奎整理. 北京:中华书局,2008:147.

与海防人才这两条。对海防人才问题，以"知人善任"为"储才之本"①。就选拔人才的基本原则而言，他们认为，对于海防督办大员而言，必须"知兵望重、熟悉洋情"②；对于提镇将领而言，则必须"水师出身、久经战阵、洞达洋情"③。所谓"知兵望重"与"水师出身、久经战阵"，强调的都是传统军事素质；而所谓"熟悉洋情"与"洞达洋情"，强调的则是近代军事素质，其中包含海防人才的海洋素养，也包含近代西方武器装备的制造与使用能力等。

第四，明确了"水陆兼练"的练兵思路。世铎罗列了李鸿章"添练水师，仍以陆兵为本"、李宗羲"水陆兼练"、丁日昌与曾国藩"盖陆兵本当随时操练，而现办海防更当精益求精"等基本观点，进一步总结说："练兵之道，轮船必须添设，仍当辅以陆兵"④，明确了"水陆兼练"的基本思路。

第五，明确提出了学习西方的思想主张。世铎在奏折里提出，西方确实精于制器、造船等，对此，"自可参用西法"⑤。对于西方制造的洋枪、洋炮、水炮台和水雷等，确实应该马上购置，而且，"仍当讲求制造之法。"⑥这就提出了学习西方的鲜明主张。在京官员对于军事装备的落后，对于兵制的陈腐，对于军事训练的缺乏，对于中国与西方列强之间的船炮技术的差距等问题的认识，实际上还停留在感性认识的阶段，还没有真正意识到武器装备背后的深层次问题，即中国与西方科技水平的差距，中国与西方武器装备制造与使用能力的差距。由此，虽也明确提出学习西方，但对于学习西方的紧迫感，显然不如前线抗战将领，不如沿海沿江督抚。

从世铎的奏折来看，在京官员对海防人才的根本地位，对海防人才的基本素质等问题，有了一些共识。而对于解决海防人才的基本方案，在京官员更多地倾向于选拔已有的人才，对海防人才的培养并未引起足够的重视，更谈不上对海防

---

① 世铎等.礼亲王世铎等奏各大臣议海防折（光绪元年二月二十七日）∥张晓华.中国近代战策辑要.北京：军事科学出版社，1993：140.

② 世铎等.礼亲王世铎等奏各大臣议海防折（光绪元年二月二十七日）∥张晓华.中国近代战策辑要.北京：军事科学出版社，1993：138.

③ 世铎等.礼亲王世铎等奏各大臣议海防折（光绪元年二月二十七日）∥张晓华.中国近代战策辑要.北京：军事科学出版社，1993：138-139.

④ 世铎等.礼亲王世铎等奏各大臣议海防折（光绪元年二月二十七日）∥张晓华.中国近代战策辑要（下）.北京：军事科学出版社，1993：139.

⑤ 世铎等.礼亲王世铎等奏各大臣议海防折（光绪元年二月二十七日）∥张晓华.中国近代战策辑要（下）.北京：军事科学出版社，1993：139.

⑥ 世铎等.礼亲王世铎等奏各大臣议海防折（光绪元年二月二十七日）∥张晓华.中国近代战策辑要（下）.北京：军事科学出版社，1993：139.

人才的引进。在京官员尽管在一些问题上持有保留意见,在解决海防人才问题的具体措施上往后退了一步,但就主要倾向来说,对总理各国事务衙门提出的海防人才解决方案表示了理解。海防人才政策的朝廷决策本可以继续向前推进。不料,晚清政府内部又横生风波。在礼亲王世铎上奏之后,通政使于凌辰和大理寺少卿王家璧先后上书发难,提出了诸多反对意见。

3.思想交锋:洋务派与顽固派的斗争

针对李鸿章的奏折和丁日昌的条议,通政使于凌辰上了一道题为"立国贵在人心不必争利海中"的奏折,主张立国之道"贵在人心",而不是"争利海中"。在奏折中,于凌辰对李鸿章、丁日昌提出的"造船""简器"等条陈颇有微词,对他们提出的"设立洋学局""另立洋务进取格"等主张尤其不满。于凌辰所持的反对论据主要是,自古以来,有主张"用夏变夷"的,而李鸿章、丁日昌等却是在"用夷变夏"。"人才是今日作事根本,如李鸿章、丁日昌讲求洋学,实愈加败坏,尚何人才之可言?"①于凌辰似乎也认同"人才"的根本地位,不过,他对"人才"的认识与理解,却完全不同于洋务派。表面上看,于凌辰同样主张:"防夷之务莫大于人才,人才得则凡事可理。"②但是,其"人才"的内涵,却与洋务派大相径庭。在洋务派看来,所谓的海防人才,应该是能够适应近代海防战争,懂得应对近代海防危机的新兴人才;而顽固派所理解的人才,主要是指经过科举考试选拔出来的传统知识分子。二者对"人才"作出了完全不同的认识与理解,这就击中了同光之际海防人才思想争论的要害。表面上看,无论是沿海沿江督抚,还是王公大臣、朝廷重臣,似乎都赞同"用人",但是,在"用什么样的人"这个根本性问题上,却存在诸多的分歧。

第一,针对海防人才的取舍标准,存在"师事洋人"与"制夷之具"的思想分歧。选拔和培养什么样的人,才算得上是海防所亟需的人才?即海防人才的取舍标准是什么?用现代语言来表述,需要的当然是"德才兼备"的人才。于凌辰清楚地看到,为筹备海防,必须"制洋器""造洋船",即必须要学习西方,学习"洋学"。③

---

① 于凌辰.通政使于凌辰奏立国贵在人心不必争利海中折(光绪元年二月二十七日)//张晓华.中国近代战策辑要(下).北京:军事科学出版社,1993:141.

② 于凌辰.通政使于凌辰奏立国贵在人心不必争利海中折(光绪元年二月二十七日)//张晓华.中国近代战策辑要(下).北京:军事科学出版社,1993:142.

③ 于凌辰.通政使于凌辰奏立国贵在人心不必争利海中折(光绪元年二月二十七日)//张晓华.中国近代战策辑要(下).北京:军事科学出版社,1993:141.

既然必须学"洋学",那么,就不得不以"洋学之精否"作为"人才之用舍"。① 这就触及了问题的实质。于凌辰随即又说,起先提出学习洋学,只是作为"制夷之具",而且,"师事洋人",学习西方,本身就是一件可耻的事情,必然会导致国人丧失礼义廉耻。于凌辰清醒地预见,"制洋器""造洋船""学洋学",必然会导致"以洋学之精否"作为选拔和培养海防人才的取舍标准。"今以重洋人机器之故",自然而然以"洋学"为学问,以懂"洋学"之人为"人才",如此,以往通过科举考试选拔出来的传统知识分子的仕途与晋升,必然会受到冲击。当时,只有购买、仿制、使用,甚至是创新西方的武器装备,才可能应对日益严峻的海防斗争形势。只有懂得西学,懂得驾驶新式舰船、懂得使用新式炮弹,甚至可以发明创造新式战备的新兴人才,才是切实应对海防危机的首要人选。

学习洋学,懂得西学,与所谓的道德操守之间,根本没有必然的联系。没有证据可以表明,懂得西学的人一定是道德操守沦丧者。于凌辰"以洋学为难能",并不能得出"人心因之解体"的结论,更不能判定"其从而习之者必皆无耻之人"。② 习"洋学"之人,显然并不必然为"无耻之人",于凌辰其间的推论,是牵强的,是附会的,也是混乱的。所谓"恐天下皆将谓国家以礼义廉耻为无用"③的担心,也与是否学习洋学无关。同样,也没有充足的理由可以说明,以传统"四书五经"为蓝本,通过科举考试博得功名的传统知识分子就一定是道德高尚的人才。有一点倒是可以肯定,那些皓首穷经,穷其一生,仅仅啃着"四书五经",借助科举制度博取功名的传统知识分子,除非及时学习西学,否则,除了道德文章上的所谓优势,在新兴的西学面前,在不可阻挡的"西学东渐"潮流面前,不会有真正的过人之处。以于凌辰为典型代表的传统保守知识分子,与其说是反对西学,不如说是出于对自身由科举制度而致的既得利益的维护。

第二,针对海防人才的选拔机制,存在"章句弓马"与"洋务取进"的意见分歧。再看王家璧的观点,他先后对都兴阿、李宗羲、文彬、丁宝桢、吴元炳、王文韶、裕禄、杨昌濬、李鸿章、李宗羲、刘坤一、张兆栋、李瀚章、李鹤年、王凯泰、左宗

---

① 于凌辰. 通政使于凌辰奏立国贵在人心不必争利海中折(光绪元年二月二十七日)//张晓华. 中国近代战策辑要(下). 北京:军事科学出版社,1993:141.

② 于凌辰. 通政使于凌辰奏立国贵在人心不必争利海中折(光绪元年二月二十七日)//张晓华. 中国近代战策辑要(下). 北京:军事科学出版社,1993:142.

③ 于凌辰. 通政使于凌辰奏立国贵在人心不必争利海中折(光绪元年二月二十七日)//张晓华. 中国近代战策辑要(下). 北京:军事科学出版社,1993:142.

棠等人的观点一一评点。① 从表面上看,他似乎采取了一种博取众长、公允公正的态度,并说道:"江海之防为历代帝王之大政,变固必须设防,和亦不可忘战。曾国藩、彭玉麟之奏设长江水师,左宗棠、沈葆桢之奏设船政局,李鸿章等之奏设机器铸炮各局,皆系与总理衙门王大臣往复筹商,奏明办理,莫非公忠体国,期于共济时艰,不可纷议更张,致滋贻误。"②仔细分析其精神实质,其实,其思想观念更加保守。

　　整个封建教育体系的核心在于,"不论是官学还是私塾,皆以登科及第为办学目标"。③ 李鸿章考察清朝选拔人才的基本制度之后,深切认识到,依据"章句弓马"选拔出来的人才,所"学"非所"用",无以御敌。于是,他提出变革科举科目。在旧有选拔制度的基础上,另开"洋务取进"一科,以"洋学"为考试内容,选拔新兴人才。王家璧在奏折里则说,"目今急务正在朝廷慎择督抚,督抚得人乃能督率文武将吏,就现办事宜认真持久办理"。④ 向朝廷提出"慎择督抚""督抚得人"的主张。他同样十分关心海防"用人"的问题,并提出,"勿以事非已出轻改

---

　　① 王家璧在其《慎选督抚勿轻改前人折(光绪元年二月二十七日)》的奏折中说:"臣等连日悉心详阅各折,在总理衙门王大臣不厌询谋以广忠益,实属慎益加慎。诸臣各据所见,亦多老谋深识,有裨国家远图。其中如都兴阿谓海防守重于战;李宗羲谓自古有海防无海战,文彬、丁宝桢、吴元炳均谓防俄尤为切近;王文韶谓但使俄人不得逞志于西北,则各国必不致构衅于东南;裕禄谓要在因地制宜,各求实际,同心筹办,共图振兴;杨昌濬谓在坚持定见,固结民心;李鸿章谓将来器精防固,亦不宜自我开衅,俱为扼要之言。李宗羲、刘坤一、张兆栋等均称各就扼要地方,随宜修改添筑炮台,水师加意操防,期于历久不懈。杨昌濬谓各省所需轮船枪炮,可就闽沪津三局置造,毋庸再行添设;王文韶谓宜以全力注重西征,不在兵多,但期饷足;李瀚章谓西征统帅太多,事权不一,各路之营勇难稽,则饷项之馈运无定,自应汰弱留强;又谓艇船未可尽废,有轮船带领巡防更资得力,沿海多有轮船不能到之处,艇船尽撤,防范难周;李鹤年谓此时捐例可停而厘金不可停;均切当今要务。王凯泰谓西北水利当开,不外沟田之法;吴元炳谓民劳则善心生,耕织之务不宜导以奇巧;王文韶谓不以耕织机器夺农工之业,亦无形中国本之一端;均为根本正论。至左宗棠指驳丁日昌各条,尤言言切当明透,洞中机宜,由其能用洋人而不为洋人所用,身亲阅历而来,故能言之明确,不为恫喝所动,不为狡诈所欺,不碍和局,不落空谈,不狃目前之无事而忘隐患,亦不专力未然之患而舍当前切要之图,非但身当西北之任故云尔也,实合中外大局万年景祚而通筹之。英翰谓铁甲船笨重非江防所宜;沈葆桢谓三层大兵轮船,上下层皆列炮,安炮之外多则受敌炮之处亦多,且下层演放数炮后,烟涨舱中,咫尺不相见,临敌不无滞碍。王凯泰谓洋枪只能放至五六百步,线枪远至七八百步;洋枪只能装铅子一二枚,线枪至四五十枚;洋枪每开火三次,线枪已可开火五次,舍线枪而以重价购洋枪,非计之得也。杨昌濬谓后膛枪炮虽觉巧便,究竟机关太多,时有炸裂,不如前门枪炮结实耐久,粤东线枪装子多而且远,实比洋枪为长。皆确有勘验不逐时好之言。"
　　② 王家璧. 大理寺少卿王家璧奏慎选督抚勿轻改前人折(光绪元年二月二十七日)//张晓华. 中国近代战策辑要. 北京:军事科学出版社,1993:146.
　　③ 《近代中国海军》编辑部. 近代中国海军. 北京:海潮出版社,1994:194.
　　④ 王家璧. 大理寺少卿王家璧奏慎选督抚勿轻改前人折(光绪元年二月二十七日)//张晓华. 中国近代战策辑要. 北京:军事科学出版社,1993:146.

前人""勿以能顺夷情不顾国是"①。这就在选人用人问题上,明确提出反对所谓"轻改前人""不顾国是"的做法,即反对改革传统人才选拔制度。他认为,以"章句弓马"为考核内容的科举制度,恰恰是清朝立国的根基,不可动摇。对此,他还振振有词:"本朝以弓马开基,文德武功,远轶前代。枪炮固可兼习,本业岂可全忘?"②这样一来,将矛头直接指向了李鸿章和丁日昌等提出的"洋务取进"的人才选拔机制。1877 年 4 月,郭嵩焘从伦敦致信李鸿章,慨叹国内一般守旧者的愚昧无知。信中这样写道:"西洋为害之烈,莫甚于鸦片烟……中国士大夫甘心陷溺,恬不为悔,数十年国家之耻,耗竭财力,毒害生民,无一人引为疚心"③;"钟表玩具,家皆有之,呢绒洋布之属遍及穷乡僻壤……一闻修造铁路、电报,则痛心疾首,群起阻难,至有以见洋人、机器为公愤者。"④在李鸿章看来,导致这种衰败现象的主要原因在于八股取士制度。在回信中,李鸿章说:"人才风气之固结不解,积重难返,鄙论由于崇尚时文小楷误之,世重科目,时文小楷即其根本。"⑤李鸿章由此叹息,认为当时真正究心洋务的,"仅执事(指郭嵩焘)、雨生(丁日昌)、鸿章三数人耳,庸有济耶?"⑥王家璧表面上反对的是李鸿章提出的"洋务取进"这一人才选拔制度,实质上是出于维护传统科举制度而致的既得利益。

第三,针对海防人才的政治品格,存在"舍德尚才"与"忠孝大义"的观点争议。王家璧主张,旧有的"章句取士"制度,正是遵循了尧舜周孔之道,使人诵读经史,明白忠孝大义,"以敦君臣父子之伦。"⑦ 显然,在"德"与"才"的关系问题上,王家璧更注重海防人才的政治品格。"人若不明大义,虽机警多智,可以富国强兵,或恐不利社稷。操用人之柄者,苟舍德而专尚才,从古乱臣贼子,何一非当

①　王家璧.大理寺少卿王家璧奏慎选督抚勿轻改前人折(光绪元年二月二十七日)//张晓华.中国近代战策辑要.北京:军事科学出版社,1993:146.

②　王家璧.光绪元年二月二十七日大理寺少卿王家璧奏折附片//中国近代史资料丛刊.洋务运动(第 1 册).上海:上海人民出版社,1961:129.

③　郭嵩焘.伦敦致李伯相//林铁钧,史松.清史编年(光绪朝上).北京:中国人民大学出版社,2000:78.

④　郭嵩焘.伦敦致李伯相//林铁钧,史松.清史编年(光绪朝上).北京:中国人民大学出版社,2000:78.

⑤　李鸿章.复郭筠仙星使//林铁钧,史松.清史编年(光绪朝上).北京:中国人民大学出版社,2000:78.

⑥　李鸿章.复郭筠仙星使//林铁钧,史松.清史编年(光绪朝上).北京:中国人民大学出版社,2000:78.

⑦　王家璧.光绪元年二月二十七日大理寺少卿王家璧奏折附片//中国近代史资料丛刊.洋务运动(第 1 册).上海:上海人民出版社,1961:129.

时能臣哉？"①王家璧重视人才的德性品格，这本无可厚非，"舍德"而专"尚才"，"舍德"而仅"尚才"，犯的是人才问题上的大忌，对于军事人才尤其如此。"今欲弃经世章句之学，而尽趋向洋学，试问电学、算学、化学、技艺学，果足以御敌乎？"②王家璧这一反问，有其合理性，即海防人才具备"才"的同时，还必须具备"德"，必须忠于这个朝廷，必须忠于这个国家，忠于这个民族。王家璧以曾国藩、左宗棠和李鸿章为例认为，这些海防领军人才正是由于具备"深明大义"的政治品格，才能做到"能用洋人而不为洋人用"，③这一点的确富有见地。但在当时的历史条件下，在中西军事科学技术如此悬殊的特定情况下，仅仅局限于"德"，而不关注"才"，也是于事无补的。"科目进身""未读洋书""未习洋技"的传统知识分子事实上无力面对日益严峻的海防斗争形势。曾国藩、左宗棠和李鸿章等这些"科目进身"的洋务派代表，政治上固然可靠，而正是他们自己对自身"未读洋书""未习洋技"有着深刻的反思，切实感到，必须认真学习西学，甚至超越西学，才有可能在海防斗争中真正立于不败之地。洋务方面的"才"，与王家璧所谓的"德"，并不是互相排斥的。在洋务方面具有才学的人，也可以对之提出德性的要求。但不能由此说，具有洋务方面才学的人，都存在"德性"的不足，这显然是不合适的，也是站不住脚的。王家璧坚持认为："今日欲备横海、伏波之选，则忠孝性成，明于料敌，不怯、不轻，无出杨岳斌、彭玉麟之右；其次亦不乏人。"④这种"中国之大，何地无才"⑤的观点，是一种盲目的乐观主义。出于因循守旧的惯性思维，他不愿承认中国军事科学技术落后于西方的严酷事实，抱着"慎重科目以养明大义之人才"旧有制度不放，是思想上顽固保守的集中表现。

第四，围绕海防人才的海洋素养，存在"守之于陆"与"战之于海"的不同主张。科学的海防观，科学的海防战略思想，是高水平海防将领的必备素质。如前所述，受到《防海新论》等西方军事著作的影响，李鸿章、丁日昌等海防先进人物，

---

① 王家璧. 光绪元年二月二十七日大理寺少卿王家璧奏折附片//中国近代史资料丛刊. 洋务运动（第1册）. 上海：上海人民出版社，1961：129.

② 王家璧. 光绪元年二月二十七日大理寺少卿王家璧奏折附片//中国近代史资料丛刊. 洋务运动（第1册）. 上海：上海人民出版社，1961：129.

③ 王家璧. 光绪元年二月二十七日大理寺少卿王家璧奏折附片//中国近代史资料丛刊. 洋务运动（第1册）. 上海：上海人民出版社，1961：129.

④ 王家璧. 光绪元年二月二十七日大理寺少卿王家璧奏折附片//中国近代史资料丛刊. 洋务运动（第1册）. 上海：上海人民出版社，1961：129.

⑤ 王家璧. 光绪元年二月二十七日大理寺少卿王家璧奏折附片//中国近代史资料丛刊. 洋务运动（第1册）. 上海：上海人民出版社，1961：129.

已经抛弃了以往的"岸防战略"。而且,自1840年第一次鸦片战争,到1875年,历次应对海防危机,林则徐等人早已放弃了"守陆为主"的海防战略,更何况之后。海防斗争实践已经走过了35年的艰难岁月,而王家璧所持的论点仍然是"战于大海,自非小船所能然;我不必与战于海。"①奏折里还说,"至轮船入江,处处有矶石,有洲滩,若无内地奸民为彼引水,遇矶石则磕损,遇洲滩则浅搁,更遇大水泛涨,一望无涯,尤触处皆碍。"②透过这段话,不难发现,守旧派的传统士人,对西方军事科学技术知之甚少。他们深居庙堂,对沿海筹防的实际情形,知之更少,更多的来自"想当然",而非"实见"。王家璧以此得出"舢板未尝不可用,轮船亦不可专恃"③"尤不宜借洋债购办,堕彼盘剥术中"④的结论,也就不足为怪了。在他看来,"但就我所能办之炮台、轮船、洋枪、洋炮,参以我所常用之艇船、舢板、快蟹、长龙等船,劈山炮、子母炮、线枪、火弹、火箭、刀矛、弓矢及易得之铜铁各炮,练习不懈,训以忠义,水陆兵勇互相应援,即足以固江海之防矣。"⑤决策总是人的决策。人的素质、眼界、思想和观念,对决策的取向发生着不可忽视的影响。王家璧自身对海防的思想认识尚且如此,其海防政策上的取向可想而知。

按照清政府的谕令,上述各督抚、将军的60余件奏折、清单以及信函最后又全部移交总理衙门来处理。沿海沿江督抚关于海防人才的思想认识,经过层层的"利益过滤"和"权力平衡",最终由总理衙门汇总,形成了四个文件:一个奏折、两个清单和一个附件。

四、决策内容

总理衙门声称,坚持"当以三人占从二人为断"⑥的基本原则,即坚持少数服从多数的原则,汇总各方意见。实际上,汇总方案主要是各方利益博弈、权力平

①　王家璧.大理寺少卿王家璧奏折附片(光绪元年二月二十七日)//张晓华.中国近代战策辑要.北京:军事科学出版社,1993:147.

②　王家璧.大理寺少卿王家璧奏折附片(光绪元年二月二十七日)//张晓华.中国近代战策辑要.北京:军事科学出版社,1993:147.

③　王家璧.大理寺少卿王家璧奏折附片(光绪元年二月二十七日)//张晓华.中国近代战策辑要.北京:军事科学出版社,1993:147.

④　王家璧.大理寺少卿王家璧奏折附片(光绪元年二月二十七日)//张晓华.中国近代战策辑要.北京:军事科学出版社,1993:151.

⑤　王家璧.大理寺少卿王家璧奏折附片(光绪元年二月二十七日)//张晓华.中国近代战策辑要.北京:军事科学出版社,1993:151.

⑥　光绪元年四月二十六日军机大臣密寄//中国近代史资料丛刊.洋务运动(第1册).上海:上海人民出版社,1961:152-153.

衡、意见折中的产物。《光绪元年四月二十六日军机大臣密寄》中一句"余均著照所议办理"①的谕旨,表明清政府基本同意了总理衙门所拟条陈。② 清政府由此最终形成了筹备海防事宜的决策,沿海军政官员的一系列海防思想,包括海防人才思想,正式上升到朝廷政策的层面。

(一)关于海防人才的地位与作用

在"为什么要重视海防人才"这个问题上,地方督抚和廷臣官员之间达成了较为一致的意见。奏折奏请皇太后(慈禧太后)"按照王大臣所议,简派分段督办海防事宜大臣两员,专理其事。"③当时,晚清政府面临的国家安全形势异常严峻,"英占缅甸","法踞安南","日本胁制琉球",西北"俄患","均为进窥中国之计",至此,云南、四川、广东、广西、福建各边境,均存在边海防的繁重任务。为此,清政府决议:首先,提议创建北洋水师,以备海防。其次,吸纳了"海防与江防相表里"④的提议,坚持了"水陆兼练"的基本方针。对于长江水师,基本态度是"规模已定,未易另议办法",⑤并由彭玉麟、杨岳斌、李成谋等继续照章操练,"俟海防购办船炮有成后,与督办海防大臣会同筹议,于由海入江吃重险要之处,添设兵轮船若干只,配兵习练,以资扼守。"⑥最后,为防俄起见,对于"或谓西北、东南力难并营,或谓西北边防綦要,及西北各军应有统制"等提议,总理衙门提出了巩固"塞防"的策略。奉朝廷的谕旨,派左宗棠督办军务,令其"通盘筹画,力图进取,以固塞防。"⑦总之,总理衙门综合各方意见,也基于对形势的研判,不得不采取了一种妥协的方案,一种折中的决策,并没有突出首重海防的战略,而是对"江

---

① 光绪元年四月二十六日军机大臣密寄//中国近代史资料丛刊. 洋务运动(第 1 册). 上海:上海人民出版社,1961:152-153.

② 这份廷寄密谕李鸿章、沈葆桢、左宗棠、彭玉麟、崇实、岐元、清凯、奕榕、奕劻、丰绅、托克淵、李鹤年、李瀚章、吴棠、英翰、刘岳昭、杨岳斌、刘坤一、吴元炳、裕禄、丁宝桢、杨昌濬、王凯泰、翁同爵、王文韶、张兆栋、刘长佑、岑毓英等,并传谕刘秉璋。

③ 奕䜣等. 总理各国事务衙门奕䜣等奏海防六条折衷拟议办理折(光绪元年四月二十六日)//张晓华. 中国近代战策辑要. 北京:军事科学出版社,1993:170.

④ 奕䜣等. 总理各国事务衙门奕䜣等奏海防六条折衷拟议办理折(光绪元年四月二十六日)//张晓华. 中国近代战策辑要(下). 北京:军事科学出版社,1993:171.

⑤ 奕䜣等. 总理各国事务衙门奕䜣等奏海防六条折衷拟议办理折(光绪元年四月二十六日)//张晓华. 中国近代战策辑要(下). 北京:军事科学出版社,1993:171.

⑥ 奕䜣等. 总理各国事务衙门奕䜣等奏海防六条折衷拟议办理折(光绪元年四月二十六日)//张晓华. 中国近代战策辑要(下). 北京:军事科学出版社,1993:171.

⑦ 奕䜣等. 总理各国事务衙门奕䜣等奏海防六条折衷拟议办理折(光绪元年四月二十六日)//张晓华. 中国近代战策辑要(下). 北京:军事科学出版社,1993:171.

防""塞防"都一一有所兼顾,使之与"海防"并重。

就"练兵""简器""造船""筹饷""用人""持久"等基本议题而言,对"用人"问题则提到了重要位置。比如,对于国外的武器装备,决议"用其所长"。在购置洋枪、洋炮、水炮台、水雷等武器装备的同时,对重视"制造之法"①的讲求,并提出选派"善于领会制造驾驶之人"②,分赴英、法、美、德各国学习考察,以使海防兵勇"各练其技,各守其器"③。对于机器局派员分赴各国学习制造的条议,认为其"系防患要著,应由各该大臣随时筹办"④。这就在重视"器"的购置的同时,关注到"器"的制造,"器"的使用,认识到了海防人才的核心地位与关键作用。

(二)关于海防人才的素质与能力

在海防决策中,对于"需要什么样的海防人才"这一议题,清政府给出的明确的回应,主要是"水师出身、久经战阵、洞达洋情"⑤这一条。这三点其实很难有效统一起来。"水师出身"这一点,强调的是一种资格,一种身份,一种经历。如前所述,海防不同于陆防,海防也不同于江防。清朝以往的水师建制,侧重的是江防,缺乏海防的实际经历和实战经验。鸦片战争之后,逐渐有了海防的实际经历,但更多的是失败的教训。旧有水师将领实际上谈不上对"洋情"的熟悉,更谈不上对"洋情"的洞达。

"洞达洋情"这一点,强调的是一种海洋素养,一种海防观念,一种西学视野。清政府学习西学的步伐一直十分缓慢,同样也是在鸦片战争之后,才逐渐提上日程。特别是同文馆设立之后,对西学的学习才逐步走向制度化、常规化。当时,除一些开明的社会精英之外,同文馆的生员接触的西学相对而言更系统、更规范。这些储备人才更有可能成长为"洞达洋情"的优秀人才。但他们不可能具备"水师出身"的选拔条件,更不可能符合"久经战阵"的选拔要求。如此看来,近代

---

① 奕䜣等.总理各国事务衙门奕䜣等奏海防六条折衷拟议办理折(光绪元年四月二十六日)//张晓华.中国近代战策辑要(下).北京:军事科学出版社,1993:171.

② 奕䜣等.总理各国事务衙门奕䜣等奏海防六条折衷拟议办理折(光绪元年四月二十六日)//张晓华.中国近代战策辑要(下).北京:军事科学出版社,1993:172.

③ 奕䜣等.总理各国事务衙门奕䜣等奏海防六条折衷拟议办理折(光绪元年四月二十六日)//张晓华.中国近代战策辑要(下).北京:军事科学出版社,1993:171.

④ 奕䜣等.总理各国事务衙门奕䜣等奏海防六条折衷拟议办理折(光绪元年四月二十六日)//张晓华.中国近代战策辑要(下).北京:军事科学出版社,1993:171.

⑤ 奕䜣等.总理各国事务衙门奕䜣等奏海防六条折衷拟议办理折(光绪元年四月二十六日)//张晓华.中国近代战策辑要(下).北京:军事科学出版社,1993:173.

海防斗争,对海防人才提出的根本要求,就是必须具备一种西学素养,同时也包括一种海洋素养。

清政府提出"水师出身、久经战阵、洞达洋情"的选拔原则,实际上排斥了新近成长起来的、相对熟悉西学的新式人才,只是为旧有水师将领打开了晋升的方便之门。旧有水师出身的提镇将领,其能力与素质,又往往不能满足应对西方近代武器装备的客观要求,不能适应近代海防斗争的现实需要。仅以德国希里哈的《防海新论》为例,其中提出:"控制海洋"就是应对海上进攻的最好防御,这一海防思想,对于筹备海防具有十分重要的战略意义。派遣海上军事力量,彻底封锁敌军的港口,袭击敌方海岸,从而谋得制海权,这是已为美国内战证明的相当成功的海战经验。深受《防海新论》影响的丁日昌,曾经依据这种海权观,提出了符合实际的海防方案,然而,晚清政府众多官员,甚至是朝廷中枢要员,对于在遥远的外海保持自己的海上防卫力量,从而有助于守卫自身的海上安全的提法感到根本无法理解。海防人才的海洋素养,或者说,海防人才的海防观,甚至是海权观,对于国家的海上安全,事实上至关重要,而在京官员对此并没有深切的认识与感受,仅以一句笼统模糊的"洞达洋情"了之。

清政府又从"志节堪倚""才能足任""于海防诸务实有一长可取"①等角度回应了"需要什么样的海防人才"这一议题。尤其是"于海防诸务实有一长可取",对于擅长某一方面海防实务的专门性人才,即可选拔任用。这一限定虽然十分模糊,但毕竟认识到了海防事务的独特性和特殊性,突出了海防人才的专门性和专业性。再如,对于选派出国考察海防事宜的人员,明确提出了"明白大体""兼知兵事""善于领会制造驾驶"②等基本条件,这其实也是对海防人才的素质与能力的一种回应。相对而言,在海防讨论阶段,针对海防人才的素质与能力问题,部分沿海沿江督抚官员们的思想观点,可谓内涵丰富、洞彻根本、意义深远。可惜的是,仅此"水师出身、久经战阵、洞达洋情"③寥寥数语,最终上升到朝廷决策层面。如果将地方督抚比作枝叶,将中央政府比作主干,那么,强盛的枝叶与虚弱的主干之间的对比十分明显。面对这样一个臣强主弱、臣明主昏、臣智主愚的

---

① 奕䜣等.总理各国事务衙门奕䜣等奏海防六条折衷拟议办理折(光绪元年四月二十六日)//张晓华.中国近代战策辑要(下).北京:军事科学出版社,1993:173.

② 奕䜣等.总理各国事务衙门奕䜣等奏海防六条折衷拟议办理折(光绪元年四月二十六日)//张晓华.中国近代战策辑要(下).北京:军事科学出版社,1993:173.

③ 奕䜣等.总理各国事务衙门奕䜣等奏海防六条折衷拟议办理折(光绪元年四月二十六日)//张晓华.中国近代战策辑要(下).北京:军事科学出版社,1993:173.

政局,以天下为己任的先进士人有志难伸的种种无可奈何,由此可见一斑。

(三)关于海防人才的解决方案

清政府在《光绪元年四月二十六日军机大臣密寄》中决定选派李鸿章督办北洋海防事宜,选派沈葆桢督办南洋海防事宜,并安排"水师出身"、善于"江防"的彭玉麟、杨岳斌、李成谋等,与李鸿章、沈葆桢会商办理海防事务。在对重要人事做出具体安排的同时,就如何解决海防人才问题也做出了最终决策。

第一,采纳了以选拔已有人才为主的应对策略。朝廷同意由沿海各督抚"各举所知,以备擢任",并经各督抚及曾经统兵大臣"核实保奏",最后由督办大臣"遴择任用"。本着"毋滥毋徇"的原则,切实荐举"志节堪倚""才能足任",或对于海防事务"实有一长可取者",①以供朝廷任使。针对朝廷缺乏"出使各国及通晓洋务人才"的现实情况,清廷采取的应对措施仍然是以选拔为主,责成南北洋海防督办大臣李鸿章和沈葆桢随时"切实保奏",而各督抚等如有所知,也可以"据实保奏"。

第二,否定了改进传统人才选拔机制的思想主张。针对传统科举制度的积弊,部分督抚提出了"设特科"的提议,对此,朝廷最终决策时,予以明确的否定。总理衙门在附单中明确表示,"沈葆桢请设特科一节",根据当时局势,"而洋学特科,尚非仓猝所能举行,必应先议现在办法。"②所谓"先议现在办法",主要是维持既有的文举和武举制度不变。沈葆桢等将传统经世之学和西学引入科举,意在改变科举制度下崇尚"章句小楷""学非所用"的弊端。但是,这一改进旧有科举制度的主张,并未上升到清廷的最终决策。

第三,否定了培养海防所需新兴人才的思想主张。为应对海防建设的现实需要,迫切要求培养一批新兴人才,于是,李鸿章奏请设立"洋学局"。对此,总理衙门在附单中明确予以否定。所列的主要理由是,"以遣使一节必须预储人才,非设学局以陶镕之,开设专科以拔取之,不足以得出使绝域之才,其事原为将来次第应理之件。"③这就是说,设学局陶镕人才,预储人才,虽为将来应办之事,但

①　奕诉等.总理各国事务衙门奕诉等奏海防六条折衷拟议办理折(光绪元年四月二十六日)//张晓华.中国近代战策辑要(下).北京:军事科学出版社,1993:173.

②　奕诉等.总理各国事务衙门奕诉等奏折附单(光绪元年四月二十六日)//中国近代史资料丛刊.洋务运动(第1册).上海:上海人民出版社,1961:150.

③　奕诉等.总理各国事务衙门奕诉等奏折附单(光绪元年四月二十六日)//中国近代史资料丛刊.洋务运动(第1册).上海:上海人民出版社,1961:152.

是,基于目前形势,暂不予办理。李鸿章等人着意于培养新兴海防人才的先见,并没有受到朝廷的重视,也未能上升到清廷的决策。

第四,采纳了派遣学生出国留学的提议。军兴以来,各省都纷纷购办洋枪、洋炮,而且富有成效。"只因外国之器较利,不能不用其所长。"①尤其是新立外海水师,在筹建之初,就及时购办所需的枪炮、水炮台、水雷等。朝廷重臣终于认识到西方武器装备的绝对优势,不得不学其所长。醇亲王奕譞、礼亲王世铎等也表示,在制器、造船等方面,"西人最精,自可参用西法",在购办洋枪、洋炮、水炮台、水雷的同时,"仍当讲求制造之法"。② 由此,总理衙门提出,各船厂、机器局必须"精心制习,期裨实用"③。实现从"购置"向"制造"的转变,就必须学习西方的制造之法。总理衙门认为,"添设机器局""兼设内地机器局""派员分赴各国学习制造"等,都是筹备海防的重要举措,应该随时筹办。

第五,采纳了引进海防所亟需的域外人才的提议。"即有需用外国人之处"④,在坚持"权自我操"和"毋任彼方搀越"的基本前提下,同意引进确有需要的域外人才。对待洋员,清政府坚持"权自我操"的原则,以免授人以柄,尤其是避免受制于人,这是完全必要的。但是,针对洋员的引进,清政府一是需要设置专门的管理机构和考察机制,以避免人才引进的盲目性;二是需要建立一套切合当时实际情形的考评制度,尽可能发挥已经应聘任职的海外人才的作用与价值,如此等等。在海防人才引进的草创阶段,这些都还没来得及合理展开。

清政府本应在关注选拔海防人才的同时,需要更多地关注培养海防人才,当然也包括引进海防人才。这是因为,在当时的历史条件下,朝野上下缺乏海防人才的相应储备,根本无法通过选拔的方式真正解决亟待破解的海防人才困境。基于自身利益的考虑,碍于既得利益集团的压力,清政府的海防决策,突出的是海防人才的选拔,并未将海防人才的培养与引进置于相应的地位。

---

　　① 奕䜣等.总理各国事务衙门奕䜣等奏海防六条折衷拟议办理折(光绪元年四月二十六日)//张晓华.中国近代战策辑要(下).北京:军事科学出版社,1993:171.

　　② 奕䜣等.总理各国事务衙门奕䜣等奏海防六条折衷拟议办理折(光绪元年四月二十六日)//张晓华.中国近代战策辑要(下).北京:军事科学出版社,1993:171.

　　③ 奕䜣等.总理各国事务衙门奕䜣等奏海防六条折衷拟议办理折(光绪元年四月二十六日)//张晓华.中国近代战策辑要(下).北京:军事科学出版社,1993:171.

　　④ 奕䜣等.总理各国事务衙门奕䜣等奏折附单(光绪元年四月二十六日)//中国近代史资料丛刊.洋务运动(第1册).上海:上海人民出版社,1961:153-154.

五、决策分析

从理想层面而言,国家政策的决策主体,尤其是最高决策层,应当基于一种"整体性""全局性""根本性"和"长远性"的决策视野与决策思维,科学认识经济社会发展规律,深刻把握经济社会发展趋势,全面掌握社会各方利益诉求。以此为基础,提出合理的决策动议,并广泛征求意见建议,形成科学的决策方案,而后进行客观的方案评价,做出必要的方案修正,最后形成最终的政策决议。同光之际海防决策运行的实际情形是,与其一贯的决策运行机制相一致,实行一种中央决策和地方督抚决策的双重体制,其决策过程、决策模式比较单一,往往是地方督抚悉心策划,接着奏报清廷,再由皇帝(实际上是慈禧太后)批准。由于最高决策者对西方新型海防装备及其人才素质既多隔膜,又缺乏创新的魄力,在购置西方海防装备、培养新式海防人才等方面,李鸿章、丁日昌等部分开明的地方督抚成了海防政策的设计者、提出者,而清朝皇帝(实际上是慈禧太后)几乎很少主动提出什么海防政策。在海防人才政策这个问题上同样如此。更多的时候,中枢机构是被动地接受地方督抚已有的意见、建议和方案。

虽然地方督抚参与决策,但中央决策才是核心,只有中央政府(尤其是慈禧太后)才拥有最终的决定权。结果是,真正理解海防斗争实际情形与现实需要的地方督抚,没有最终的决策权;而拥有最高决策权的中枢机构又不实际知晓现实需要,更谈不上提出合理建议,设计新兴方案,又不真正采纳地方督抚提出的意见与建议。最高决策者不了解海防危机实情,而地方督抚基于现实需要提出的购置新式海防武器、培养新式海防人才的动议,自然得不到朝廷的有力支持。对此,地方督抚难免怨声载道、牢骚满腹。比如,左宗棠为福州船政局事致函同僚,这样写道:"今日接总署信,言轮船事均极外行,而所谓宜密、宜慎、不可虚糜三条,又均无指实。拟得暇,再详复之。今有人患病十数年而不知所患何处。险证叠现,见良剂尚疑,不敢进,岂有幸乎?"①这种政治局面并没有随着历史的脚步而有所改善,反而每况愈下。中央机构官僚的整体素质也是一茬不如一茬,并没有随着历史的发展而有所改善。时至同光之际,针对海防决策,也不例外。沿海沿江督抚虽然提出了诸多符合实际、切中要害的对策建议,却由于朝廷大臣的重重阻碍,未能上升到朝廷政策层面。分析如下。

第一,"重人才选拔、轻人才培养"的政策取向。针对海防人才问题的解决方

---

① 左宗棠.答周受三.卷8//左文襄公全集.长沙:岳麓书社,1996:61.

案,革新派主张突出培养,满足近代海防斗争的需要,担负起制造、使用近代武器装备的重任;保守派则主张突出选拔,维系旧有人才选拔体系,在此基础上,适当扩大文举、武举的范围,选拔一批已有的军事人才,充斥到海防人才队伍。保守性的意见偏重的是旧有军事人才的选拔,这比较符合既有官僚系统的既得利益。然而,由于旧有军事人才知识陈腐、观念落后,尤其是对西方日益兴起的军事科学技术所知甚少,对于切实筹备近代海防,实际上是于事无补。革新性的主张突出新型海防人才的选拔与培养,这当然更符合近代海防斗争的实际,也更符合应对海防危机的现实需要。而这毫无疑问会堵塞既有官僚体系的晋升通道,并违背旧有官僚体系的既得利益。面对海防人才的选拔与培养这一命题,一方面,是国家安全的现实需要,是王朝利益的现实需要,也是整个国家利益、民族利益与人民利益的现实需要;另一方面,则是官僚体系自身的利益诉求。二者孰轻孰重,其中的道理,本毋庸多言。在现实的利益面前,在京的高级官员更多考量的却是既有利益、眼前利益和自我利益,而对朝廷利益、长远利益和民族利益却视而不见。

　　一直以来,清政府坚持以文举和武举作为选拔人才的基本制度,其背后其实是巨大的政治利益。晚清时期,整个国家的人口在不断地快速增长,科举名额却并未随着人口的增长而增长。明清时期,科举考试制度是社会层级流动的主要晋升之路。但是,相对于18世纪人口的增长而言,进士及其以下功名的配额实际上是显著下降的,导致士子们为谋求入仕而致科举竞争日益激烈。"人们要求得到这种社会地位的愿望是如此强烈,致使县官们可以靠接受希望避免除名的童生的贿赂而大发其财。清朝实行捐监,即为荣誉学衔和实授公职举办捐纳,它虽然不断地用这种办法来开辟财源,但捐纳制度显然还不能充分满足人们希望得到这种优越社会地位的日益增多的需要。"①通过现存的科举制度向上层社会流动的压力与日俱增,"恩师"与"门生"之间由此逐渐形成了一种"庇护"与"被庇护"的关系,并逐渐由学界自然而然地延伸至官场,"上级"就是"先生"(即"恩师"),"下级"就是"学生"(即"门生")。"恩师"不仅指学校中的教师,尤其指政府官员,即乡试和会试中的主考官以及各省的提学。"中国的黄金时代是师即吏而吏即师的时代。"②到了19世纪,"师即吏而吏即师"的社会风气与官场的联系变

---

① 〔美〕费正清等. 剑桥中国晚清史(上卷). 中国社会科学院历史研究所编译室,译. 北京:中国社会科学出版社,1985:71.

② 〔美〕费正清等. 剑桥中国晚清史(上卷). 中国社会科学院历史研究所编译室,译. 北京:中国社会科学出版社,1985:74.

得更加紧密。恩师是庇护人,门生是被庇护人,"师"与"生"之间包含着一种明显的政治联系。通过师生关系,"恩师"与"门生"、"门生"与"门生"之间,逐渐建立起一种政治联系,共同谋取向社会上层晋升的通道,甚至逐渐结成为一种既得利益集团。出于自身的私利,既得利益集团有时会不惜破坏公共利益、集体利益,甚至是朝廷利益,以保护其既得利益。师生之间、门生之间通过师生关系结成一种社会政治网络,成为官场政治腐败的重要根源。所以,人们又说,19世纪是一个"教育腐败的时代"。①

　　沿海沿江部分督抚大员提出的培养新式海防人才,或者变革传统科举制度的主张,未能上升为朝廷决策。对此,必须与当时整体学术气氛相联系,与传统科举制度背后根深蒂固的利益藩篱相联系,与旧有制度运行固有的惰性相联系,分析其思想根源。革新派提出选拔和培养海防人才。尽管这一制度主张符合国家利益,符合维护国家海上安全的现实需要,却并不符合既得利益集团的现实利益。正如《剑桥中国晚清史》中所论述的:"甚至在十九世纪六十年代动乱的十年中,深信需要西方技术的士大夫毕竟不多;而传统的文化准则的控制力量仍像过去那样强大。像科举考试和绿营军等制度不仅有广大既得利益集团支持,而且由于传统而获得了神圣不可侵犯的性质。现代化显然需要冲破文化和制度的障碍。"②有关海防人才政策的朝廷决策,必然涉及对既定资源分配的重新调整。在资源总量既定的前提下,一部分人的境况变好,必然导致一部分人的境况变坏。资源的重新分配与调整,必然导致利益方的损益。一部分人的利益有所"增",必然导致另一部分人或集团的利益有所"损"。既得利益往往代表的是少数人的特殊利益,而科学、合理、客观、公正的决策,实现的应当是整体利益。一旦既得利益集团俘获决策,往往使得决策更符合少数人的利益,而不是整体利益,特殊利益就会凌驾于整体利益之上。

　　传统中国存在着"士""农""工""商"等社会层级观念,而"学而优则仕"则是读书人普遍的人格理想,也是当时读书人为数不多的向上层社会流动的出路之一。同光之际海防政策讨论阶段,就"海防人才"议题,部分沿海沿江督抚官员陡然间提出革新人才选拔方式,并着意于培养新式海防人才,这就意味着削减了传统读书人晋升的空间与渠道,势必会遭到上下读书人的反对,势必会遭到"恩师"

---

① 〔美〕费正清等. 剑桥中国晚清史(上卷). 中国社会科学院历史研究所编译室,译. 北京:中国社会科学出版社,1985:74.

② 〔美〕费正清等. 剑桥中国晚清史(上卷). 中国社会科学院历史研究所编译室,译. 北京:中国社会科学出版社,1985:325.

与"门生""门生"与"门生"之间结成的既得利益集团的极力反对。革新与调整人才的培养与选拔制度,必然触及传统读书人的既得利益,"势必触及数百翰林,数千进士,数万举人,数十万秀才,数百万童生忌"。①

第二,"偏水师出身、轻防海实务"的政策取向。"陆防"不同于"江防","江防"不同于"海防",如前所述,沿海沿江督抚对此有过细致讨论。对于海防人才的选拔,朝廷的最终决策采纳了"水师出身"这一基本要求。如何看待这一决策,则有待考察晚清水师,尤其是长江水师的演变历史。咸丰十一年(1861年),湘军占领安庆,其时,清政府下达谕旨,责成曾国藩咨询筹设长江防务事宜。曾国藩复奏时谈到,"江防"事关宏远大局事体重大,且"湘军水师"经多年的发展积累,已初具规模。曾国藩以"利器不宜浪抛""劲旅不宜裁撤"为由,提出专设长江水师提督,安插"湘军水师",以此壮大"江防"力量。借此,曾国藩将"湘军水师"变为"长江水师"。改制之后的长江水师,军备经费大量用于整体人事经费,官兵人数没有显著变化,武器装备几乎长期没有更新,自始至终没有配备过近代兵轮。更令人头疼的是,长江水师选拔湘军内部立功的水勇为军官,招募沿江的渔民为水兵,根据资历和关系而决定官员的升迁。高级将官职位基本控制在湘淮集团,而真正具备近代军事知识的新式海防人才,根本无法打入水师内部,更别说提拔重用。"长江水师"实际上已经成为一个纪念湘军水师昔日辉煌的场所,成为湘军立功水勇安度余生的地方。"长江水师"实质上始终控制在湘淮集团手中。清政府对长江水师一直非常忌讳,屡次要求对长江水师进行裁撤改革,却一直受到湘淮集团的阻挠。②

相对于"海防"而言,清廷"陆防"与"江防"具有更为深厚的"历史"基础。而"海防"既面临诸多"现实"困难,也是朝廷"未来"安全的重要隐患。从理想层面而论,海防决策事关防务安全,理当坚持"历史、现实与未来"相统一的决策逻辑。

---

① 郭廷以. 近代中国史纲. 香港:香港中文大学出版社,1986:308.
② 据查证,晚清时期,主要有黄翼升、李成谋、黄少春、程文炳、程允和5人先后出任长江水师提督的职位。此外,吴家榜、李全彪、彭楚汉、谢瀚畲、李金龙5人曾署理过长江水师这一职位。历任长江水师提督均由行伍拔擢而来,其中,黄翼升、李成谋、吴家榜都隶属原湘军水师。黄少春、程文炳、程允和则出身陆营,而黄少春则出自左宗棠的部下。不难发现,长江水师在发展前期,提督往往由水师出身且相对较为熟悉水师事务的将官出任;到了后期,提督则主要由陆军出身的将官出任。继曾国藩之后,接任两江总督的李鸿章、左宗棠、曾国荃、刘坤一、沈葆桢等均系湘淮人物。而两江总督对长江水师提督人选有重大举荐权,甚至是决定权,他们所保举的水师提督人选,自然也大都出自湘淮将领。起初,对于所举荐的人选,还注重水师事务,后期,甚至推荐毫无水师经验的陆军将官,这些都表明,长江水师在人才选拔上,越来越倾向社会关系而非实际才干。同光之际,晚清政府在制定海防人才政策的过程中,强调了"水师出身"这一条,其中的"水师",主要指"长江水师"。其中,李成谋、彭楚汉等被举荐为筹备海防的高级将领。

这要求清政府的海防决策主体必须立足现实，同时尊重历史，着眼未来。反观同光之际海防人才决策，过于偏重已有江防人才的"历史"基础，却对海防人才匮乏的"现实"困境关注不够，更谈不上着眼"未来"海防人才的培养。此次海防人才政策的决策，离"历史、现实与未来相统一"的理想决策逻辑相距甚远。

第三，"重中学传统，轻西学技艺"的政策取向。清政府制定的海防人才政策，主张学习西方，参用西法，尤其是制器和造船等方面，同时又否定了"设洋学局"的提议。针对西学，朝野上下始终存在一种反对的声音，存在一种保守的势力。一批排斥西学的文人学士，即所谓的保守派，对西方的科学技术，对西方的武器装备，无论是感性上，还是理性上，都缺乏切实的认识，却又武断地认为西方技艺华而不实，朝廷没必要学习。保守派提出，"民心"比"武器"更为重要，朝廷需要重点应对的是如何提振民心。保守派顽固地认为，清政府应该特别重视儒家礼、义、廉、耻的古训，应该始终坚持儒家的道德原则。在他们看来，鼓励儒学之士向西方学习，这些士子就会寡廉鲜耻。不管这些学习西方的文人多么精通西学，由于其不知廉耻，缺乏爱国之心，对清廷也毫无实际的用处。保守派们甚至还断言，纵然清政府需要发展科学技术，需要在武器装备的制造使用方面做到出乎其类、拔乎其萃，也仍不必学习西学。在他们看来，清政府本身就储备有这方面的人才，清政府需要做的只是在朝廷内部将这样的人才选拔出来。此等言论，可谓荒谬至底、愚不可及。京城官员远离海防斗争一线，对西方应用科学技术装备起来的军事武器缺乏基本的认识，由此表现出一种盲目的乐观主义和顽固的保守主义。不仅京城官员如此，部分省份的督抚官员也同样如此。比如，岑毓英、沈葆桢、文彬和李秉衡等，在骨子里都是非常排斥西学的人物。另外，王文韶、刘坤一和李瀚章等，对待西方科学技术的态度也十分冷淡。

分析表明，"既得利益集团"俘获了同光之际海防人才政策的朝廷决策过程。比如，培养海防人才的政策建议未能上升到朝廷决策，而是片面强调了海防人才的选拔。而且，所谓的"水师出身"的遴选条件，并不利于真正适应近代海防斗争的新式人才脱颖而出，反而为旧有的水师将领占据有限的海防官员职位打开了方便之门。正是由于既得利益集团俘获了政策的决策过程，使得最终决策并不真正符合朝廷利益和民族利益，仅仅符合特殊群体的特殊利益。此外，旧有习惯势力也对新的人才政策产生重重阻力。在反对声中，有一部分人并不是基于个人直接的政治地位、经济利益的得失而反对变革，而是由于既定思维模式和思维习惯使得他们先入为主地认同人才选拔与培养的现状。封建社会经过几千年的形成、发展和沉淀，对于传统科举制度已经形成了一种习惯性的认同，并已深深扎根于每个传统的中国人的心中。雷斯曼就曾经说过,中国是一个"传统导向"的民族。① 在中国生活并战斗过的戈登也说:"中国是一个奇怪的民族,他们对一切改革都很冷漠。"②鸦片战争以来,朝廷已经数次遭受海防斗争的惨痛失败。纵然如此,旧有习惯势力仍抱着"吾闻用夏变夷,未闻变于夷"的陈词滥调不放,而无视学习西方、学习西方科学技术的迫切需求。守旧者动不动就援引孔孟程朱的学说,以箝人口。沉浸在天朝上国的迷梦之中者,仍不乏其人。"自命为正人者,动以不谈洋务为高,见有讲求西学者,则斥之曰名教罪人,士林败类。"③正是由于中国传统的"夷夏"世界观,外加死守"祖宗成法"的旧有习惯势力,使得以学习和参考国外经验为核心议题的海防人才培养与选拔机制,最终无法上升到朝廷政策层面。清政府不着眼于根本利益,不着眼于长远利益,反而"囿于"集团利益、"近视"切身利益、"无视"整体利益,甚至"轻视"民族利益,乃至"漠视"国家利益,基于这样一种旧有决策思维,注定不可能做出与时代发展要求相适应的合理决策,必将为历史所抛弃。

---

　　① 金耀基. 从传统到现代. 北京:中国人民大学出版社,1999:11.

　　② 〔英〕戈登. 1863 年 12 月 12 日给母亲的信∥中国近代对外关系资料选辑. 上海:上海人民出版社,1997:225.

　　③ 郑观应. 盛世危言. 北京:华夏出版社,2002:109.

第三章　同光之际海防人才政策的调整过程

　　1874 至 1875 年,朝廷进行海防决策之后,地方督抚对其决策进行了实际的执行,直至 1884 年中法战争爆发,历史留给清廷的海防建设时间约 10 年。经中法战争的"虽胜犹败",1885 年,朝廷再次被迫讨论海防议题,并对其议定的政策进行了再次执行,直至 1894 年中日甲午战争的爆发,同样为 10 年左右。为使前后政策的执行情形的对比更加鲜明,笔者将"政策调整"这一主题的讨论适当提前,而将"海防决策之后的执行"与"政策调整后的再执行"并列在一起,进行对比分析。

　　1884 至 1885 年,中法战争之时,距同光之际海防策略大讨论,已有 10 年的发展历史。经过 10 年的集中建设,无论海防人才的选拔、培养、引进,还是海防武器装备的改进,都取得了不小的进展。于此,晚清政府在台湾基隆、淡水以及福建马尾海域等处的海防力量、防御工事的军事部署,大多也相对趋于精良与先进。与法军的海防力量对比,在装备上虽稍居劣势,但距离并不太远。今非昔比,此时的清廷早已不是昔日两次鸦片战争之时以"弓箭刀矛"对"洋枪洋炮"的被动情形。中法两军对垒,打了个"平手",或中国略胜一筹,赢得了一个"乘胜即收"的战争局面。这与晚清政府大力学习、引进西方先进科学技术,着意选拔、培养、引进海防人才,是密不可分的。尽管军事上"未败",却签订了一个失败的《中法越南条约》。不败的战绩,却没有得到一个对等的结果,这当然主要是清政府政治上腐朽落后造成的。马尾之败,非军事上的原因,而是政治上的腐朽,这已毫无疑义。[1] 但是,中法战争也进一步表明,技术人才,即专门性海防人才的选拔、培养与使用,始终是问题的关键。基于中法战争的深刻教训,清政府战后曾发布上谕,认为"惩前毖后,自以大治水师为主。"[2]事过一年后,慈禧太后在接见

---

　　[1]　梁启超在《李鸿章传》也以此批评李鸿章,认为他仅就洋务而办洋务,未能触及更深层次的体制机制问题。他说:"李鸿章所以为一世俗儒所唾骂者以洋务,其所以为一世鄙夫所趋重者亦以洋务,吾之所以重李责李而为李惜者亦以洋务。谓李鸿章不知洋务乎? 中国洋务人士,吾未见有其比也。谓李鸿章真知洋务乎? 何以他国以洋务兴,而吾国以洋务衰也? 吾一言以断之,则李鸿章坐知有洋务,而不知有国务,以为洋人之所务者,仅于如彼云云也。"

　　[2]　上谕:海防不可稍弛亟宜切实筹办(光绪十一年五月初九日)∥张晓华.中国近代战策辑要(下).北京:军事科学出版社,1993:375.

邓承修时,犹心有余痛地说:"无水师决难争胜,不独马江之败为然,即去岁刘永福之败,亦系江水暴涨,不能立脚,该国轮船驶入,遂败也。"①中法战争的惨痛教训再次告诉当朝者:没有强大的海上防卫力量,没有牢固的海防,没有一流的海防人才队伍,也就没有完备的国防。李鸿章对此分析说:"西洋各国武官无不由学堂出身,由世家子弟挑选,国人皆敬重之。其学有在岸者,有在船者。国家设立多学,教其各习艺业。在堂所学者其理,在船所习者其事。出学当差数年,可仍回原学再加精练,按年考试,去取极严,是以将才辈出。中国所用非所习,则无真才可用。二十年来,福州船政有驾驶、制造两学堂,各生出洋肄习,虽拔十未必得五,亦有可造之选;嗣在事者始勤终怠,渐至继起无人。天津创设驾驶管轮学堂未久,头班学生甫上练船,尚难克期成器。"②可见,与国外比较,无论海防人才的培养,还是海防人才的选拔,清政府仍存在一些亟待解决的问题。刘铭传在《整顿海防讲求武备折》③中说:"自海防议起,环顾海内,惟李鸿章一人留心讲求,选将造器,稍为可观。管驾多闽厂学生,未经战阵;或陆营将弁,未解测量。"④一则"未经战阵",表明军事才能方面的欠缺;一则"未解测量",表明专业技能上同样有所欠缺。刘铭传的分析可谓一针见血。马尾、基隆、镇海和澎湖等海上战斗,"既是中国海军史上悲壮的一页,也是中国海军加速发展的催化剂。"⑤此后,同光之际海防人才政策进入到一个被动调整的历史时期。

一、政策调整的主要经过

马尾海战以福建水军的全军覆没而告终,究其原因,一是晚清政府战略指导思想的错误。自中法开战以来,即存有妥协求和的心理,和战不定,死守"衅不可自我开"的指令,丧失了制敌的先机。二是海防人才的匮乏。一线抗战官员不谙军事,不熟洋情,缺乏实战经验,不能临机处理战情,致使错失良机,被动挨打。

---

① 萧德浩,吴国强.邓承修勘界资料汇编.南宁:广西人民出版社,1991:117.

② 李鸿章.直隶总督李鸿章奏大治水师之根基折(光绪十一年七月初二日)//张晓华.中国近代战策辑要(下).北京:军事科学出版社,1993:391.

③ 刘铭传的海防思想集中体现在《整顿海防讲求武备折》这篇奏折中,这是1884年6月24日,他在受到慈禧太后和光绪帝召见后面上的一道奏折。其中分析了当时的客观形势,提出了一系列切实可行的措施,批驳了清政府内的议和派,主张迅速"整顿海防,以济当时之急;讲求战备,以立自保之基"。时隔一年,清政府再次进行海防讨论,并谕令刘铭传见解。回溯刘铭传的《整顿海防讲求武备折》,有助于更好地理解这一时期朝廷重臣对于海防人才的思想主张。

④ 刘铭传.整顿海防讲求武备折(光绪十年闰五月初二日在京发)//台湾省银行研究室.台湾文献史料丛刊第9辑.刘铭传.刘壮肃公奏议.台北:台湾大通书局,131.

⑤ 《近代中国海军》编辑部.近代中国海军.北京:海潮出版社,1994:306.

三是武器装备相对落后。对此,彭玉麟的一段议论具有代表性:"学习技艺,增造船炮,务求实效也。西夷挟其坚船利炮驿骚海上,而我不能制其死命者,徒以器械不及其坚利耳!然则欲求制胜之道,自非师其所长,去我所短不可!⋯⋯然同治初曾遣学徒出洋习艺,迄今二十年,未闻学徒有西学卓绝,制造精妙者。闽中管带兵轮之张成,学徒中之稍著者也,马尾之战,大帅误信其言,遂至偾事。"[①]中法海防斗争的失败,再次刺激清政府。左宗棠和李鸿章分别以《请旨敕议拓增船炮大厂以图久远折》和《协设武备学堂折》为题,上奏清廷总结海防斗争失败的原因与教训,这是清政府调整同光之际海防人才政策的直接起因。

(一)"大治水师"的呼吁

1885 年 3 月,其时督办福建军务的左宗棠呈递了题为《请旨敕议拓增船炮大厂以图久远折》,开篇即说:"窃惟海防以船炮为先,船炮以自制为便。"[②]主张在实行"先战后和"的"攘夷之策"的同时,必须加强"修战之备",加快军事装备的购置与仿造。"参观比较,仍以德国克虏伯、英国法华士作法为妙。故中外各国,用该两厂之炮为最多。中国欲兴炮政,必于此两厂择一取法,雇其上等工匠,定购制炮机器,就船政造船旧厂开拓加增,克日兴工铸造"[③],主张仿造铁甲船与后膛巨炮,称此为"国家武备第一要义"。[④] 左宗棠更多地关注"器"的层面,对"人"的问题,并没有过多涉及。

仿造与使用西方近代军事装备,根本不可回避海防人才这一重要议题。在《为天津创设武备学堂》中,李鸿章谈到,清廷与西方列强之间的海防斗争,不仅取决于武器装备,更取决于驾驭武器装备的海防人才,为此,必须学习西方,"以其人之道还治其人之身"[⑤]。仅凭"血气之勇""粗具之材"[⑥],与强大的外敌进行

---

① 彭玉麟.海防善后事宜折(光绪十一年七月初七)//阎湘.左宗棠.彭玉麟沈葆桢诗文选译.成都:巴蜀书社,1997:159.

② 左宗棠.请旨敕议拓增船炮大厂以图久远折(光绪十一年正月二十五日)//张侠等.清末海军史料.北京:海洋出版社,1982:39.

③ 左宗棠.请旨敕议拓增船炮大厂以图久远折(光绪十一年正月二十五日)//张侠等.清末海军史料.北京:海洋出版社,1982:40.

④ 左宗棠.请旨敕议拓增船炮大厂以图久远折(光绪十一年正月二十五日)//张侠等.清末海军史料.北京:海洋出版社,1982:41.

⑤ 李鸿章.直隶总督为天津创设武备学堂拟由海防经费开支等事奏折(光绪十一年五月初五)//中国第一历史档案馆.光绪朝各省设立武备学堂档案(上).历史档案,2013(2):5.

⑥ 李鸿章.直隶总督为天津创设武备学堂拟由海防经费开支等事奏折(光绪十一年五月初五)//中国第一历史档案馆.光绪朝各省设立武备学堂档案(上).历史档案,2013(2):5.

海上对决，难操胜算。李鸿章分析了西方海防将领的成长过程，"泰西各国讲究军事，精益求精，其兵船将弁必由水师学堂，陆营将弁必由武备书院造就而出"。[①] "该兵官等或熟精枪炮阵式，或谙习炮台营垒作法，皆由该国武备院读书出身，技艺优长，堪充学堂教师之选。"[②] 为解决海防人才问题，清政府必须也仿照西法，开设武备学堂。"闻其武备书院学舍林立，规模闳阔，读书绘图有所，习艺练技有所，专选世家子弟年少敏干者，童而习之，长则调入营伍，由队目洊充将领，非可一蹴几也。当其肄业之初，生徒比屋而居，分科传授。其于战阵攻守之宜，直视为身心性命之学，朝夕研求，不遗余力，而枪炮之运用理法、步伍之整齐灵变，尤为独擅胜场。"[③] 李鸿章的视野，已经从"器"，切实转向了"人"，充分认识到军事人才，进而说，海防人才，这才是海防建设的核心议题。西方近代军事装备之所以日益精良，重要的一点，在于军事人才辈出。而清廷要出人才，必须仿照西方，兴办武备学堂，培养军事人才。

(二)"切实筹办"的上谕

1885 年 6 月，清政府根据左宗棠"请旨敕议拓增船炮大厂"和李鸿章奏"仿照西法创设武备学堂"的奏折，颁布谕旨，要求分析中法战争失败的原因，探讨今后海防建设的基本策略。基本思路是：虽然中法之间和局已定，但海防不可稍弛，亟需切实"筹办善后"，以此作为"久远可恃之计"。清政府从"造船不坚""制器不备""选将不精""筹费不广"等方面，总结了中法战争最终失败的原因。针对海防建设，清政府提出"大治水师"的基本方针，从"船厂应如何增拓""炮台应如何安设""枪械应如何精造"等方面筹划海防建设的基本方略，尤其提到，应预先筹划"遴选将才""筹画经费"等议题。[④] 清政府的这道上谕，主要的考量是，如何借助"扼要设总汇之所""择地添设分局"等措施，推动江苏、广东设置的机器局以及福建设置的船厂的建设，从"一隅创建"走向"全局通筹"，使之"互相策应""呼

---

① 李鸿章.直隶总督为天津创设武备学堂拟由海防经费开支等事奏折(光绪十一年五月初五)//中国第一历史档案馆.光绪朝各省设立武备学堂档案(上).历史档案,2013(2):4.

② 李鸿章.直隶总督为天津创设武备学堂拟由海防经费开支等事奏折(光绪十一年五月初五)//中国第一历史档案馆.光绪朝各省设立武备学堂档案(上).历史档案,2013(2):4.

③ 李鸿章.直隶总督为天津创设武备学堂拟由海防经费开支等事奏折(光绪十一年五月初五)//中国第一历史档案馆.光绪朝各省设立武备学堂档案(上).历史档案,2013(2):4.

④ 上谕:海防不可稍弛亟宜切实筹办(光绪十一年五月初九日)//张晓华.中国近代战策辑要(下).北京:军事科学出版社,1993:375.

应灵通",①其重点关注的仍是"器"的问题,而非"人"的问题。这封上谕发至李鸿章、左宗棠、彭玉麟、穆图善、曾国荃、张之洞、杨昌濬等,令其各抒所见,切实筹议。与以往如出一辙,慈禧太后发布懿旨,将讨论扩大至军机大臣、总理各国事务衙门王大臣及醇亲王。参加这次讨论的高级官员共有 14 人,主要有大学士左宗棠、北洋大臣李鸿章、福州将军穆图善、钦差办理广东防务大臣彭玉麟、两江总督曾国荃、两江总督张之洞、闽浙总督杨昌濬,这是谕令限制的范围。另外,朝廷的谕令也抄送给了刘铭传、黄体芳、吴大澂、延茂、秦钟简、李元度、叶廷春等,饬令各自提出意见与建议。

(三)"朝廷重臣"的智慧

李鸿章、左宗棠、彭玉麟、曾国荃、张之洞、穆图善和杨昌濬等朝廷重臣所呈奏折,集中体现了其时社会开明人士对海防人才议题的思想智慧。为此,将再次围绕"需要什么样的海防人才问题"和"如何解决海防人才问题"这两大议题,集中梳理朝廷重臣对海防人才政策的理解与认识。

第一,对海防人才地位与作用的再强调。在李鸿章看来,就陆将而言,似乎不乏战将,但匮乏真正"深谙利器操法用法"②的将领。相应地,水师方面的"将才则尤难"③。正可谓"非财不办,非人不行",解决海防人才问题,尤其是海防将领问题,仍然是一件"至要至急"④的事。左宗棠同样认为,"盖内臣之权,重在承旨会议,事无大小,多借疆臣所请以为设施;外臣之权,各有疆界,虽南、北洋大臣,于隔省之事,究难越俎。"⑤有待解决的首要问题仍是海防人才。借此,他抛出了自己"第念海防无他,得人而已"⑥的思想主张。左宗棠建议,应基于"品望

---

①　上谕:海防不可稍弛亟宜切实筹办(光绪十一年五月初九日)//张晓华. 中国近代战策辑要(下). 北京:军事科学出版社,1993:375.

②　李鸿章. 直隶总督李鸿章奏大治水师之根基折(光绪十一年七月初二日)//张晓华. 中国近代战策辑要(下). 北京:军事科学出版社,1993:391.

③　李鸿章. 直隶总督李鸿章奏大治水师之根基折(光绪十一年七月初二日)//张晓华. 中国近代战策辑要(下). 北京:军事科学出版社,1993:391.

④　李鸿章. 直隶总督李鸿章奏大治水师之根基折(光绪十一年七月初二日)//张晓华. 中国近代战策辑要(下). 北京:军事科学出版社,1993:391.

⑤　左宗棠. 复陈海防应办事宜请专设海防全政大臣折(光绪十一年六月十八日)//左宗棠,刘泱泱. 左宗棠全集. 奏稿八. 长沙:岳麓书社,2009:543.

⑥　左宗棠. 复陈海防应办事宜请专设海防全政大臣折(光绪十一年六月十八日)//左宗棠,刘泱泱. 左宗棠全集. 奏稿八. 长沙:岳麓书社,2009:543.

素著""深通西学"和"为中外所服"①的遴选标准,选拔出"海防全政大臣",或者称之为"海部大臣",委以重任,总提大纲,"凡一切有关海防之政,悉由该大臣统筹全局,奏明办理"②。唯有如此,才可进而解决中国水师处处牵掣、事权不一、筹备不力的弊端。

再如,张之洞认为,分析中法海防斗争失败的原因,并非"将帅之不力,兵勇之不多",也非"中国之力不能制胜外洋",而最终不免受制于"人",主要缘于"水师之无人,枪炮之不具"。③纵然有船,而无"驾驶之人";有炮台,而"无测放之人";有鱼雷,有水雷,而"无修造之人""无演习之人";有炮台,却不熟"筑造之法",不谙"攻守之法";有枪炮队,却不知"训练之方",不懂"修理之方",则"有船械"等同于"无船械"。④可见,"战之人"比"战之具"更为关键。解决海防人才问题,始终是要义。正如曾国荃所说:"是欲张军威,非练水师不可;欲练水师,非购铁甲等船不可;欲购铁甲等船,非广筹经费不可;欲广筹经费,非挹注五省之财,通力合作不可。"⑤这是"器"的层面。但是,"遴选将才,尤应谋之于预。"⑥这是"人"的层面。"至将来铁甲、雷、快等船造齐以后,必需有善于管驾之人,方能折冲御侮。"随着中外海防斗争日趋激烈,朝廷重臣对海防人才的地位与作用,越发重视,越发关注。

第二,对海防人才素质与能力的再认识。这主要体现在重新认识海防人才的专业技能、海洋素养、创新能力、军事素质和政治品格等方面。

就专业技能而言,朝廷重臣筹备海防的实际过程,其实也是一个逐步加深对海防人才专业性、专门性认识的过程。对于"无利器"且"不精练"的旧有水师进行大力裁并,即为一个反向的例证。比如,李鸿章提出,按照是否"熟习风涛"的

① 左宗棠.复陈海防应办事宜请专设海防全政大臣折(光绪十一年六月十八日)//左宗棠,刘泱泱.左宗棠全集.奏稿八.长沙:岳麓书社,2009:543.
② 左宗棠.复陈海防应办事宜请专设海防全政大臣折(光绪十一年六月十八日)//左宗棠,刘泱泱.左宗棠全集.奏稿八.长沙:岳麓书社,2009:543.
③ 张之洞.筹议海防要策折(光绪十一年五月二十五日)//苑书义,孙华峰,李秉新.张之洞全集.卷一十三.石家庄:河北人民出版社,1998:307.
④ 张之洞.筹议海防要策折(光绪十一年五月二十五日)//苑书义,孙华峰,李秉新.张之洞全集.卷一十三.石家庄:河北人民出版社,1998:307.
⑤ 曾国荃.两江总督曾国荃遵旨筹议海防折(光绪十一年六月二日)//张侠.清末海军史料.北京:海洋出版社,1982:43.
⑥ 曾国荃.两江总督曾国荃遵旨筹议海防折(光绪十一年六月二日)//张侠.清末海军史料.北京:海洋出版社,1982:44.

取舍标准,对各省官弁兵丁严行甄别,"择其熟习风涛者归兵轮操练"①,其余全部淘汰,达到"省无用以助有用"的根本目的。张之洞更是明确提出了"专门之学"的概念,认为堂堂中国自古不乏干城腹心,至于"将帅之智略"和"战士之武勇"更是不会步西方之后尘,但是,说到船台炮械,"则虽一艺之微,即是专门之学。"②面对西方海防装备,"驾驶之人""测放之人""修造之人"和"演习之人"都有其专业性和专门性,必须专门性培养、专业化培养。

就海洋素养而言,水师需要学习"驾驶之学""枪炮之学"和"帆缆之学",其中,"帆缆之学以练习风涛为贵。他若出海布阵,临敌探报,旗语、灯语,明号、暗号,均须分班演习,愈熟愈精,皆督操大臣所当细心考校也。"③所谓"练习风涛"与"出海布阵",强调的就是海防人才的海洋素养。以往由于不够重视海洋素养的实训,致使"北洋之船,遇台澎之风飓则茫无措手,南闽之弁于渤海之沙礁则漠不关心"④,不免影响海防兵将的海上实战能力。吴大澂提出周历海口,"按半年调防一次"和"按数月会哨一次"等具体措施,务必使得沿海各海口的轮船做到,"常行之道,烟雾不能迷,默识之程,风雨不能误"⑤。海防兵将真正熟于"测星知向,辨水知色""平时不避艰险,出没波涛"⑥"熟则心定,心定则胆壮",有此胆气,才能"临敌折冲,纵横海上,忽南忽北无往而不宜"⑦。吴大澂倡导建立"调防"和"会哨"制度,其根本目的是推进海上实训,通过"测星知向"和"辨水知色"等方法,对中国沿海航行的"常行之道"和"默识之程"做到了然于胸。类似的,曾国荃设计了海上游历计划,由教师带学生乘坐实习兵船,游历五大洲,纵观"海上争战

---

① 李鸿章.直隶总督李鸿章奏大治水师之根基折(光绪十一年七月初二日)//张晓华.中国近代战策辑要(下).北京:军事科学出版社,1993:392.

② 张之洞.筹议海防要策折(光绪十一年五月二十五日)//苑书义,孙华峰,李秉新.张之洞全集.卷一十三.石家庄:河北人民出版社,1998:307.

③ 会办北洋事宜吴大澂奏扩充水师谨陈管见折(光绪十一年七月十二日)//张晓华.中国近代战策辑要(下).北京:军事科学出版社,1993:398.

④ 会办北洋事宜吴大澂奏扩充水师谨陈管见折(光绪十一年七月十二日)//张晓华.中国近代战策辑要(下).北京:军事科学出版社,1993:398.

⑤ 会办北洋事宜吴大澂奏扩充水师谨陈管见折(光绪十一年七月十二日)//张晓华.中国近代战策辑要(下).北京:军事科学出版社,1993:398.

⑥ 会办北洋事宜吴大澂奏扩充水师谨陈管见折(光绪十一年七月十二日)//张晓华.中国近代战策辑要(下).北京:军事科学出版社,1993:398.

⑦ 会办北洋事宜吴大澂奏扩充水师谨陈管见折(光绪十一年七月十二日)//张晓华.中国近代战策辑要(下).北京:军事科学出版社,1993:398.

之事",其主要目的也是使学生"操习风涛沙线"、通晓"驾驶各法"①。这些强调的都是海防人才的海洋素养。

就创新能力而言,根本压力来自西方近代海防装备的飞速发展。杨昌濬就说:"外洋枪炮推陈出新,前膛不如后膛,旧式不如新式。然专恃购买,不但因人成事,难望日起有功,且一经有事,各国守局外之例,动形掣肘。又购来之枪弹有定形,有成数,此枪之弹不能施于彼枪,交战时久,弹尽则枪亦废;必设局自造,庶不受制于人。"②本土海防人才缺乏创新能力,必然导致自身的海防装备亦步亦趋,始终步其后尘,最终受制于人。海防装备上实现"虽难遽比外洋,加意讲求,必不多让"的理想,有赖于海防人才基于本土的自主创新。

就军事素质而言,张之洞认为,对于军事人才的成长而言,"惟读书考索,成效迂缓,百闻不如一见,古有明箴。"③张之洞提出,选派一批精壮用心的兵将和生徒"出洋习练","其一途隶于出使大臣,分发各国学堂,水陆营伍、炮台、船厂,分科学习。"④这强调的是理论学习。"其一途驾坐练船,周历华洋各海口,先中后外,借以周知诸邦口岸形势、战船规制、练习风涛,驾驶练船即为学堂,兼可讲习诸艺。"⑤这强调的是海上实训。海防人才是专业人才与军事人才的统一,既需要有专门的理论知识,还需要有过硬的军事素质,对其实战能力、胆识、勇气等军事素质具有更高的要求。"武者,先取其胆勇过人,或经战阵,但能耐劳,不拘年齿,虽洋文、算术未能造微,但得其战守布置大端,即以足用。"⑥海防人才是理论性人才,更是实战性人才。"战阵之道,胆先艺后。"⑦其中的"艺",强调的是海防人才的专业性、专门性和理论性;其中的"胆",强调的是海防人才的军事性、实战性和实践性。如果缺乏军事上的胆气,"闻炮而伏,见敌而避,艺学虽精,

① 曾国荃.两江总督曾国荃遵旨筹议海防折(光绪十一年六月二日)//张侠.清末海军史料.北京:海洋出版社,1982:44-45.

② 闽浙总督杨昌濬奏海防亟宜切实筹办善后折(光绪十一年六月二十日)//张晓华.中国近代战策辑要(下).北京:军事科学出版社,1993:385.

③ 张之洞.筹议大治水师事宜折(光绪十一年九月五日)//苑书义、孙华峰、李秉新.张之洞全集.卷一十三.石家庄:河北人民出版社,1998:358.

④ 张之洞.筹议大治水师事宜折(光绪十一年九月五日)//苑书义、孙华峰、李秉新.张之洞全集.卷一十三.石家庄:河北人民出版社,1998:358.

⑤ 张之洞.筹议大治水师事宜折(光绪十一年九月五日)//苑书义、孙华峰、李秉新.张之洞全集.卷一十三.石家庄:河北人民出版社,1998:358.

⑥ 张之洞.筹议大治水师事宜折(光绪十一年九月五日)//苑书义、孙华峰、李秉新.张之洞全集.卷一十三.石家庄:河北人民出版社,1998:358.

⑦ 张之洞.筹议大治水师事宜折(光绪十一年九月五日)//苑书义、孙华峰、李秉新.张之洞全集.卷一十三.石家庄:河北人民出版社,1998:358.

曾有何用?"①"习艺术""但取聪悟""习战阵""先在勇敢",②这是军事人才的基本要求。

　　就政治品格而言,强调的是海防人才在政治上的可靠性。直白地说,考量的是海防人才的忠诚度,即对清廷的忠诚度,对皇帝的忠诚度,而且是绝对忠诚,绝对可靠。李鸿章主张,对于水师将领的选拔与晋升,既要"讲求战阵攻取之略",还必须坚持"忠爱勤劳、敬上听令、恪守军规"的政治要求,如此方可"临事庶可得其死力"。③ 类似的,彭玉麟说过:"为政之要,莫先于用人,得其人则得其理;不得其人则否,由邃古至今未有不以易也!"④如何做到知人用人? 如何做到识人用人? 其实自古以来就是一大难题。对于军事将领,对于将领之才,彭玉麟提出:"先选其朴实为主,再考其训练士卒、整顿营伍。"⑤。前者强调的是政治品格,后者强调的是军事才干。对于军事人才而言,首要的是政治上的可靠性,海防人才同样如此。

　　第三,对海防人才解决之道的再探索。这里重点分析朝廷重臣对于如何处理海防人才的培养与选拔的辩证关系的讨论。至于海防人才的引进,则留至下一节详细展开论述。

　　对于海防人才的培养,部分开明的朝廷重臣对福建船政学堂、天津水师学堂培养海防人才的实践探索,予以充分的肯定与认同,并纷纷效仿。杨昌濬认为,李鸿章创建武备学堂的实际举措,对于造就将材,实谓"谋国至计,无过于此。"⑥彭玉麟也认为,"李鸿章请造武备学堂,诚为深谋远虑。"⑦张之洞也认识到,"泰

　　① 张之洞. 筹议大治水师事宜折(光绪十一年九月五日)//苑书义,孙华峰,李秉新. 张之洞全集. 卷一十三. 石家庄:河北人民出版社,1998:358.
　　② 张之洞. 筹议大治水师事宜折(光绪十一年九月五日)//苑书义,孙华峰,李秉新. 张之洞全集. 卷一十三. 石家庄:河北人民出版社,1998:358.
　　③ 李鸿章. 直隶总督李鸿章奏大治水师之根基折(光绪十一年七月初二日)//张晓华. 中国近代战策辑要(下).北京:军事科学出版社,1993:391.
　　④ 彭玉麟. 海防善后事宜折(光绪十一年七月初七)//阎湘. 左宗棠. 彭玉麟沈葆桢诗文选译. 成都:巴蜀书社,1997:162.
　　⑤ 彭玉麟. 海防善后事宜折(光绪十一年七月初七)//阎湘. 左宗棠. 彭玉麟沈葆桢诗文选译. 成都:巴蜀书社,1997:162.
　　⑥ 闽浙总督杨昌濬奏海防亟宜切实筹办善后折(光绪十一年六月二十日)//张晓华. 中国近代战策辑要(下). 北京:军事科学出版社,1993:383.
　　⑦ 彭玉麟. 海防善后事宜折(光绪十一年七月初七)//阎湘. 左宗棠. 彭玉麟沈葆桢诗文选译. 成都:巴蜀书社,1997:159.

西各国,莫不各有水师、陆师学堂"①,提出"参考北洋、福建水师学堂章程……讲习水战、陆战之法。……并选有志气,肯用心之将弁,亦入其中,博习讨论,以备将材之用。"②刘铭传在《整顿海防讲求武备折》中向朝廷建议:"朝廷廑念海防,似宜另设海部衙门于南、北洋。闽广要区,各设海军学堂,慎求教习,先教管驾之才,次练水手。必使技艺娴熟,习业专精,再令出洋游历。"③曾国荃同样提出仿照西法,"在金陵下关设立水师学堂,购备仪器图籍,广招粗通洋文之年少子弟"④,聘请英国水师人才来华,"分科教授天算、地舆、驾驶、布阵、攻坚、鱼雷各法。"⑤1874年至1875年前后,清廷并未对培养海防人才做出明确的政策安排,部分地方督抚更是敷衍了事,虚以应对。李鸿章、左宗棠、沈葆桢和丁日昌等开明人士,在并未得到朝廷明确支持的前提下,力排众议,自行创设新式学堂,实为顺应潮流、引领潮流的明智之举。时至1885年,经中法战争之败,更多的地方督抚官员对此有了更加清醒的认识,这固然是一件值得庆幸的事。但是,朝廷对实际海防斗争形势的隔膜,对迫切破解新兴海防人才匮乏这一难题的漠视,顽固派为确保自身利益而致的种种反对,令人扼腕叹息。从漠视海防人才培养,再到对海防人才问题的高度关注,这是政策调整时期的重要转折。不过,历史至此已经走过了整整10年。唯有发"亡羊补牢"之愿心,方可得"犹未为晚"之庆幸。

　　对于海防人才的选拔,部分朝廷重臣延续了以往举荐人才的传统。比如,基于"深悉洋务""洞晓洋务"的准则,彭玉麟举荐过曾纪泽。彭玉麟认为,曾纪泽"近出使泰西,经历各国,驻英且近十年,必于各国之人情、风土、政事、军政以及修造船炮之类,皆以系备周知,出所学以相印证,自益臻邃密。"⑥在彭玉麟看来,由曾纪泽主持海疆事务,必将对海防大有裨益。这是因为,他"能悉外夷之军政,则水师如何可以制敌之处,始能推究其故,而因事制宜;能悉外夷之制造,则我船

---

①　张之洞.筹议海防要策折(光绪十一年五月二十五日)//苑书义,孙华峰,李秉新.张之洞全集.卷一十三.石家庄:河北人民出版社,1998;307.

②　张之洞.筹议海防要策折(光绪十一年五月二十五日)//苑书义,孙华峰,李秉新.张之洞全集.卷一十三.石家庄:河北人民出版社,1998;307-308.

③　刘铭传.整顿海防讲求武备折(光绪十年闰五月初二日在京发)//台湾省银行研究室.台湾文献史料丛刊第9辑.刘铭传.刘壮肃公奏议.台北:台湾大通书局,131.

④　曾国荃.两江总督曾国荃遵旨筹议海防折(光绪十一年六月二日)//张侠.清末海军史料.北京:海洋出版社,1982;44-45.

⑤　曾国荃.两江总督曾国荃遵旨筹议海防折(光绪十一年六月二日)//张侠.清末海军史料.北京:海洋出版社,1982;44-45.

⑥　彭玉麟.密保将才海防片(光绪十一年七月初七).见彭玉麟,梁绍辉等.彭玉麟集(一).长沙:岳麓书社,2003;423-424.

炮局厂之辩论,动中肯綮,而事易了结。"①不过,对于传统举荐方式,一些朝廷重臣颇有微词。刘铭传就认为,军营之中,存在"偶邀朝廷宽大之恩,辄起滥保越阶之弊",建议朝廷严格规定章程,切实做到"严禁越级,以杜冒滥"②,从而明定赏格,将真正的人才选拔出来,起到鼓舞士气的正面导向作用。

选拔海防人才,尤其是从以往的"文举"和"武举"中选拔人才,历史已经证明为一种落后的措施,理当为历史所抛弃。由于固有利益集团的重重阻挠、顽固派的反对势力,使得旧有的选拔机制得以苟延残喘,而历史的脚步却总在原地踏步、停滞不前。当然,朝廷重臣之中也不乏对传统科举的批评之声,不乏改革科举的呼声,其中影响最大的要数李鸿章。他分析说,对于海防人才,除福建船政学堂和天津水师学堂之外,"实无可造就将才""世家有志上进者皆不肯就学。"③根本原因在于,学习海防事务的学生,并无社会晋升的通道。而解决之道在于对这些学习海防事务的学生"定以登进之阶,令学成者与正途并重"④,这就必须改革,或者改良传统的科举制度。左宗棠也旗帜鲜明地支持潘衍桐"请开艺学一科"的奏议,提议朝廷"酌议进取之方",使学习海防、格致、制造、舆地、法律等各方面的人才可以获得向上流社会晋升的通道。只有如此,才可能真正实现"人材辈出,不穷于用"⑤。

二、政策调整的主要内容

1885 年中法战争之后,朝廷再次发动朝野上下开展海防善后事宜的讨论。笔者将其视为对海防政策的一次调整,即对同光之际海防政策的一次调整。对于这次海防善后事宜的筹议,同样经历了朝廷谕令、督抚奏议、总理衙门筹议和朝廷决策(太后懿旨)等基本程序。起先是南北洋大臣陆续陈奏,各抒己见;接着,军机大臣、总理衙门王大臣,会同李鸿章妥议具奏,并令醇亲王奕譞一并参与

---

① 彭玉麟.密保将才海防片(光绪十一年七月初七).见彭玉麟,梁绍辉等.彭玉麟集(一).长沙:岳麓书社,2003:424.

② 刘铭传.整顿海防讲求武备折(光绪十年闰五月初二日在京发)∥台湾省银行研究室.台湾文献史料丛刊第 9 辑.刘铭传.刘壮肃公奏议.台北:台湾大通书局,136.

③ 李鸿章.直隶总督李鸿章奏大治水师之根基折(光绪十一年七月初二日)∥张晓华.中国近代战策辑要(下).北京:军事科学出版社,1993:391.

④ 李鸿章.直隶总督李鸿章奏大治水师之根基折(光绪十一年七月初二日)∥张晓华.中国近代战策辑要(下).北京:军事科学出版社,1993:391.

⑤ 左宗棠.复陈海防应办事宜请专设海防全政大臣折(光绪十一年六月十八日)∥左宗棠,刘泱泱.左宗棠全集.奏稿八.长沙:岳麓书社,2009:546.

讨论；最后，慈禧太后下达懿旨做出最终决策。① 1885 年 9 月 30 日，根据慈禧太后的懿旨，军机大臣、总理各国事务衙门王大臣，会同李鸿章、醇亲王奕譞筹议海防善后事宜。经过讨论，参与筹议的大臣逐渐达成共识，主要成果集中反映在《总理各国事务衙门遵旨会议海防折（光绪十一年）》这份奏折里。

　　总结以往海防建设的主要成效，并提出"经费不足"与"人才不出"等基本问题。其中，对于"人才不出"的问题，朝廷官员坦言："管带轮船之人与寻常迥异，今日所称将才，大都皆统带长龙、舢板之选，尚不若红单艇船将领于海外风涛、沙线稍有阅历，至于轮机、罗经、测量之学，知者更鲜，管驾不得其人，则有船与无船同。筹饷、选将二者，如此甚难。"②参与这次讨论的朝廷官员，对海防人才的重要性、专业性和专门性等都有了更加清醒的认识。该份奏折对左宗棠、李鸿章、穆图善、彭玉麟、曾国荃、张之洞、杨昌浚、刘铭传、黄体芳、吴大澂、延茂、秦钟简、李元度、叶廷春等人的奏折，进行了一个总体的概括，即"大致不外练兵、筹饷、用人、制器数大端，而目前自以精练海军，为第一要务。"③同时，这份奏折分别从"海部""水师""筹饷""制造"等方面汇总了上述 14 人的基本观点。

　　1885 年 10 月 12 日，慈禧太后下达懿旨，做出最终决策："著派醇亲王奕譞总理海军事务，所有沿海水师，悉归节制调遣；并派庆郡王奕劻、大学士直隶总督李鸿章会同办理；正红旗汉军都统善庆、兵部右侍郎曾纪泽帮同办理。现当北洋练军伊始，即责成李鸿章专司其事，其应行创设筹议各事宜，统由该王大臣等详慎规画，拟立章程，奏明次第兴办。"④如此，《总理各国事务衙门遵旨会议海防折（光绪十一年）》所议的"应行创设筹议各事宜"正式上升到朝廷政策层面。这份奏折中就海防人才问题汇总形成的基本观点，由此成为清政府的海防人才政策。对于人才的培养，往往需要做出一种前瞻性和主动性的政策回应，这是因为，人才的成长有其固有的周期性和规律性。盛宣怀就曾说过："创举之事，空言易，实

　　① 据《清史编年（光绪朝上）》记载，其时实行的规制是"一切事情，先请懿旨再于皇帝前奏闻"。慈禧太后"仍每日召见臣工，披览章奏，俾皇上随时随事亲承指示。非第用人行政大端有所禀承，即现在一切变通整顿之事及中外交涉一切机宜，皆得恭奉征献，备聆心法"。

　　② 总理各国事务衙门遵旨会议海防折（光绪十一年）//张侠. 清末海军史料. 北京：海洋出版社，1982：58-59.

　　③ 总理各国事务衙门遵旨会议海防折（光绪十一年）//张侠. 清末海军史料. 北京：海洋出版社，1982：58.

　　④ 著醇亲王奕譞等办理海军事务衙门懿旨（光绪十一年五月五日）//张侠. 清末海军史料. 北京：海洋出版社，1982：66.

行难。立法易,收效难。况树人如树木,学堂迟设一年,则人才迟起一年。"①这话再往深处说,十年树木,百年树人,办学往后推一年,推几年,耽搁的往往是一代人。在日益严峻的海防形势面前,需要的是超前的部署,超常规的部署。清政府再一次基于海防斗争的失败,基于海防人才的现实困境,由此才做出相应的政策调整。这显然是被动的,也是滞后的。以今天的眼光来看,清政府1885年的海防决策,其实是对同光之际海防人才政策的一次再讨论、再思考和再调整。

(一)对选拔政策的调整

清政府彻底否定了以往从旧有水师将领中选拔海防人才的做法,这是政策取向上的一个重要转折。以实例为证,秦钟简认为:"机轮驾驶宜用学生,统领必须宿将,炮手必须精兵,于长江水师及闽、粤水师中择用。"②对此,醇亲王奕譞完全否定了秦钟简提出的"领必须宿将"的思想主张。醇亲王明确表示:"长江水师未出大洋一步,若遽调入兵轮,遇风浪颠簸必至眩晕,不能任事,宜择其能涉风涛者挑充,庶不致迁地弗良之病。"③再如,基于"有胆有识""为守兼优""实可为干城腹心之选"的人才品鉴准则,彭玉麟曾向朝廷举荐欧阳利见等海防将领。④ 对此,醇亲王奕譞同样提出了明确的反对意见。从1840年算起,经过近45年的历史发展,其中经历过多次海防斗争惨败,以奕譞为典型代表的中枢机构终于认识到,真正堪担重任的海防将领必须经历海外风涛沙线的洗练,必须具备"轮机""罗经""测量"等相关的专业知识与技能。"出身水师"的江防将领,确实不具备海防方面的专长。对照海防人才素质的客观要求,奕譞意识到,其中仅彭楚汉曾有过出洋巡哨的经验,对于西方兵船,虽未深谙,倒略知门径,勉强可用。欧阳利见、孙开华、吴家榜、高光效和吴安康等,仅有统带长江舢板的经验,而无海上实战的经验,不宜遴选为海防将领。同光之际,清廷最终决议的选拔海防人才的标

---

① 盛宣怀.拟设天津中西学堂请奏明立案//郑振铎.晚清文选.北京:中国人民大学出版社,2012:509.

② 总理各国事务衙门遵旨会议海防折(光绪十一年)//张侠.清末海军史料.北京:海洋出版社,1982:62.

③ 总理各国事务衙门遵旨会议海防折(光绪十一年)//张侠.清末海军史料.北京:海洋出版社,1982:62.

④ 彭玉麟在《密保将才海防片(光绪十一年七月初七)》举荐说:"惟海防水师贵得统帅,尤贵得将才,否则无以相助为理。查有浙江提督欧阳利见、福建水师提督彭楚汉、署福建陆路提督孙开华、瓜洲镇总兵吴家榜、汉阳镇总兵高光效,均身经百战,奋勇无前,为水师中不可多得之员。记名总兵吴安康,廉洁强干。以上六员,皆有胆有识,为守兼优,实可为干城腹心之选。"

准,"水师出身"即为其中一条。而今,彻底否定"水师出身"这一点,其实是对以往人才选拔政策的一种否定,一次调整,一次修订。

(二)对培养政策的调整

晚清廷臣终于认识到,旧有水师出身的将领根本无法适应近代海防斗争的现实需要,必须从"重选拔"转向"重培养",将政策重心转移到海防人才的培养上来。总理衙门的奏折汇总李鸿章、张之洞、彭玉麟、曾国荃、杨昌濬等提出的"各军各设学堂""海部设总学堂",学堂"亟须多设",水师学堂"应先添设"等方面的意见。① 最重要的是,身处"中枢机构"的醇亲王奕譞同样认为:"水师学堂为造就将才之始基,亟应筹办。"②其时,奕譞在海防人才问题上的态度,对晚清海防人才政策的最终决策发挥着举足轻重的重要作用。

光绪十年(1884年),中法战争期间,以慈禧太后为首,清政府最高决策层撤换以奕䜣为典型代表的原班人马。曾任御前大臣、领侍卫内大臣等职,并主管神机营练兵等事务的醇亲王,取代奕䜣,组建新的中枢机构。受命复出的奕譞,为皇帝生父,不便公开主持大政。慈禧懿旨中枢、总署,遇有大事,与奕譞商议。此后,中枢权力实际上掌握在奕譞手中,成为除慈禧之外的重要人物。这一年是农历甲申年,这件事又称为"甲申易枢"。醇亲王奕譞成为这一时期影响海防发展与建设的关键人物。受命于慈禧的奕譞,受制于慈禧,也听命于慈禧。置国家海上安全于不顾,挪用海防经费修建颐和园,此即奕譞取悦慈禧的典型例证。奕譞长期深处皇宫,对外面世界的新兴事物所知甚少,思想自然趋于保守。"甲申易枢"之前,他还曾向慈禧上折"请摒除一切奇技淫巧洋人器用"。③

"甲申易枢"之后,执政的奕譞的政治倾向有所变化,主要体现在对待洋务的态度上。在执政实践中,奕譞逐渐认识到中国与西方的差距,开始接受中国在器物方面落后于西方国家的事实,转向主张学习西方,甚至承认自己以前对西方事

---

① 除李鸿章、张之洞、彭玉麟、曾国荃、杨昌濬等重臣之外,穆图善、李元度、叶廷春等同样认识到培养新式海防人才的重要性。比如,穆图善提出,"各军各设学堂,海部设总学堂""学堂为造就人才根本,亟须多设""饬疆臣议各省添设译馆,多设海陆武备书院。"李元度提出在福建、广东和天津等处分别设立水师学堂,选聘教师,招收学生,按照西方国家的教科书,讲求水师布阵与驾驶技术。叶廷春则主张派遣学生出洋学习。

② 总理各国事务衙门遵旨会议海防折(光绪十一年)//张侠. 清末海军史料. 北京:海洋出版社,1982:62.

③ 宝成关. 奕䜣慈禧政争记. 长春:吉林文史出版社,1980:322.

物"常持偏论"。① 大力支持新式海军的发展,大力支持海防建设,这突出表明了奕譞思想观点的转变。确实,以奕譞为首的清廷中枢,以实际的执政行为,大力支持了新式海军的建设。② 奕譞主政期间,是清政府对海军海防,尤其是对北洋海军投入最大的时期。③

握有实权的奕譞如何认识海防人才问题,直接影响着海防人才政策的最终走向。奏折分析表明,对于水师学堂,奕譞持有一种"亟应筹办"的观点。这在某种程度上意味着,通过新式学堂培养海防人才,实际已经上升到朝廷政策的层面。创设水师武备学堂,培养专门的海防人才,这不仅在中国,在世界范围,也是新鲜的事业。④ 清政府此时做出这样的政策调整,也还算是"亡羊补牢,犹未为晚",或者说,犹未太晚,关键是采取切实的举措,将政策落到实处,取得实效。

(三)对引进政策的调整

对于海防人才的引进,实际上未见显著的政策调整,依然延续了以往聘用域外教习的做法。比如,张之洞创办水师学堂,对于师资的聘用,同样采取了"远募洋将,以资教练"⑤的策略。根据张之洞的设想,所设水陆学堂涉及火器、水雷、轮机驾驶、台垒工程,外加翻译西国兵书、测绘地图和电学、化学、光学等事宜,以及制造火药、电线等技艺,而要实现这一点,就必须"延聘外洋教习"⑥。海防人才的培养,根本任务是学习西学。如此,引进域外人才担任西学教习,就显得尤为关键。费正清在《剑桥中国晚清史》中分析说,自1875年以后,福州船政局就日趋衰落,"这部分是因为现在已没有什么洋员留任。"⑦兴学育人,师资始终是关键。不过,对于人才引进,也产生了一些质疑,主要集中在所聘人才的实际才

---

① 苏同炳.中国近代史上的关键人物.天津:百花文艺出版社,1980:320.

② 据统计,1885～1894年海军衙门除北洋海军常年经费360万两、修筑旅顺威海卫军港的费用和临时动用款之外,还拨给北洋海军海防经费2600万两。此外,为了表示对北洋海军和海防建设的重视,1886年奕譞还代表清廷巡阅了北洋水师。

③ 徐燕,胡雁.论"甲申易枢"后的奕譞主政.贵州师范学院学报,2015,31(8):30.

④ 据王宏斌在《晚清海防:思想与制度研究》一书中的分析,1810年柏林建立了陆军军事学院,1873年英国建立了军事参谋学院,1878年法国建立了高等军事学院。美国的海军学院也不过筹建于1884年。

⑤ 张之洞.筹议海防要策折(光绪十一年五月二十五日)//苑书义,孙华峰,李秉新.张之洞全集(第13卷).石家庄:河北人民出版社,1998:307.

⑥ 张之洞.筹议海防要策折(光绪十一年五月二十五日)//苑书义,孙华峰,李秉新.张之洞全集(第13卷).石家庄:河北人民出版社,1998:307.

⑦ 〔美〕费正清等.剑桥中国晚清史(上卷).中国社会科学院历史研究所编译室,译.北京:中国社会科学出版社,1985:207.

能方面。彭玉麟就曾提出批评说："查船机器局，闽之马尾，苏之沪上，创立业已多年，所造船炮不堪为重洋角逐战阵之用，悉因西匠技艺不精，为该国不用之人，而中国用之。西人议论有谓：闽局洋匠日意格，督造苟简，且故以火药舱与机器舱相连，其用心实为叵测；又有谓沪局所造之船，率皆脆薄；所造之炮，均不精致，不能御敌出洋。历年花费不免不为局员中饱者，是学徒与船二事举行不为不久；糜饷至数百万，不为不多；成效固茫乎无有也！"①如果中国所用的外域人才，都是本国不用人才，其实际效果可想而知。

　　培养人才，离不开"教"与"学"，其中，教师始终处于主导地位，其教学效果直接决定着学生的学习效果。在学习西学时，所聘外籍教师自身的学识与水平，直接决定着人才培养的质量与水平。在分析海防收效甚微的根本原因时，潘衍桐认为"所雇请之洋教习，未必尽工制造之人。"②但是，这次政策调整过程中，清政府对海防人才引进问题未置一词，不置可否。

　　纵观同光之际海防人才政策调整的基本过程，自思想讨论之时就面临着来自既得利益集团的阻碍。自1875年至1885年，随着海防人才政策执行的启动和深入，既得利益集团以捍卫自身利益为真正目的，极力推进海防人才的选拔，借机将亲信故旧选拔充斥到海防官职之中，而对海防人才的培养，则运用老谋深算的政治手腕，无所不用其极地阻碍政策的具体实施。冯桂芬曾主张"以中国之伦常名教为原本，辅以诸国富强之术"。正是以冯桂芬的文化主张为基础，洋务派提出"中学为体，西学为用"的教育思想，其动机不乏减小旧有习惯势力的阻力的考量。当时整个清廷对西学缺乏正确的认识，以为学习西学就是"以夷变夏"。这种情况下，洋务派提出"中体西用"，一则强调中学之"体"的主导地位，再则肯定西学之"用"的辅助作用，主张破除旧有思维习惯，引进"西学"，以弥补"中学"的不足，借此希冀为学习西学扫清了道路，以期更为妥善地推进海防人才培养的组织实施。纵然如此，仍然未能逃过旧有习惯势力的一再打压。

　　顺着这一脉络追溯，历史发展到光绪七年（1881年），由于旧有习惯势力的重重阻挠，晚清政府旋即撤回留美幼童，即为其中一个极端的例子。这种政策博弈的背后，实质上是利益的博弈。学习西学，推行新式武备学堂，培养新式海防人才，最终会断绝，或者削减原来八股士人的登进之途，这才是根本。反对者的

---

　　① 彭玉麟.海防善后事宜折(光绪十一年七月初七)//阎湘.左宗棠.彭玉麟沈葆桢诗文选译.成都：巴蜀书社,1997：160.

　　② 潘衍桐.光绪十年闰月五月十七日(1884年7月9日)国子监司业潘衍桐奏请开艺学科折//朱有瓛.中国近代学制史料(第一辑,下册).上海：华东师范大学出版社,1983：20.

真实目的只有一个，即做官与升官，两只眼睛始终紧紧盯着宫廷和上层权势的消长，以求认清政治行情，以免断送自己一辈子的政治前程，至于国家安危、民族危亡、社会进步，统统都要为既得利益集团让道。

　　实际上，辩证的决策思维应当基于"应该做什么事""可以做什么事"和"能够做什么事"等基本论题，理性分析、科学处理"应然性""可能性"与"现实性"之间的辩证关系。这就要求既从解决海防人才的理想目标出发，又结合已有的现实基础，且做到有所突破，有所超越。经过朝廷的海防决策，又经历了朝廷上下10年的政策执行，再到政策调整这个阶段，从思想观念而言，朝廷上下对"需要什么样的海防人才问题""如何解决海防人才问题"，应该有了更清晰的认识。但是，一旦落实到实践执行层面，针对海防人才议题，清政府的政策调整，再次漠视学习西学的"应然性"，忽视基于旧有科举制度"另设一科"的"可能性"，更无视破解海防危机的"现实性"，只知一味的因循，一味的守旧。如此政局，如此朝政，不败亡，不亡国，反倒不合情理。正如光绪自己感叹："惟时局艰难，非变法不足以救中国，非去守旧衰朽之大臣，而用通达英勇之士，不能变法。"①这让人深切地感受到，对于当时灾难深重的海防危机，缺乏的并不是治海的思想主张，而是将合理的思想主张上升到朝廷意志的政治通道以及相应的制度安排，以应变化日益急剧的国家安全危机。因此，要解决海防人才面临的困境，根本在于"制度"，在于"变更组织与贤能政府之主张"。②

---

① 黄濬. 花随人圣庵摭忆. 李吉奎整理. 北京：中华书局，2008：147.
② 黄濬. 花随人圣庵摭忆. 李吉奎整理. 北京：中华书局，2008：147.

第四章　同光之际海防人才政策的执行实践

政策执行是实现政策的既定目标的实践活动,强调的是将主观的思想观念转化为客观的实际效果。制定政策是从思想层面提出解决问题的方案。不过,制定政策的目的,并非为了从观念上解决问题,而是为了从实践上解决一定的实际问题,这离不开对政策的执行。决策方案要变成现实力量,有赖于有效的政策执行,这是连接理论与实践的桥梁,是实现政策目的的重要环节。没有政策的执行,再好的政策方案也只能是一纸空文。

1875年,朝廷根据当时政治、经济、文化发展的基本情势,提出了破解海防人才困境的政策方案。但是,海防人才的选拔政策、培养政策和引进政策的最终落实,都有赖于朝廷官员和地方督抚的执行。政策的制定是否合理完备,这是一个层面的问题;而政策的执行是否及时有效,则是另一层面的问题。10年之后,即中法战争之后,清政府设立海军衙门,再次筹备海防各项事宜。其中,筹划与实施海防人才方案,仍是重要的议题之一。清政府调整海防人才政策之后,再次组织开展了政策的执行。正如时人的感叹:"中国近来特设海军衙门,以讲求海防诸务,计南北各洋战舰不下数百十,各船认真操练,极为讲求,亦且渐臻美备矣。而各船统带之官,往往问以行船之法,茫然不知。其平日驶行,与夫有时操演,则皆船主大副辈为之发纵指示,而统带之员,竟如傀儡,登场全在他人提掇。此等船主大副有用西人为之者,亦有用华人为之者。以西人为之,临时格于公法不能任用。以华人为之,则彼自以为官卑职小,受恩不深,求其赤心任事,奋勇直前者,能有几人哉?"①本土人才无法因应筹备海防的实际,异域人才又碍于国际法,得不到"战时之用"。对于人才引进,如何做到"用洋人而不为洋人所用",真正实现"权自我操"?对于本土人才,如何切实进行选拔、培养与使用,真正做到"任即其学""学即其用"?这些都是执行海防人才政策过程中必须面对的现实问题。

---

① 佚名.论海防//沈云龙.近代中国史料丛刊第七十七辑,何良栋.皇朝经世文四编.卷三十七.兵政.台北:文海出版社,1966:677.

同光之际制定的海防人才政策,对于如何解决当时的海防人才困境,提出了相应的政策方案。姑且不论政策本身的不足与缺陷,仅就执行实践而言,仍不免存在"政策敷衍""政策利用""政策变通""政策中止""生硬执行"与"选择执行"等现象。

一、执行主体上的"主动应对"与"被动应付"

光绪元年(1875年),朝廷任命李鸿章为北洋海防督办大臣,沈葆桢为南洋海防督办大臣。对海防人才政策的实际筹划、执行与督办,南北洋海防督办大臣发挥了决定性作用。此前,实际筹划和督办自强新政的主要是南洋和北洋的通商大臣。1861年,开放天津时,清朝政府在此设置了北洋通商大臣(通常称为三口通商大臣),驻在天津,处理涉外事务。1870年,清政府决定,由时任直隶总督的李鸿章以钦差大臣的身份,全权负责有关对外贸易和畿辅海防等事务。随后,朝廷取消了三口通商大臣这一职衔,由李鸿章兼职北洋通商大臣。从此,李鸿章逐渐掌握了洋务运动的领导权。1875年5月,经李鸿章保举,沈葆桢被委任为两江总督和南洋通商大臣。同时,李鸿章和沈葆桢又分别被任命为北洋和南洋防务大臣。1876年9月,同样出于李鸿章的保举,丁日昌被委任为福州船政局的督办船政大臣。不久,丁日昌又被任命为福建巡抚,并负责台湾防务。

沈葆桢和李鸿章作为南、北洋防务大臣,丁日昌作为洋务派的中坚人物,自身不乏一种"无论若何大难皆挺然一身当之""以宏济艰难为心"[①]的情怀。值此民族危亡之际,面对朝廷并不明确支持新兴人才培养的困境,他们准确把握晚清社会的"变局"及其"趋势",并发挥自身的权力和影响力,勇于任事,汇聚一批具有相同志趣的开明人士,凝聚社会各方先进力量,共同推动当时迫在眉睫的海防事业,当然包括海防人才培养事业,由此做出了顺应潮流、引领潮流的功业,书写了波澜壮阔的生动历史。当然,针对当时"中央"与"地方"的权力格局,尽管"中央权力"式微,"地方权力"渐长,但地方督抚在本质上也必须取得朝廷的支持。"地方权力"的日益强势,也可以加大与"中央权力"制衡的筹码。为此,李鸿章、沈葆桢和丁日昌等在积极争取"中枢机构"支持的同时,也不断加强与地方志趣相同的开明人士内部的团结。

比如,李鸿章与海防新锐人物丁日昌之间,保持着一种密切的政治联系。基于多年的筹防实践,基于应对时局的关切与思考,丁日昌起草了《海防条议》和

---

① 钱基博. 近百年湖南学风. 长沙:岳麓书社,1985:43.

《海防水师章程别议》等海防奏折。对此,出于对朝政变局的清醒认识和对海防建设的迫切认识,李鸿章与丁日昌一起,开始接受希理哈《防海新论》中的理论观点,并接受丁日昌提出的选汰陆军、设局仿造枪炮、兴利开矿、变通考试和派遣公使等建议,对丁日昌的思想主张予以直接而公开的支持。在给丁日昌的一封回信中,李鸿章说道:"惠示并议复总署六条大稿,披读再四,逐条皆有切实办法,大意似与拙作一鼻孔出气,而筹饷条内推及陆路电报公司、银行、新疆铁路;用人条内推及农商受害,须停止实职捐输,此皆鸿章意中所欲言而未敢尽情吐露者,今得淋漓大笔,发挥尽致,其比喻处、痛快处,绝似坡公来书所谓,现出全体怪象,虽令俗士咋舌,稍知洋务者能毋击节叹赏耶。鄙论渐弃新疆、弛禁罂粟、扩充洋学各节,颇为腐儒所疑诧,实皆万不得已之谋。尊议略为发明而不为过激之谈,足见执事洋学果进,揣摩时趋亦大有进境,直将优入圣域,岂徒四科十哲已哉。"①字里行间,流露出李鸿章对丁日昌的赏识与提携。

在给福建巡抚王凯泰的一封回信中,讨论到"开源节流"这一问题时,李鸿章又对丁日昌在此方面的建议多有褒奖,说道:"开矿则理大物博,果以西法行之,为利甚溥。惟官本商股先须重费,而徐图后效,亦虑信从者寡。雨生谓须从公司银行生根,深得洋人三昧,惜中土无人提倡之耳。"②这不仅是对丁日昌的溢美之辞,而且是直接而公开的支持与认同。在与顽固派的论战中,通政使于凌辰奏称:"古圣先贤所谓用夏变夷者,李鸿章、丁日昌直欲不用夷变夏不止!……然师事洋人,可耻就甚?"③王家璧又奏称:"丁日昌矫饰倾险,心术不正,实为小人之尤。"④纵然如此,李鸿章对丁日昌的评价与认同并未发生丝毫改变。

丁日昌凭借淮系起家,累官至江苏巡抚、福州巡抚、船政大臣,成为具有相当政治地位及政治影响力的疆吏枢臣。当年王尔敏先生在其《淮军志》中述及李鸿章幕府人才时,也对丁日昌给予了应有的关注,并有一段精辟论述:"自同治二年至九年以丁忧去职,丁日昌对于淮军军饷械弹的供应,无不周密迅速,实为(李)鸿章最得力的助手。他不仅于淮军发展有大功勋,同时也是一位卓越的政治家,

---

　　①　李鸿章.复丁雨生中丞(光绪元年正月十四日)//李鸿章.李鸿章全集.合肥:安徽教育出版社,2008:176.

　　②　李鸿章.复闽抚王补帆中丞(光绪元年正月十五日)//李鸿章.李鸿章全集.合肥:安徽教育出版社,2008:177.

　　③　王家璧.光绪元年二月二十七日大理寺少卿王家璧奏折附片//中国近代史资料丛刊.洋务运动(第1册).上海:上海人民出版社,1961:121.

　　④　王家璧.光绪元年二月二十七日大理寺少卿王家璧奏折附片//中国近代史资料丛刊.洋务运动(第1册).上海:上海人民出版社,1961:130.

对于当时世局的了解,外交的肆应,海防的设计,其才识均远非同时其他疆吏所及,与(李)鸿章政见一致,志同道合。"①正是出于相似的政见,"才力过人""才猷卓特"的丁日昌,成为李鸿章和沈葆桢的同盟者,成为执行海防政策的中坚力量。"李、沈和丁三人合作得很好,而且在自强活动中——例如,在海军计划和派遣学员到欧洲等方面——也取得了一定程度的协作。"②再如,李鸿章与郭嵩焘也保持了紧密的政治联系。郭嵩焘不仅曾是湘系集团的核心人物,也是淮系集团创办人李鸿章在政治上能引为"奥援"者。郭嵩焘作为一位"学识宏通、志行坚卓"的理论家,最高官至广州巡抚、首任出使英国大使,同样为执行海防政策,推动海防建设贡献了力量。

除此,李鸿章还努力发展与其他督抚之间的政治联系。例如,张树声、刘秉璋和潘鼎新3名巡抚都是淮军将领出身,也都是经由李鸿章的举荐,才得以在19世纪70年代成为巡抚。③"李鸿章经常写信给这些人和在各省与之友好的其他官员,力主建造兵工厂和用洋机器采矿。许多人在建造兵工厂方面向李鸿章求助,以此作为响应。"④正是由于这样一种紧密的政治联系,使得李鸿章等朝廷重臣具有相当的权力和影响力,具有相当的地方决策权,可以在一定程度上变通中央政策,进行一种相对自主的海防人才培养实践与探索。如此,李鸿章、沈葆桢和丁日昌等成为执行同光之际海防人才政策的积极人物。反之,其他地方督抚则不同程度上存在消极敷衍的态度,这是就执行主体而论。

二、选拔政策执行上的"生硬执行"与"政策利用"

同光之际,清政府主要通过"举荐""文举"和"武举"等基本方式执行选拔海防人才的政策。对于举荐而言,是"举其亲",抑或"举其贤"?于文举而言,是偏"章句之学",还是重"经世致用"?对于武举而言,是偏"弓马之术",还是重"洋务取进"?政策执行过程中是否存在"政策敷衍"与"政策利用"等现象?这启发人们深入分析清政府对这一时期选拔政策的实际执行。

---

① 王尔敏.淮军志.北京:中华书局,1987:334.

② 〔美〕费正清等.剑桥中国晚清史(上卷).中国社会科学院历史研究所编译室,译.北京:中国社会科学出版社,1985:329.

③ 据考证,1872~1874年,张树声任江苏巡抚;1874~1878年,刘秉璋任江西巡抚;1876~1877年,潘鼎新任云南巡抚.

④ 〔美〕费正清等.剑桥中国晚清史(上卷).中国社会科学院历史研究所编译室,译.北京:中国社会科学出版社,1985:330.

(一)对举荐的执行

从"营伍"之中选拔海防人才,以应对海防人才匮乏的现实困境,这是晚清政府可以采取的首要策略。对此,清政府可以说无所作为,或者说,乏善可陈。据钱实甫《清代职官年表》记载,至光绪十四年(1888年),清朝政府才设置"北洋海军",旋即于光绪二十五年(1895年)裁撤,等到再次设置海军,已经是宣统元年(1909年)。水师方面,福建水师、浙江水师、广东水师和长江水师等几经设置、裁撤和复设等。自同治元年(1862年)设置长江水师,至光绪十四年(1888年)设置"北洋海军"前,28年间,清政府对海防机构的建制未见采取重要举措。而且,同治十三年(1874年)至光绪十一年(1885年),11年间,"海防"与"江防"等方面未见显著的人事变动。[①] 仅以"水师提督"[②]为例,虽然清政府制定了"水师出身、久经战阵、洞达洋情"的基本要求,以期选拔足以胜任本职的海防将领,但实际执行的情形令人堪忧。10年间,即1874~1884年,仅广东水师提督因"乞养""武壮""病免"等客观原因,变革了任职官员。起先出任广东水师提督的翟国彦,因"病免",由吴长庆接任。随即,因吴长庆"武壮",由曹克忠接任。曹克忠"病免"之后,由方耀接任。除此,福建水师和长江水师则一直没有变化,前者一直由彭楚汉出任,后者一直由李成谋出任。彭楚汉早年投效曾国藩的湘军,曾统带湘军长江水师,战功显著。同治十一年(1872年)八月,升补福建水师提督。同治十三年(1874年)十月赴任福建水师提督,成为第三任福建水师提督,直至光绪十八年(1892年)卸任,长达20年之久。李成谋,同样出自湘军,早年投效长江水师充任哨长,效力于杨岳斌麾下,也为胡林翼所器重。同治十一年(1872年),彭玉麟着手整顿长江水师,罢免了当时的提督黄翼升,推荐署理福建水师提督的李成谋出任长江水师提督之职,直至光绪十八年(1892年)死于任上,同样担任长江水师提督长达20年之久。[③] 李成谋、李朝斌、彭楚汉等将领,确实为"水师出身",且"经久战阵",但是,这批出自湘淮集团,出身旧有水师的军事将领,远谈不上"熟悉洋情"。

---

① 钱实甫. 清代职官年表. 北京:中华书局,1980:2601.
② "提督"即"提督军务总兵官"的简称,负责统辖一省陆路或水路官兵。提督分为陆路提督与水师提督,掌管区域,达到一省,有的达到两省,治辖的区域,达到数万平方公里,甚至数十万平方公里,堪称封疆大吏。一般而言,清朝政府共计设置了12名陆路提督,3名水师提督。其中,水师提督主要包括福建水师提督、广东水师提督及长江水师提督。
③ 钱实甫. 清代职官年表. 北京:中华书局,1980:2575-2581.

　　如前所述,1862 年 2 月,湖广总督官文和两江总督曾国藩曾联名上折,指出:"两湖水勇,能泛江不能出海,性之所习,迁地弗良,但可驶至上海,不能遽放重洋。"①"泛江"与"出海"之间存在差异,江防人才与海防人才在才能、技术等方面确实也有不同的规格与要求。丁日昌同样认为,李成谋、李朝斌、彭楚汉等"皆水师著名者也",②具备统领江船的卓著才能,而且擅长陆战,"用之于江战、陆战是谓用其所长。"③但是,他们"皆不习轮船事务者也"④。"用之于海战是谓用其所短。"⑤丁日昌看到,旧有水师出身的提督,"所用"非"所学",其军事才能根本无法胜任筹备近代海防的重任。而且,他们年事已高,大多已经 50 开外,又有很高的资望,"既恐不能深受海上风涛,亦断不甘俯就西人绳墨。"⑥可见,于海防择将而论,他们确实并非上选。所谓"年事已高",所谓"资望又隆",言外之意无非暗指他们自身海防业务不精,却又妨碍了年轻一代将领海防才能的发挥。正如拉尔夫尔·鲍威尔所言:"中国的指挥官在基本的战略、战术和使用武器方面,显示出可悲的无知。把人送到这些为当权者提拔起来的、老而无用的指挥官手下作战,是一种犯罪行为。"⑦

　　清廷从营伍之中实行举荐制度,原本为了昭示朝廷"求贤若渴"的意旨,谕令朝廷列位宰辅、部院重臣和封疆大吏留意物色难得之才,各举所知。而在实际操作层面,始终存在一种"政策利用"的现象,将举荐人才用作实现自身利益的资源与工具,大肆谋取私利,安插亲信,逐渐演变成举荐"亲旧中之稍有节操"者,举荐"著书立说自炫"者。更为令人痛惜的是,社会上甚至出现了"以奔竞为能""以干求为事""奔走王公之门""夤缘津要之路"等现象,朝廷实际"辟幸进之门""广苞苴之路",而未能举荐到真正有用的人才。仅以马尾船政局为例,原本是开明官

　　① 官文等.官文曾国藩奏新添轮船豫派将弁折//宝鋆等.筹办夷务始末(同治朝).北京:中华书局,2008:550.
　　② 丁日昌.光绪五年九月十二日前福建巡抚丁日昌奏折//中国近代史资料丛刊.洋务运动(第 2 册).上海:上海人民出版社,1961:412.
　　③ 丁日昌.光绪五年九月十二日前福建巡抚丁日昌奏折//中国近代史资料丛刊.洋务运动(第 2 册).上海:上海人民出版社,1961:412.
　　④ 丁日昌.光绪五年九月十二日前福建巡抚丁日昌奏折//中国近代史资料丛刊.洋务运动(第 2 册).上海:上海人民出版社,1961:412.
　　⑤ 丁日昌.光绪五年九月十二日前福建巡抚丁日昌奏折//中国近代史资料丛刊.洋务运动(第 2 册).上海:上海人民出版社,1961:413.
　　⑥ 丁日昌.光绪五年九月十二日前福建巡抚丁日昌奏折//中国近代史资料丛刊.洋务运动(第 2 册).上海:上海人民出版社,1961:413.
　　⑦ 〔美〕拉尔夫·尔·鲍威尔.1895—1912 年中国军事力量的兴起//中华民国资料丛稿·译稿(第一辑).北京:中华书局,1978:29.

员开办的洋务机构,却也难免"举亲"而不"举贤"的痼疾。沈葆桢制订了"虽其至亲、旧交,不滥收录"的用人方针,力主"任人唯贤"。继任者仍不免"滥收滥委",相当一部分僚属仍视船厂为"衙门",任人唯亲,致使滥竽充数,技术上的"外行"实际管理着"内行",徇私舞弊的现象泛滥。没有专业知识"滥竽"之流,充斥在马尾船政局各衙门。诚如沈葆桢在《覆奏洋务事宜疏》所说,"匠首"的职责是监督"艺徒",但"匠首"的才智却不如"艺徒";"绅员"的职责是监督"督匠",但"绅员"的才智却不如"匠首"。

马尾船政局作为致力于培养新兴海防人才的新兴机构,尚且难免"滥用滥保"的现象,其他地方的情形可想而知。比如,张佩纶就曾经针砭"大臣子弟破格保荐"的时弊,举报大学士宝鋆的弟弟宝森的例子,认为宝森在直隶出任县令,"庸琐而无才能"①,几年之后,竟由丁宝桢保荐"送部引见"。再如,光绪十年(1884年)八月,有人奏报朝廷,举报福建水师彭楚汉营务废弛,克扣兵粮,任用劣员,贪黩营私。清政府安排左宗棠、杨昌濬确查。朝廷内外,官员之间,盘根错节,左宗棠竟以"前参各节,均无其事"回奏朝廷,此事不了了之。②"营伍"之中同样存在"滥保越阶"的弊端。正如拉尔夫·尔·鲍威尔所言:"各部门的首长非亲即故,因此效率和风纪也无从改善。既然统帅们不愿意违反中国的道德观念而撤换那些贪污溺职但曾经为他们效过忠的旧人,军队的官佐行列就不免为许多无用的废物所拖累。"③清廷执行"举荐制度"的种种弊端,由此可见一斑。确实,"任用亲故的习气""信任无用的旧僚属""只从表面上接受外国的军事科学",这使得清政府一时难以"建成一支足以保卫帝国的军队"④。

1885年,政策调整之后,经海防重臣的举荐,一部分由福建船政学堂和天津水师学堂培养出来的新式海防人才,逐渐充斥到海防建设队伍中来。北洋海军的战舰管带几乎均为福建船政后学堂(驾驶班)前几届毕业生,有些人还于毕业后作为海军留学生赴英国深造过。⑤ 比如,1888年,林泰曾和刘步蟾二人因"学堂出身""久在西洋随队操习""委带战船巡海"的实绩,经李鸿章的举荐,分别出

---

① 张佩纶.大臣子弟不宜破格保荐折//林铁钧,史松.清史编年(光绪朝上).北京:中国人民大学出版社,2000:128.

② 姜鸣.中国近代海军史事日志(1860—1911).北京:生活·读书·新知三联书店,1994:115.

③ 〔美〕拉尔夫·尔·鲍威尔.1895—1912年中国军事力量的兴起//中华民国资料丛稿·译稿(第一辑).北京:中华书局,1978:18.

④ 〔美〕拉尔夫·尔·鲍威尔.1895—1912年中国军事力量的兴起//中华民国资料丛稿·译稿(第一辑).北京:中华书局,1978:11.

⑤ 苏小东.北洋海军管带群体与甲午海战.近代史研究,1999(7):151.

任北洋海军左翼总兵和北洋海军右翼总兵。① 1891 年,杜衡由天津水师学堂毕业,"曾出洋肄业""熟谙水师操法",经李鸿章的举荐,担任"威远"船操练大副。② 不过,在用人方面,李鸿章更重视的是乡人故旧,对一些关键性重要岗位的人选,首先考量的是"派系亲信",而不是实际能力的适当与否。而且,李鸿章又惯于通过"利禄"来"笼络"所用之人,致使"用人唯亲""用人失当"和"用人失察"等问题严重。北洋海军机构的腐败风气更是达到了相当严重的程度。仅以丁汝昌为例。

丁汝昌的升迁同样是出于李鸿章的举荐。1879 年 11 月,李鸿章以"干局英伟,忠勇朴实,晓畅戎机,平日于兵船纪律尚能虚心考求"③的考评,举荐丁汝昌任职北洋海防。李鸿章举荐的主要理由是:一则,现在筹办北洋海防,添购船炮,督促操演练习,处处都需要用人;二则,朝廷缺乏水师人才储备,而学堂出身的各船管驾,虽已略知西国船学操法的门径,但"战阵实际概未阅历,必得久经大敌者相与探讨砥砺,以期日起有功,缓急可持。"④对照"水师出身、久经战阵、洞达洋情"⑤的提镇将领选拔标准,李鸿章这里突出的是"久经战阵",而以"概未阅历"为由,排除了在"洞达洋情"这一点上更占优势的学堂出身的新式海防人才。与此同时,李鸿章派丁汝昌赴"飞霆"号等船炮,"与中西各员联络研究,熟练风涛"⑥;安排丁汝昌远赴英国,将购置的"超勇""扬威"号两舰接带回华;又安排丁汝昌督操蚊船,"与中西各员研究观摩,颇有心得;今又出洋多增历练。"⑦如此,丁汝昌具有了游历远洋的实际经验,逐步弥补"熟悉洋情"方面的缺陷与不足。在

---

① 海军衙门奏新设海军提镇照章遴员恩请简放折(光绪十四年十月十五日)(1888 年 12 月 7 日)// 张侠等. 清末海军史料. 北京:海洋出版社,1982:558.

② 李鸿章. 李鸿章奏杜衡升署守备为"威远"船操练大副片(光绪十七年七月二十二日)(1891 年 8 月 26 日)//张侠等. 清末海军史料. 北京:海洋出版社,1982:567.

③ 李鸿章. 李鸿章奏请将丁汝昌留北洋海防差遣片(光绪五年十月十六日)(1879 年 11 月 29 日)// 张侠等. 清末海军史料. 北京:海洋出版社,1982:553.

④ 李鸿章. 李鸿章奏请将丁汝昌留北洋海防差遣片(光绪五年十月十六日)(1879 年 11 月 29 日)// 张侠等. 清末海军史料. 北京:海洋出版社,1982:553.

⑤ 世铎等. 礼亲王世铎等奏各大臣议海防折(光绪元年二月二十七日)//张晓华. 中国近代战策辑要. 北京:军事科学出版社,1993:138-139.

⑥ 李鸿章. 李鸿章奏请将丁汝昌留北洋海防差遣片(光绪五年十月十六日)(1879 年 11 月 29 日)// 张侠等. 清末海军史料. 北京:海洋出版社,1982:553.

⑦ 李鸿章. 李鸿章奏请将丁汝昌统领海船片(光绪七年十月十一日)(1881 年 12 月 2 日)//张侠等. 清末海军史料. 北京:海洋出版社,1982:554.

丁汝昌出洋历练之后,李鸿章对其给出了"于西国船炮制造运用之妙,体会更深"①的评语。1881年,李鸿章又以"所带弁兵二百余人,驻英半年,训练约束,和辑商民"②为由,举荐丁汝昌统领海船。最重要的一点是,李鸿章举荐时说,"该提督曾在长江水师管带炮船,嗣随刘铭传统带铭军,转战南北,功绩卓著,干局英伟,忠勇迈伦。"③这实际是对丁汝昌"水师出身"履历的编造。④ 如此,主要是为了使丁汝昌逐渐达成"水师出身、久经战阵、洞达洋情"⑤的选拔标准,最终达到出任北洋海军提督的目的。

经过李鸿章的精心安排,丁汝昌如其所愿,于1888年12月出任北洋海军提督。⑥ 丁汝昌陆将出身,不谙海防,而受到李鸿章重用的主要原因是其皖人出身。丁汝昌出任北洋水师提督之后,与多属福州船局出来的闽籍海防将领关系紧张,影响了海防整体效能的发挥。⑦ 丁汝昌在中日甲午海战的表现更是不尽如人意。历史学家们认为,在中日甲午海战中,存在严重的"用人失当、用人失察"⑧现象,出现了严重的"阵法错误、战法错误"⑨问题。时人有感于海防用人的积弊,大声疾呼:"中国用人,多采虚名,或文臣而任专阃,或陆师而总水师,习者

---

① 李鸿章.李鸿章奏请将丁汝昌统领海船片(光绪七年十月十一日)(1881年12月2日)//张侠等.清末海军史料.北京:海洋出版社,1982:554.

② 李鸿章.李鸿章奏请将丁汝昌统领海船片(光绪七年十月十一日)(1881年12月2日)//张侠等.清末海军史料.北京:海洋出版社,1982:554.

③ 李鸿章.李鸿章奏请将丁汝昌统领海船片(光绪七年十月十一日)(1881年12月2日)//张侠等.清末海军史料.北京:海洋出版社,1982:554.

④ 戚其章.丁汝昌非长江水师出身辨.安徽史学,1986(2):16-17.

⑤ 世铎等.礼亲王世铎等奏各大臣议海防折(光绪元年二月二十七日)//张晓华.中国近代战策辑要.北京:军事科学出版社,1993:138-139.

⑥ 海军衙门奏新设海军提镇照章遴员恳请简放折(光绪十四年十月十五日)(1888年12月7日)//张侠等.清末海军史料.北京:海洋出版社,1982:558.

⑦ 据苏小东《北洋海军管带群体与甲午海战》一文分析,北洋海军军官绝大多数为福建人,如12艘大舰的管带,除"致远"舰管带邓世昌和"平远"舰管带李和是广东人,其余均为闽籍。闽系军官逐渐成为能够左右整个舰队的派系势力,且以人多势众排挤非闽系官兵,内部矛盾已呈公开化,皖人提督丁汝昌亦不过依违其间。他因"孤寄群闽人之上,遂为闽党所制,威令不行"。

⑧ 梁启超在《李鸿章传》曾说过:"至其所以失败之故,由于群议之掣肘者半,由于鸿章之自取者亦半,其自取也,由于用人失当者半,由于见识不明者亦半。彼其当大功既立,功名鼎盛之时,自视甚高,觉天下事易易耳。又其神将故吏,昔共患难,今共功名,徇其私情,转相汲引,布满要津,委以重任,不暇问其才之可用与否,以故临事偾机,贻误大局,此其一因也。又惟知练兵,而不知有兵之本原,惟知筹饷,而不知有饷之本原,故支支节节,终无所成,此又一因也。"

⑨ 比如,杨志本、许华在《论丁汝昌海上战役指挥失误问题》一文中分析说,陆军出身的丁汝昌根本不懂海防策略,在指挥北洋水师的战役方面,明显存在极其严重的失误:"在黄海海战中采用了极为不利于实施战场机动与发扬火力的错误阵法与错误战法,造成北洋海军在海战中损失惨重。"

不用,用者非习,措置乖方,往往误事。"①无论政策调整前,还是政策调整后,朝廷从旧有官吏中选拔海防人才,在本质上都是一种"政策利用",利用海防人才选拔政策安插自己的门生故吏,以求实现自身的私利。

　　为应对海防人才匮乏的现实困境,清政府提出从留学归国人员之中选拔海防人才。这一人才选拔策略有其合理性。1879 年 9 月,丁日昌提出,按照"技优胆壮、忠爱笃实"②的基本原则,选拔留欧回国学生出任海防统领。③ 据姜鸣《中国近代海军史事日志(1860—1911)》记载,近半数的留美幼童,作为国家海防人才,选拔到中国海防序列,曾直接或间接参加过中国海防的学习或工作。④ 值此列强觊觎、国家危亡之际,大批留美幼童加入海防人才序列,无疑为国家海防事业注入了一股新鲜的力量,成为中国第一批优秀的近代化海军军官。李鸿章曾说:"该学生等出洋后,均能悉心考究,窥见门径。虽所造深浅不同,尚不为故步所域。多已学成期满,陆续回华。其驾驶学生出色者,则有刘步蟾、林泰曾等,制造学生出色者,则有魏瀚、陈兆翱等。经臣等量材器使,或派管驾蚊船快船,或在船政差遣,及派往外洋为铁甲船监工。其余亦分任要务,各效所长。"⑤

　　留欧学生在出国以后,均能专心钻研,学有所成,学有所长。第一届留学生"虽天资不一,造就有深浅之殊,而按章督课,实与诸官学卒业之洋员无所轩轾"。⑥ 其中,制造学生中成绩颇为优异的有魏瀚、陈兆翱、郑清濂、林怡游等人,

　　① 佚名. 问中国建立海军糜费钜万中日之役卒至不可收拾然海防实为今日急务或拟专设海军大臣一员总制南北洋数省兵轮前人亦有议及者于海防果有益否//沈云龙. 近代中国史料丛刊第七十九辑. 甘韩. 皇朝经世文新编续集. 台北:文海出版社,1966:1107.

　　② 丁日昌. 光绪五年九月十二日前福建巡抚丁日昌奏折//中国近代史资料丛刊. 洋务运动(第 2 册). 上海:上海人民出版社,1961:413.

　　③ 丁日昌认为张成、吕翰、刘步蟾、林泰曾、蒋超英等留洋回国学生,但"造诣皆可观,而皆有小疵"。由此,他建议朝廷从这批留洋归国学生中选择最优者暂行代理统领,再延请西方将领担任教练。

　　④ 据姜鸣的《中国近代海军史事日志(1860—1911)》,这批留学幼童中分配在海防系统(包括船政、大沽鱼雷局、北洋水师、广东水师、江南制造局)的有:梁敦彦、郑士聪、陆永泉、詹天佑、欧阳赓、陈钜溶、容尚谦、吴仰曾、陈荣贵、邝荣光、丁崇吉、邝咏钟、吴应科、吴钟贤、宋文翙、王良登、邓桂庭、蔡廷干、吴赐贵、梁晋照、苏锐钊、杨兆南、黄季良、薛有福、徐振鹏、吴敬荣、宦维城、卢祖华、容耀垣、邝贤俦、杨昌龄、邓廷襄、曹嘉祥、沈家树、陈金揆、沈寿昌、黄祖莲、唐荣俊、邝国光、吴其藻、邝炳光。其中,进入福建船政后学堂第八期驾驶班者为:陈钜溶、詹天佑、吴应科、欧阳赓、陆永泉、苏锐钊、杨兆南、邝咏钟、徐振鹏、容尚谦、黄季良、薛有福、邓世聪、吴其藻、宋文翙、邓桂庭。

　　⑤ 李鸿章. 续选派闽厂生徒出洋疏//郑振铎. 晚清文选. 北京:中国人民大学出版社,2012:140.

　　⑥ 李鸿章. 李鸿章奏出洋肄业在事各员请奖折(光绪七年正月十九日)(1881 年 2 月 17 日). 见陈学恂,田正平. 中国近代教育史资料汇编——留学教育. 上海:上海教育出版社,1991:250.

而且,郑清濂在削浦官学的毕业会考中名列第一。① 薛福成在出使西欧时,认为陈兆翱、魏瀚"可与法国水师制造监工并驾齐驱",刘步蟾、林泰曾"足与西洋水师管驾官相等",严宗光可为"传授生徒之资,足胜水师学堂教习之任",萨镇冰、叶祖珪等"可胜管驾之任"。薛福成对他们予以很高的评价,感到他们"均堪重任"。② 第二届留欧学生对所学功课也是详求博览,力争做到理法兼精,各具专长,学业水平甚至超过前届学生,可谓足堪因材器使。第三届留欧学生中,虽然制造学生杨济成"考不及格",但其余学生都是尽探奥妙,各具专长,相比较前两届学生,学业收获更加丰实。特别是陈恩焘、贾凝禧"文武兼资,最为出色",刘冠雄、黄鸣球、邱志范、郑汝成等考试"屡列高等"。③ 在后来的甲午海战中,中国海军参战舰只的几乎所有舰长(即"管带")都是曾接受过西方正规军事教育的留洋学生。④ 留欧学生更能准确地驾驭西方先进武器,遴选他们出任含有军事科学技术要求的中级军官,无疑是当时更为恰当的抉择。在近代中国对西方先进科技所知甚少的情况下,接触过西方科技文明的留欧学生,毫无疑问地成为中国海防建设的中坚力量。不过,即使派遣的留洋学生全部学成归国,也不能完全满足当时对海防人才实际需求。

从留美学生中选拔出来的海防人才,同样为近代海防建设做出了突出的贡献。1884年的中法海战中,共有6位留美幼童在中国军舰任军官,4人壮烈牺牲,其中3人曾在麻省理工学院学习过。据1884年9月,美国驻华公使照会记载:"中法闽省之战,中国官兵均甚出力,其中尤为出力者,则系杨武船内由美国撤回之学生。该学生共计五名,点放炮位,甚为合法,极其灵巧,均系奋不顾身。"⑤ 十年之后,中日甲午海战之时,留美幼童再度表现出英勇顽强的战斗精

---

① 在白海士登官学求学的艺徒郭瑞珪、刘懋勋、裴国安则"均列优等"。驾驶学生中成绩优异的有刘步蟾、林泰曾、严宗光、蒋超英、方伯谦、萨镇冰等人。严宗光先在抱士穆德肄业,后入格林尼次官学,考课屡列优等。

② 薛福成. 出使英法意比四国日记. 长沙:岳麓书社,1985:205.

③ 薛福成. 出使英法意比四国日记. 长沙:岳麓书社,1985:206-207.

④ 比如,"济远"舰长方伯谦、"经远"舰长林永升、"镇远"舰长林泰曾、"定远"舰长刘步蟾、"康济"舰长萨镇冰等均毕业于英国格林尼治皇家海军学院,"杨威"舰长林履中为英国高士堡大学毕业。

⑤ 勒法格. 中国幼童留美史. 高岩,译. 香港:文艺书屋出版社,1980:124.

神,贡献了自己的聪明才智,可谓不负所学,不负所望。① 甲午海战中,留美幼童沈寿昌、黄祖莲英勇阵亡,陈金揆和邓世昌一起壮烈牺牲。② 从留洋学生中选拔出来的海防人才,的确在中国海防科技的现代化进程中,发挥了积极作用。这表明,部分开明地方督抚提出培养新式海防人才,甚至派遣学员出国学习海防知识,这些举措都是明智的,也是得力的。这也恰恰反衬出清政府,尤其是其中枢机构的昏庸腐败。

(二)对文举的执行

面对海防危机,面对海防人才匮乏的现实困境,清廷对于科举制度理应有所调整,也确有调整。据《〈中国状元殿试卷大全〉·清道光至光绪(附朝鲜)》,晚清时期文举的策论,确实有多次涉及如何用兵等方面的问题,其中,还多次直接点出海防问题,有时谈水师,谈战船,谈水战等。比如,1841年,道光皇帝策试贡士时,其中问道:"至海疆用兵,若晋之孙恩、卢循,元之方国珍,皆内寇穷蹙,拥众据险,易就削平。惟明胡宗宪、戚继光剿平倭寇,战功尤著。其所撰《筹海图编》《纪效新书》,非空谈韬略者可比。其时若朱纨之《严海禁疏》,郑若曾之《江南经略》,唐顺之之《武编》,不皆有裨于实用欤? 当兹八荒在宥,七德有征。决胜机宜,权衡贵当。将卒何以汰其惰窳? 侦探何以测其阻深? 器械何以极其精良? 内奸何以绝其勾结欤?"③如此出题,显然存在选拔海防所需人才的深意,希冀援引明朝胡宗宪、戚继光等抗倭名将的历史经验,吸取朱纨、郑若曾、唐顺之等所撰海防典籍的历史智慧,发掘足以应对当时海防危机的专门人才。清政府在文举方面采取这种做法,其实实际效果很小,是对海防政策的一种"生硬执行",虽然其态度是积极的,其意图是明确的。类似的,清政府在1845年、1852年、1853年、1856年、1859年、1862年和1865年策试贡士之时,均涉及"用兵"议题,甚至直接以

---

① 池仲祐的《甲午海战事记》生动记载了留美幼童的军事表现:"(致远)管带邓世昌正欲冲锋陷敌,乃卒为敌雷所中,转舵入队,随即沉没。邓世昌及大副陈金揆以次全舰员暨西员余锡尔等二百五十人,均阵亡。……(定远)枪炮官沈寿堃、徐振鹏督战甚勇敢,发炮击伤松岛督船及松岛左侧一船,白烟冒起,定远舰死者官弁水勇等计十七人。镇远中炮甚多……枪炮官曹嘉祥及助战之美员马吉芬等,开炮极灵捷,杨用霖、曹嘉祥……恪从号令,故日弹到船,火势奔窜,而施救得力,随处灭熄。"

② 英国海军中尉泰勒(William F. Tyler)是少数参加中日海战的外籍顾问,他在《中国海军顾问回忆录》(Pulling Strings in China)中写道:"当我回忆吴(应科)及曹(嘉祥)引导我参观他们旗舰时,他们的学识能力均令我十分钦佩。""他们是优秀的军官,林(泰曾)中校就是其中一个,还有吴(应科)上尉参谋,外号叫'鹳鸟'的美国留学生及沈、高两上尉……无论由任何方面讲,他们均是优秀的军官。"

③ 邓洪波等.《中国状元殿试卷大全》·清道光至光绪(附朝鲜).上海:上海教育出版社,2006:1846-1847.

"海防"为考题,以期选拔应对海防危机的专门性人才。① 但是,文举制度不从根本上革新,不直面海防需才的紧迫形势,通过在殿试试卷中,从故纸堆中,增加几道所谓"海防用兵"的陈词滥调,虚应故事,纵然主观愿望是积极的,客观效果也不敢苟同,还是一种典型的"生硬执行"。

1874 年前后,清政府就选拔海防人才所发表的议论、所形成的决议,历史证明,已经沦为一纸空文。而且,殿试试卷中偶尔提到海防言论,也大多数拘泥于以往历史上的典籍,过于推崇古人,而没有面向当前,更谈不上面向外洋。自 1874 年至 1885 年,10 年间,尽管清廷做出了选拔海防人才的决策,而文举的策试竟然对"用兵"和"海防"只字未提,毫未涉及,这确实令人费解,只能认为,朝廷大臣在组织实施文举的过程中,对同光之际制定的海防人才政策,尤其是选拔海防人才的政策,阳奉阴违,敷衍塞责,甚至直接将政策束之高阁,未采取任何贯彻

---

① 据《〈中国状元殿试卷大全〉清道光至光绪(附朝鲜)》,1845 年策试题中有"古无所谓兵,凡民皆兵也;无所谓将,六卿皆将也。周官之制,居则为比闾、族党、州乡,出则为伍两、卒旅、师军。至春秋而晋有爰田,楚有两广,古制日紊。自后,崇卒用徒,车战又废。岂古之制不宜于后欤? 汉则内有南北军,外有郡国兵,厥制奚若? 唐之府兵最为近古,何以改为彍骑? 宋收节度之权,改为更调,孰为合宜? 明之五军都督府,犹有唐府兵遗意,何以改为十二团营? 又改为三大营欤? 夫兵可百年不用,不可一日无备。其何以副朕整饬戎行,设兵卫民之意乎?"1852 年,策试题中有"宜如何随时操练,加意稽察,选精锐,汰老羸,简器械,协伍两,以期一兵得一兵之用乎?"1853 年,策试题中有"我国家以骑射威天下,八旗绿营星罗棋布,有事则扫除,无事则镇抚,兵力不可谓不厚。"1856 年,策试题中有"《六韬》有《水战篇》,苍兕舟楫,著于盟津之誓。岂水战即始于周欤? 汉有'伏波''楼船''下濑''戈船'各将军之号,然仅用之南粤、东夷耳。后汉岑彭装战船以破蜀,晋王浚作大船连船以伐吴,唐李靖帅战舰破萧铣,遂屡以舟师奏绩。明舟制尤详,江海各异,载于史志者,盍约言之? 夫舟可进可止,其以舟师进者,何代为优? 以舟师守者,何地为要? 兹当江淮未靖,现饬粤省艇船剿截,进守之宜,果如何而后能应机制胜欤? 凡此者。崇圣学以端主极。敦本业以劝农功。整图法以阜民财。饬武备以彰国宪?"1859 年,策试题中有"兵所以威天下,实所以安天下,整军经武所以保大定功也。三代以后,兵民初分。汉置材官于郡国,而京师有南北军屯;唐初设府兵,一变而为彍骑,再变而为方镇;宋兵有禁、厢、蕃、乡之目;元立五卫;明设京兵、边兵;其制孰为尽善? 至于训练之法,汉有都肄,唐有讲武,宋有大阅。明戚继光《练兵实纪》一书,最为切于实用,所称一练伍法、二练胆气、三练耳目、四练手足、五练营阵、六练将者,能阐其义欤? 夫一兵必期得一兵之用,其何以选精锐、汰老弱、简器械、申纪律,使三军之士,皆足以备干城之选,而迅奏肤功欤?"1862 年,策试题中有"诘戎之道,教戒为先。振旅茇舍,成周之制尚已。至汉时京师州郡皆立教试之法。唐代三时劝农,一时讲武。其治皆近于古。明王骥论练兵之法有五。戚继光论练法有六。能详举其法而阐论之欤? 夫兵欲用其力当结其心,欲振其威当齐以礼。必先娴坐作进退之节,而后可收克敌致果之功。我朝以弧矢威天下,八旗、绿营之兵布列中外。固斟酌唐之府兵,宋之蕃兵、厢兵,而定其制。乃数年以来潢池窃发,尚未荡平。或将帅未得其人,抑教练有未精欤?"1865 年,策试题中有"整军经武,国之大经。古者寓兵于农。师之取象,地中有水,所谓藏至险于大顺也。管仲相齐,参其国,伍其鄙,国则为军,鄙则为农。说者谓兵民之分自此始,然欤? 设兵之善莫如唐,驭将之善莫如宋。所谓善者安在? 能详其说欤? 明邱浚谓宋之禁军,不如汉之践更,汉之践更又不如唐之府兵,能引伸其意欤? 于谦创团操之议,王骥定练兵之制,可备陈欤? 今将整饬营伍,鼓励戎行,必使汰其老弱,黜其骄悍,惩其惰窳,简其精锐。以汰卒之粮加精卒之饷,庶兵归实用,饷不虚糜,果何道之从?"

执行政策的具体措施。这是一种典型的"政策敷衍",甚至是"政策抗拒"。对此,可能的合理解释是,文举的组织与实施始终把持在顽固派手中。为维护其既得利益,他们非但没有在以往微调殿试考卷的基础上,再往前推进一步,直面海防人才匮乏的现实,反而更趋保守,甚至完全回避了"海防"这个议题。这是倒行逆施,是历史的大倒退。

至1890年,殿试才对"用兵"再次有所提及:"防边之道,果以何者为善?唐设安西、北庭四镇,得控制之宜否?夫古者防惟在陆,今者防兼在海。滇渤万里,处处可通。果于何处设守?始克收陆詟水栗之效欤?"①这次考量了"防惟在陆"与"防兼在海"的"防边之道",朝廷殿试中再次议论"海防",与同光之际的海防决策,已整整相隔16年。而且,时至1898年,距离第一次鸦片战争已经时隔近60年,当时朝廷的殿试还停留在"《寰宇志》、《郡国利病书》、《筹海图编》,所言险要,孰为精妥"②之类的老生之谈。经过历史的发展与沉淀,文举制度逐步趋于完善,曾经有过历史的优越性,发挥过积极作用。

随着社会的进步,这项制度逐渐走向了历史发展的反面。传统科举的试题往往要求学子们在儒家经典中寻章摘句,然后加以释义和说明。在应考过程中,士子主要是死记硬背经典著作和官方注释。考试也就逐渐演变成"记诵之学",演变成"小楷之学"。考核的要求不是文章的逻辑性,不是论点的鲜明性,而是骈句的堆砌、辞藻的华丽。科举制度由新事物退化为一种旧事物。在这种情况下,不可能通过简单地变换考题内容,通过在殿试卷中设置"海防"主题的考题,就可以选拔出能够应对海防危机的人才。胡燏棻曾一针见血地指出,当时中国书院师塾制度相对完备,但设置的课程,主要是八股、试帖、词赋、经义等传统中学,除此之外,再无其他。对于这些传统课程,"明知其无用,而徒以法令所在,相沿不改,人材消耗,实由于此。"③光绪元年(1875年),时任候补同知直隶州知州的薛福成应诏陈言海防策略,曾提出,按照"洞达洋务"的政策导向,建议在已有文举制度的基础之上,"另设一科",从新科进士、大挑举人和优拔两贡等备选人才中各举所知,别为录用,选拔一批"才猷练达、风骨峻整"的人才,"宜海疆州县"④,

---

① 邓洪波等.《中国状元殿试卷大全》·清道光至光绪(附朝鲜).上海:上海教育出版社,2006:2055.

② 邓洪波等.《中国状元殿试卷大全》·清道光至光绪(附朝鲜).上海:上海教育出版社,2006:2081.

③ 胡燏棻.上变法自强条陈疏//郑振铎.晚清文选.北京:中国人民大学出版社,2012:415.

④ 薛福成.候补同知直隶州知州薛福成奏应诏陈言海防密议十条折(光绪元年)//张晓华.中国近代战策辑要(下).北京:军事科学出版社,1993:176.

即担负起筹备海防的重任。薛福成"洞达洋务"的人才选拔导向,相对符合朝廷维护海防安全的整体利益,却不符合顽固派的既得利益。当时,顽固派纵然疑忌洋务派,也一时无法撼动其在军事方面显著的强势地位。但是,文举方面,顽固派显然具有发言权、控制权。薛福成等提出的"洞达洋务"的用人主张,不为当局所采纳,不为顽固派所接纳,也就不足为奇了。

1885年,政策调整之后,朝野提出了改良旧有文举的对策建议。1884年7月,潘衍桐分析说:"迩来各直省之机器局、船政局、出洋局、同文馆、实学馆,皆欲讲求制造,然费帑千百万,卒无成功。一旦有缓急,辄曰制炮者无人,驾船者无人。"①针对这一情形,潘衍桐提出"请开艺学科",以此为"精工制造、通知算学、熟悉舆图"②的专门人才提供一个考试选拔的机会。按潘衍桐的设想,在传统的乡试开出"艺学科"之后,再在会试依此开出"艺学科",对于"会试中式进士者,请分别等第量予官职""其举人则在局充当帮教习""略仿官学教习例分别选用"③,并明确提出"各提镇随营员弁,确知其明算学、晓机器者,均准咨送。"④这确实可以为选拔人才打开另外一扇门径,为志于学习制造、算学和舆图等实学的人才开拓一条向社会上层晋升的通道,有助于实际已从事海防人才的脱颖而出,有助于从社会上广泛访求海防所亟需的人才。部分开明官员积极支持与认同了这一提议。比如,左宗棠就认为,潘衍桐"所请特开一科之说,则似可毋庸置议。"⑤但在保守派人士眼中,"艺科"与"铁路之说"一并视为"奇邪"⑥。这一"另开一科"的改良方案,碍于重重阻力,并未得到朝廷的允行。

1887年,针对"另开一科"行不通的现实困难,时任监察御史的陈琇莹提出了"加试算学"的另一思路。陈琇莹分析说:"窃自中外交涉以来,言西学者,内而同文馆,外而机器局、船政局、广方言馆,其渊薮也;出洋学童,于测绘制造一切,

---

① 潘衍桐. 光绪十年闰月五月十七日(1884年7月9日)国子监司业潘衍桐奏请开艺学科折∥朱有瓛. 中国近代学制史料(第一辑,下册). 上海:华东师范大学出版社,1983:20.

② 潘衍桐. 光绪十年闰月五月十七日(1884年7月9日)国子监司业潘衍桐奏请开艺学科折∥朱有瓛. 中国近代学制史料(第一辑,下册). 上海:华东师范大学出版社,1983:21.

③ 潘衍桐. 光绪十年闰月五月十七日(1884年7月9日)国子监司业潘衍桐奏请开艺学科折∥朱有瓛. 中国近代学制史料(第一辑,下册). 上海:华东师范大学出版社,1983:22.

④ 潘衍桐. 光绪十年闰月五月十七日(1884年7月9日)国子监司业潘衍桐奏请开艺学科折∥朱有瓛. 中国近代学制史料(第一辑,下册). 上海:华东师范大学出版社,1983:24.

⑤ 左宗棠. 光绪十年(1884)左宗棠艺学说帖∥朱有瓛. 中国近代学制史料(第一辑,下册). 上海:华东师范大学出版社,1983:25.

⑥ 徐致祥. 光绪十年六月初十日(1884年7月31日)止开艺科预防微渐疏∥朱有瓛. 中国近代学制史料(第一辑,下册). 上海:华东师范大学出版社,1983:27.

尤具有师法。"①一旦面临海上危机,"学童亦实不尽足持"②。既然出洋学习的幼童一时无法担负其海防建设的重任,朝廷采取了"诏各部院保出洋游历"③应对策略,即弥补朝廷官员洋务方面的不足。借此情势,陈琇莹抛出"正途人员,宜可以借此练习洋务"④的观点。具体办法为:于"考试经古外,加试算学"⑤,并提出了一个"算学生员"⑥的概念。在陈琇莹看来,"现值创办海军,将来水师、矿务、铁路、轮船及枪炮等制,方日出不穷,诚得深明西学、曾经出洋人员参布朝列,既非若空言洋务者之或为周知,复不至如左袒泰西者之易滋流弊,于海防通商实大有裨益。"⑦这一方案的核心是"将明习算学之人归入正途考试,令由科甲出身之处"⑧,如此,则不必特设专科,而部分学究中西的洋务人才也可以获得"正途出身"。其实,陈琇莹"算学取士"的方案也不是新鲜事物,此前即有"开奇才异能五科"的提议,有"制器通算一门"的主张。之后,王茂荫和英桂,分别在咸丰初年和同治九年又呈送出"开算学科"的奏议。"先后部议,皆以格于成例中止。"⑨等到陈琇莹"算学取士"方案获得朝廷中枢通过,已是 1887 年 10 月的事。当然,算学只是西学的基础和核心,而不是全部,"良以西艺亦非算学一端可尽,而从事于天算者,未可遂谓之练习洋务也。"⑩陈琇莹认识到:"且即以西学而论,其人材半出于格致书院,以理法扩其聪明,亦半出于水师练船,以阅历坚其胆识,而不持考校

---

① 陈琇莹. 光绪十三年三月二十五日(1887 年 4 月 18 日)江南道监察御史陈琇莹奏//朱有瓛. 中国近代学制史料(第一辑,下册). 上海:华东师范大学出版社,1983:27.

② 陈琇莹. 光绪十三年三月二十五日(1887 年 4 月 18 日)江南道监察御史陈琇莹奏//朱有瓛. 中国近代学制史料(第一辑,下册). 上海:华东师范大学出版社,1983:27.

③ 陈琇莹. 光绪十三年三月二十五日(1887 年 4 月 18 日)江南道监察御史陈琇莹奏//朱有瓛. 中国近代学制史料(第一辑,下册). 上海:华东师范大学出版社,1983:27.

④ 陈琇莹. 光绪十三年三月二十五日(1887 年 4 月 18 日)江南道监察御史陈琇莹奏//朱有瓛. 中国近代学制史料(第一辑,下册). 上海:华东师范大学出版社,1983:27.

⑤ 陈琇莹. 光绪十三年三月二十五日(1887 年 4 月 18 日)江南道监察御史陈琇莹奏//朱有瓛. 中国近代学制史料(第一辑,下册). 上海:华东师范大学出版社,1983:27.

⑥ 陈琇莹. 光绪十三年三月二十五日(1887 年 4 月 18 日)江南道监察御史陈琇莹奏//朱有瓛. 中国近代学制史料(第一辑,下册). 上海:华东师范大学出版社,1983:27.

⑦ 陈琇莹. 光绪十三年三月二十五日(1887 年 4 月 18 日)江南道监察御史陈琇莹奏//朱有瓛. 中国近代学制史料(第一辑,下册). 上海:华东师范大学出版社,1983:28.

⑧ 陈琇莹. 光绪十三年三月二十五日(1887 年 4 月 18 日)江南道监察御史陈琇莹奏//朱有瓛. 中国近代学制史料(第一辑,下册). 上海:华东师范大学出版社,1983:28.

⑨ 光绪十三年(1887 年)十月总理衙门会议算学取士//朱有瓛. 中国近代学制史料(第一辑,下册). 上海:华东师范大学出版社,1983:29.

⑩ 光绪十三年(1887 年)十月总理衙门会议算学取士//朱有瓛. 中国近代学制史料(第一辑,下册). 上海:华东师范大学出版社,1983:30.

文字一日之短长以进退之。"①历史发展到这一阶段,总理衙门对海防人才的认识相对比较全面,也比较符合实际。为防止人才选拔再次走向偏颇,朝廷本着"西学以测算始,实未尝以测算止"的思想认识,针对当时南、北洋设立的制造、管驾、武备、水师学堂,提出"择其艺成者入练船习学,又拨其尤者充补水师员弁,以造就人才,以俾实用。"②经过中法战争,朝廷对于海防人才的选拔,确实采取了比以往更为有效的配套措施。这样一种政策微调,这样一种制度改良,以不变革旧有科举制度为根本前提。

(三)对武举的执行

经洋务运动的洗礼,又经同光之际海防人才政策的讨论与决议,对于西方列强在军事领域大幅采用先进的科学技术的紧迫形势,朝野上下应该有了更加深刻的认识。对于清朝自身在军事领域忽视科学技术的现实,朝廷重臣也应该有了更加清醒的认识。然而,在实际执行武举制度的过程中,依然是因循守旧、无所作为,与之前的做法相沿相袭,始终墨守成规。早在乾隆三十九年,山东兖州的王伦闹事,清廷兵将凭火器优势,将其镇压。从此,乾隆谕令民间断然不可演习"鸟枪"。清政府担心平民一旦掌握火器,有可能危及自身的统治。正是出于这样的考虑,不将火器列入武举的科考范围。面对火器,武科出身的官员往往束手无策。晚清时期,朝廷需要面对的是西方列强的坚船利炮,本应将火器列入武科,引导武科人才熟悉火器,掌握火器,运用火器。出于内部的统治危机,出于巩固内部统治的需要,清政府更不敢向民众放开火器,武举考核的仍是一成不变的马步、箭弓和刀石等。

纵观武举制度的演变过程,历代武状元中,不乏文韬武略、德才兼备的将才,也有不少庸庸碌碌、无所作为之辈。其中有马革裹尸、效死疆场的英雄,也不乏玩忽职守、身败名裂之流。非战争时期,武举出身而又有待补缺的人,不计其数,实际可以补缺的官位则屈指可数。通过层层武举选拔出来的武举人、武进士,有的甚至终生不遇,至死不曾补缺,甚至逐渐成为社会闲散人员。正如沈葆桢所言:"惟武举之晓畅营务,实不足与行伍出身者比,其勤奋耐苦亦不足与军功出身者比,盖所用非所习也。至其无事家居者,往往恃顶戴为护符,以武断乡曲,盖名

---

　　① 光绪十三年(1887年)十月总理衙门会议算学取士//朱有瓛.中国近代学制史料(第一辑,下册).上海:华东师范大学出版社,1983:29.

　　② 光绪十三年(1887年)十月总理衙门会议算学取士//朱有瓛.中国近代学制史料(第一辑,下册).上海:华东师范大学出版社,1983:29.

虽为士,实则游民。"①自古讲求"武以安邦,文以治国",虽然清朝自称文武并重,武举制度仍逊于文举,且武举的科考弊病更加严重。根据《中国历代武状元》分析,清朝取中武进士不少于 8800 人,其中包括 109 名武状元。为数不少的武状元中,真正在朝廷安全事业,包括海防安全事业方面,做出历史性贡献的人可谓寥寥无几。② 从 1874 至 1884 年的 10 年间,③仅光绪六年(1880 年)庚辰科的武进士马福禄,曾经官至总兵,在反击八国联军入侵战斗中壮烈捐躯,追封为振威将军,成为留名史册的民族英雄,其余多为平庸之辈。④

　　武举"武场"主要考核马步、箭弓和刀石等,而热兵器战争时代,刀箭等冷兵器发挥的作用越来越小;"文场"主要考核《孙子》《吴子》《黄石公三略》《姜太公六韬》等"武经七书"的默写。为应付考试,武举人往往下死记硬背的功夫,却没有掌握真正实用的武艺韬略。况且,无论"武场",还是"文场",只不过是纸上谈兵,并没有考核临战素质和实战能力。即便将《武经七书》背诵得滚瓜烂熟,没有驾驭实战的能力,在实际的战斗中不一定能够做到运用自如、发挥自如。历代武举人才大多表现平平,其中的根本原因在于武举制度自身的缺陷与不足。通过武举选拔出来的人才,也许可以成为骁勇之战将,但绝不可能成为运筹帷幄的将帅。更重要的是,武举制度并没有进行西学转向。不转向西方科学就意味着,钻研西方科学的人得不到博取功名利禄的机会,这更加阻碍了清朝对西方科学的传播与发展。传统武举制度选拔出来的武举人、武进士,自然无法应对西方以科学技术装备起来的海上力量。

　　1878 年,针对武举制度滞后于海防事业发展需求的实际情形,沈葆桢在《请停武闱片》中提出废除武科,竟被光绪帝以"率改旧章,实属不知大体"⑤驳回。

---

　　①　沈葆桢.请停武闱片//林铁钧,史松.清史编年(光绪朝上).北京:中国人民大学出版社,2000:110.

　　②　据王鸿鹏《中国历代武状元》记载,第一次鸦片战争期间,英国侵略军大举进犯我东南沿海,出身武进士的,仅有道光三年(1823 年)癸未科张从龙,时为游击,积极整饬武备,加强操练,巩固海防。这是有历史记载的,鲜有的武进士献身国家海防的事例之一。再如,道光二十一年(1841 年)辛丑科武进士出身的定海镇总兵葛云飞,在英军再次进攻定海时,率领军民,连战六昼夜,杀死了 1000 多名英军,终因寡不敌众,英勇战死,名垂青史。

　　③　清政府于同治十三年(1874 年)、光绪二年(1876 年)、光绪三年(1877 年)、光绪六年(1880 年)、光绪九年(1883 年)进行了甲戌科、丙子科、丁丑科、庚辰科、癸未科 5 次武举。其中,武科状元依次为张凤鸣、宋鸿图、佟在棠、杨廷弼等。据《中国历代武状元》的记载,这 5 位武科状元对清廷防务贡献平平,也谈不上对海防有多大实际贡献。

　　④　王鸿鹏.中国历代武状元.北京:中国人民解放军出版社,2002:158-218.

　　⑤　陈学恂.中国近代教育大事记(上册).上海:上海教育出版社,1981:39.

光绪八年(1882年)十二月,时任山西道监察御史的陈启泰在《筹拟海防六条疏(光绪八年)》中再次提出,在不改变旧有武试的基础上,再设"水师一科",以选拔"能造战舰炮台火器""熟悉风涛沙线驾驶测量"和"用枪炮有准的"①的海防人才。这一建议富有见地,却同样未能得到执行。

政策调整之后,朝野再次发出改革旧有武举的呼声。1885年3月,张佩纶分析中国"危"且"耻"的时局:"窃聚中国之武进士、举人、生员以与西洋之兵敌,孰胜孰败,夫人而知之矣。聚中国之劈山炮、抬枪、鸟枪以与西洋之后膛枪炮敌,孰利孰钝,夫人而知之矣。知之,于是乎将校任行伍,任军功,武科益轻。知之,于是乎各省购机器,购洋枪炮,土枪、土炮、土子药益贱。朝廷轻试弓刀石之武科,贱造土枪、土炮、土子药之官局,固深愿天下之士民肆洋枪者日众而造洋枪者日精也。"②张佩纶清醒地认识到,至此,距离鸦片战争已经40余年,洋务运动也已历时20余年,然而,所谓的"求材之道"与"造器之方",始终未能做到"参古今""合中外",而"得其通"。反思近代中国海防建设的历程,恰恰有如张佩纶发出的"二问":"问将材,则湘淮之将如弩末耳,起鲍超、刘铭传辈以任洋务,未必胜任;然欲选中国之武科,再求一如鲍超、刘铭传者能乎?"③这是对海防人才的发问。"问机巧,则闽、沪之厂如虚器耳,执中厂所造之枪炮不足供天下之用;然欲竭中国之官帑再营一如闽之船政局、沪津之机器局者能乎?"④这是对海防装备的发问。如果海防人才匮乏,海防装备落后的局面长期得不到改进,中国不免陷入"可危""可耻"的境地。对此,张佩纶大声疾呼:"中国诚危之、耻之,则莫如变法。变法之效,至久而至速者,则莫如武科改试洋枪。"⑤这就是"武科改试洋枪"的强烈呼声。真正对武举进行所谓的改良,则已是1898年的事。直到1898年3月,基于艰难的时局,清廷终于宣布"武场改试枪炮",而所谓的"默写五经一场",也即行裁去。按照当时的谕旨,改试枪炮的武乡试,还要等到1900年的庚子科,而

① 陈启泰.筹拟海防六条疏(光绪八年)//台湾省银行研究室.台湾文献史料丛刊第288种.道咸同光四朝奏议选辑.台北:台湾大通书局,189.

② 张佩纶.光绪十年二月初八日(1885年3月5日)张佩纶奏拟请武科改试洋枪折//朱有瓛.中国近代学制史料(第一辑,下册).上海:华东师范大学出版社,1983:139.

③ 张佩纶.光绪十年二月初八日(1885年3月5日)张佩纶奏拟请武科改试洋枪折//朱有瓛.中国近代学制史料(第一辑,下册).上海:华东师范大学出版社,1983:139.

④ 张佩纶.光绪十年二月初八日(1885年3月5日)张佩纶奏拟请武科改试洋枪折//朱有瓛.中国近代学制史料(第一辑,下册).上海:华东师范大学出版社,1983:139-140.

⑤ 张佩纶.光绪十年二月初八日(1885年3月5日)张佩纶奏拟请武科改试洋枪折//朱有瓛.中国近代学制史料(第一辑,下册).上海:华东师范大学出版社,1983:139.

会试更要待至 1901 年的辛丑科。①

1874～1885 年,21 年来,在多次反侵略的海防斗争中,清政府遭受了屡次惨败的深重灾难,而海防人才政策也经历了上下讨论、朝廷决策、实际执行和被动调整等历史阶段。同样,对于如何选拔海防人才,也经历了相应的讨论、决策、执行和调整等环节,但收效甚微。当时,西学始终被视为"别途",一些学子即使对于西学已经学有所成,具备精深的造诣,但是,"亦第等诸保举议叙之流,不得厕于正途出身之列"②,得不到所谓的"正途"出身。这就导致当时的士子"志"不在西学,关注的仍是"正途"科举所重的制艺、试帖和楷法等。对于"八股试帖词赋经义""明知其无用""徒以法令所在,相沿不改"③。这与朝廷的政策导向息息相关。不管海外世界如何变化纷呈,不管海防危机如何岌岌可危,清朝最高统治者始终不愿革新传统人才选拔制度,更不愿废除传统科举制度,不愿从根本上改变"首在科目"④的人才选拔机制。人才选拔的机制不变,导向不变,士子的研习科目自然也不变。对此,固然不乏改良旧有文举制度的方案,不乏改革和停罢武举的呼声,不乏选拔海防人才的实举,但从实际效果来看,其时的人才选拔有成效,也有失误,甚至错误。

三、培养政策执行上的"政策变通"与"政策敷衍"

同光之际,对于海防人才的培养,清政府并未做出相应的政策设计与制度安排。在政策执行过程中,李鸿章、左宗棠、沈葆桢和丁日昌等关键人物自发探索新式学堂的办学实践。福州船政学堂是近代中国应运而生的第一所近代化海军学堂,也是近代中国有史以来的第一所海防人才培养机构。福州船政学堂的创办是与当时的海防危机紧密联系在一起的。在《求是堂艺局章程》中,左宗棠明确指出:"夫习造轮船,非为造轮船也,欲尽其制造驾驶之术耳;非徒求一二人能制造驾驶也,欲广其传,使中国才艺日进,制造、驾驶展转授受,传习无穷耳。"⑤创办伊始,福州船政学堂的办学目标就非常明确,即不重"造"而重"学","根本在于学堂",培养能够制造、修缮和驾驶兵船的海防人才,具有明显的"师夷长

---

① 光绪二十四年二月二十六日(1898 年 3 月 18 日)上谕//朱有瓛. 中国近代学制史料(第一辑,下册). 上海:华东师范大学出版社,1983:143.

② 胡燏棻. 上变法自强条陈疏//郑振铎. 晚清文选. 北京:中国人民大学出版社,2012:409.

③ 胡燏棻. 上变法自强条陈疏//郑振铎. 晚清文选. 北京:中国人民大学出版社,2012:415.

④ 胡燏棻. 上变法自强条陈疏//郑振铎. 晚清文选. 北京:中国人民大学出版社,2012:409.

⑤ 左宗棠. 求是堂艺局章程//中国近代史资料丛刊. 洋务运动(第 5 册). 上海:上海人民出版社,1961:28.

技"取向。

仿福建船政学堂之例,李鸿章随后设立了天津水师学堂。李鸿章说过:"欲其于泰西书志,能知寻绎,于是授以英国语言翻译文法;欲其于凡诸算学,洞悉源流,于是授以几何、代数、平弧、三角、八线;欲其于轮机炮火备谙理法,于是授以级数重学;欲其于大洋驾舟,测日候星,积算晷刻以知方向道里,于是授以天文、推步、地舆、测量;其于驾驶诸学,庶乎明体达用矣。然犹虑其或失文弱也,授以枪俾齐步伐,树之桅俾习升降,娴其技艺,即以练其筋力。犹虑其或邻浮薄也,教之经俾明大义,课以文俾知论人,瀹其英明,即以培其根本。"①天津水师学堂培养海防人才的思路同样非常明晰。围绕海防安全的现实需要,福州船政学堂和天津水师学堂等海防教育机构从专业技能、实用能力、创新能力、政治品格和海洋素养等方面入手,在培养专业性、专门性海防人才方面,确实取得了骄人的成就。

自 1874 年至中法战争前夕,对于海防人才的培养,更多的是沿海督抚的一种地方自发行动,并非出自清廷的决策。比如,左宗棠创办福建船政学堂,李鸿章创办天津水师学堂等,虽然或多或少地得到了朝廷的支持,但并非清政府的一种既定政策。此次政策调整过程中,兴办水师学堂,培养新式海防人才,正式上升为一种朝廷政策。1885 年,曾国荃接任两江总督,并兼任南洋大臣之后,在"大治水师"的讨论声中,不乏豪言壮语,不乏对当时声势浩大的海防讨论的随声附和。而落实到执行层面,却未见其采取切实可行的措施,最终陷入"雷声大、雨点小"的流弊,南洋海军的人才培养陷入相对停滞的状态。中法战争之后,到中日甲午战争之前,期间,调整之后的人才培养政策的再次执行,主要还是集中体现在北洋海军的建设发展。

中法战争之后,朝野上下对培养海防人才的重要性和紧迫性有了更加深刻的认识。1886 年 6 月,结合自身沿海巡阅的实际体验,醇亲王奕譞认识到,"练水师人才,则以驾驶管轮学堂为根本",生徒学习"测量推算之理"②,成长成才之后再"入营管带队伍"③,如此,必能成为有益于朝廷海防建设的实用之才。为此,他向朝廷建议,为培养更多的海防将才,新式水师学堂值得推广兴办,已有水

---

① 李鸿章.光绪十年十一月初五日(1884 年 12 月 21 日)水师学堂请奖片//朱有瓛.中国近代学制史料(第一辑,上册).上海:华东师范大学出版社,1983:505.

② 奕譞.光绪十二年五月初一日(1886 年 6 月 2 日)醇亲王奕譞奏//朱有瓛.中国近代学制史料(第一辑,上册).上海:华东师范大学出版社,1983:499.

③ 奕譞.光绪十二年五月初一日(1886 年 6 月 2 日)醇亲王奕譞奏//朱有瓛.中国近代学制史料(第一辑,上册).上海:华东师范大学出版社,1983:499.

师学堂需要扩充规模。此时,奕譞已经出任海军衙门总理,以这一身份,突出强调新式学堂对于海防人才培养的重要作用,意义不同于往日。有志之士深切认识到,培养海防将领,已经成为"海军先务"①,这是因为,对于海防装备而言,"船即未坚,炮即未利,一旦购之他国,尚可咄嗟立办"②。对于海防人才而言,其成长成才有其固有的规律,尤其是有其时间周期,必须"宽以时日,乃能有成""及今为之,收效已在十年之后"③。离开了海防人才的驾驭、使用与指挥,海防装备不免陷入无用的境地。对于海防人才,"若不亟图,不且委船舰于无用之地乎?"④总理海军事务奕劻同样清醒地意识到:"按海军之选,除学堂、练船外,无可造就。"⑤海防人才的成长,有其时间周期,"非勤习十五年不足充管驾之选。"⑥"设以十五岁应考入堂,学成年已三十。"⑦如果不加快本土海防人才的培养,"仅借洋人充船主、大副等紧要司事,终是授人以柄,不得谓之中国海军。"⑧培养海防人才,始终是一件十分重要而紧迫的任务。

(一)对专业技能的培养

郑观应在《易言》中对比分析中西人才培养方式,认识到,西方培养人才是"期于实用",分设船政、格致、武学、通商、医学、农工等专门性学堂,培养专门性人才,而"中国之士专尚制艺。上以此求,下以此应,将一生有用之精神,尽销磨于八股五言之中,舍是不遑涉猎。"⑨清政府设立的同文馆、广方言馆等新式学

①　光绪十五年七月二十七日(1889 年 8 月 23 日)詹事志锐奏//朱有瓛.中国近代学制史料(第一辑,上册).上海:华东师范大学出版社,1983:500.

②　光绪十五年七月二十七日(1889 年 8 月 23 日)詹事志锐奏//朱有瓛.中国近代学制史料(第一辑,上册).上海:华东师范大学出版社,1983:500.

③　光绪十五年七月二十七日(1889 年 8 月 23 日)詹事志锐奏//朱有瓛.中国近代学制史料(第一辑,上册).上海:华东师范大学出版社,1983:500.

④　光绪十五年七月二十七日(1889 年 8 月 23 日)詹事志锐奏//朱有瓛.中国近代学制史料(第一辑,上册).上海:华东师范大学出版社,1983:500.

⑤　光绪十五年九月二十五日(1889 年 10 月 19 日)总理海军事务奕劻等奏//朱有瓛.中国近代学制史料(第一辑,上册).上海:华东师范大学出版社,1983:500.

⑥　光绪十五年九月二十五日(1889 年 10 月 19 日)总理海军事务奕劻等奏//朱有瓛.中国近代学制史料(第一辑,上册).上海:华东师范大学出版社,1983:501.

⑦　光绪十五年九月二十五日(1889 年 10 月 19 日)总理海军事务奕劻等奏//朱有瓛.中国近代学制史料(第一辑,上册).上海:华东师范大学出版社,1983:501.

⑧　光绪十五年九月二十五日(1889 年 10 月 19 日)总理海军事务奕劻等奏//朱有瓛.中国近代学制史料(第一辑,上册).上海:华东师范大学出版社,1983:501.

⑨　郑观应.易言·论考试//夏东元.郑观应集(上).上海:上海人民出版社,2014:104.

堂,仅学习西方语言,"而于格致诸学尚未深通",以致"制造全仗西人指授"①,这种做法,"不过邯郸学步而已。何能别出心裁,创一奇巧之兵船,造一新捷之火器哉!"②与之对比鲜明的是,在求是堂艺局创办之初,左宗棠就明确要求克服以往"专心道德文章,不复以艺事为重"的陋规,在教习外语的同时,将数学、物理等科学知识类课程列为必修课,使生员具备广博深邃的科学知识,从而力求有所创新,而非仅仅停留在模仿的层面。福州船政学堂以西方全新的自然科学为课程内容,制订了一套外语、数学、工程学、航海学以及其他基础性与实用性的课程体系,为培养专业性海防人才打下了坚实的知识基础。③ 1885 年前后,时任船政大臣的张佩纶曾嘱咐洋教习邓罗,对于水师将弁"应读之书"和"应学之技",设法增购洋籍,加设课程,务必使之"日扩新知""勿狃故步"。④ 近代海防人才培养的目标非常明确,就是培养适合海防建设需要的各种人才,因而,具有很强的"适用性和针对性"。⑤ 办学方针、专业设置、课程安排和学制设置等,都是从海防建设的实际需要出发,"以能否造就合格的有用人才而定取舍。"⑥

仅以"轮船制造"和"轮船驾驶"为例,日意格设置的课程基本都是根据实际需要而制订的。对此,日意格有过明确的论述。就制造方面的技能而言,"为了计算一个机器零件或船体的尺寸,必须懂得算术和几何。为了照图制造机器零件或建造船体,就得懂得透视绘图学,也就是几何作图。要明白蒸汽机、船体或其他物体所承受的重力、热膨胀力及各种别的自然力,就需要懂得各种物理定律。再有,了解某物体受外力作用下运动时要克服的阻力,以及该物体应该具有的强度,就要有静力学和机械学的知识。要具备上述知识,光懂得算术和几何就

---

① 郑观应. 易言·论考试//夏东元. 郑观应集(上). 上海:上海人民出版社,2014:104.

② 郑观应. 易言·论考试//夏东元. 郑观应集(上). 上海:上海人民出版社,2014:104.

③ 根据日意格的教学记录,船政学堂的造船学校、设计学校和学徒学校三所学校均使用法语授课。造船学校(前学堂)的主要课程包括法语、算术、几何、几何作图、三角、解析几何、微积分以及蒸汽机制造实习和船体建造实习;学徒学校的课程包括算术、几何、几何作图、代数、设计和蒸汽机构造。驾驶学校和管轮学校则使用英语授课。驾驶学校(后学堂)除了必须开设的英语课外,还包括算术、几何、代数、直线和球面三角、航海天文、航海技术和地理;管轮学校的课程则包括英语、算术、几何、设计蒸汽机结构、操纵维修船用蒸汽机、使用仪表和盐分计等。

④ 经过不断地调整与修订,船政学堂的课程日趋完善。除制造、驾驶专业以外,福州船政学堂还设置了枪炮、鱼雷、火药制造、海图绘测及海军公法、国际公法、铁路营造、语言文字、矿务等其他专业,且对操防、排布、迎御之法等,均有涉及。

⑤ 《近代中国海军》编辑部. 近代中国海军. 北京:海潮出版社,1994:197.

⑥ 《近代中国海军》编辑部. 近代中国海军. 北京:海潮出版社,1994:197-198.

不够了,必须还懂得三角、解析几何、微积分。"①此即谓探寻"知其然",而且"知其所以然",要求"求其然",而且"求其所以然",追问技术背后深层次的科学原理与方法。就航海方面的技能而言,"当航海人员看到海岸时,他可以选择几个观测点,用直线、三角学测出船只和陆地的距离,而要学会这点,就必须先学会算术、几何和代数。如果要用太阳、月亮和星星导航,就要用天文学知识找出这些天体的位置及运转规律,还要用球面三角学测出它们在地平线上的高度或距离。航海理论使航海人员能利用这些手段、观测方法、测程器的数学,确定他的船只的位置。利用经纬仪,可以知道他所在地点的当地时间同某一著名地方的时差,并由此能知道两地的经度差。最后一点,如果没有一定的地理知识,就不可能环游地球。"②正是出于对海防人才专业技能的培养,船政学堂设置了相应的课程内容,以使生员所习技艺由粗及精,期于致用,最终达到"制造者能放手造作新式船机及全船应需之物,驾驶者能管驾铁甲兵船回华调度、布阵丝毫不借洋人"③的目的。

福州船政学堂不同于以往的传统教育,不是从书本到书本,而是注重理论和实践相结合,突出实用性与应用性,注重海防人才的专业技能的培养。比如,光绪元年(1875年),船政学堂就将"扬武"兵船改为练船。④ "扬武"兵船游历外海,先后抵达新加坡、小吕宋、槟榔屿等地,进行航海的实际演练。重视实习实训,包括海上的实习实训,是福州船政学堂培养学生专业技能的重要举措,并成为重要办学传统。前学堂的学生每天安排半日时间在学堂研习功课,另外半日时间安排在船厂习制船械,以熟悉船厂各部门的功课。后学堂驾驶班的学生在堂课修毕以后,要到练船上练习实际驾驶,以"觇其胆智",避免临阵张皇。⑤ 与之一脉相承,赴国外留学的学生,同样注重理论与实践相结合。以福州船政学堂第一届

---

① 日意格. 船政学堂教学状况记//高时良,黄仁贤,陈元晖. 中国近代教育史资料汇编——洋务运动时期教育. 上海:上海教育出版社,1992:361.

② 日意格. 船政学堂教学状况记//高时良,黄仁贤,陈元晖. 中国近代教育史资料汇编——洋务运动时期教育上海:上海教育出版社,1992:362-363.

③ 李鸿章等. 奏闽厂学生出洋学习折(附清单二). 见陈学恂,田正平. 中国近代教育史资料汇编——留学教育. 上海:上海教育出版社,1991:233.

④ 据姜鸣《中国近代海军史事日志(1860—1911)》记载,船政学堂将"扬武"兵船改为练船之后,又将"建威"兵船的所有练生转入"扬武"兵船,同时增加了萨镇冰、林颖启、吴开泰、江懋祉、叶琛、林履中、蓝建枢、戴伯康、许济川、陈英、林森林、韦振声、史ނ中等登舰实习。

⑤ 学生每年在船时间,原定两个月,后来裴荫森督办船政时,改为在船六个月;管轮班学习蒸汽机的理论和实践知识,为了实际运用所学理论,学生们要在陆上练习装配80马力和150马力的蒸汽机,并分别在船上安装蒸汽机和锅炉。

出洋学生为例，①根据光绪四年(1878年)二月，出洋监督李凤苞、日意格对留洋学生状况的禀报，留洋学生都安排了相应的实习实训。② 实习实践活动，既巩固了课程教学中所习得的理论，又增加了学员的实际经验，切实加强了专业技能的培养。总之，近代海防人才培养从最初的制造、驾驶、管轮等专业，后来又相继开办了一系列专业学校，如鱼雷学堂、海军西医学堂等。"通过学习这些新知识、新技术，造就了近代中国第一批新型的知识分子和专业军官。"③

(二)对创新能力的培养

着眼于海防人才解决实用性问题，确实需要突出专业技能培养。但是，还必须解决海防人才的创新性问题。这就需要重视创新能力的培养。比如，航海即为一门相当复杂的学科，为培养航海专门人才，不仅需要海上实训，更需要系统的理论知识。除掌握英语语言之外，还必须学习天文。这是因为，西方航海"皆以天度为准"，能测天度，"则能知海程之远近"，辨别方向；必须学习地舆，才能了解海中礁石、沙线及海口的水深与潮汐等；必须学习算学，这是因为测天度，测海程，机器的使用，都必须基于算学；必须学习驾驶，这是因为，"水力之刚柔""风力之轻重""火力之多寡""行船之速率"，都有内在的规律；必须学习绘图，航海每到一个地方，便绘制一张地图，以备参考。这说明，无论是船舰的行使，还是枪炮的施放，其实都有其学科基础，有其学术根基，不知其所以然，很难从根本上掌握西

---

　　① 据姜鸣《中国近代海军史事日志(1860—1911)》记载，派往国外学习制造的学生有：郑清濂、罗臻禄、李寿田、吴德章、梁炳年、陈林璋、池贞铨、杨廉臣、林日章、张金生、林怡游、林庆升。艺徒有：裘国安、陈可会、郭瑞珪、刘懋勋。学习驾驶的学生有：刘步蟾、林泰曾、蒋超英、方伯谦、严宗光、何心川、林永升、叶祖珪、萨镇冰、黄建勋、江懋祉、林颖启。

　　② 据姜鸣《中国近代海军史事日志(1860—1911)》记载，刘步蟾安排在"马那杜"号铁甲船，林泰曾安排在"勃来克伯林"号铁甲船，蒋超英安排在"荻芬司"号铁甲船，江懋祉、林颖启则赴西班牙上英国大西洋舰队"爱勤考特"号兵船，黄建勋赴美国上英国西印度舰队上"伯里洛芬"号兵船，登船实习实训。方伯谦按照在"恩延甫"号军舰，何心川安排在"菩提西阿"号军舰，林永升安排在"马那杜"号军舰，叶祖珪安排在"勃来克珀林"号军舰，萨镇冰起初安排在"莫纳克"号军舰，随后又改上"恩延甫"号军舰，并安排在格林尼次官学(即格林尼茨皇家海军学院)。这批学员登舰主要学习驾驶理法。严宗光继续留英国皇家海军学院学习。罗丰禄安排在伦敦琴士官学，学习气学、化学、格致之学。赴法学生中，魏瀚、陈兆翱、郑清濂、陈林璋等安排在削浦官学，梁炳年、吴德章、杨廉臣、李寿田、林怡游等安排在多郎官厂，池贞铨、张金生、林庆升、林日章等安排在科鲁苏尼厂，这批学员则学习制造理法。另外，罗臻禄在汕答佃学堂学习矿务，随员马建忠、文案陈季同则在政治学堂学习交涉律例。艺徒陈可会安排在腊县船厂，刘懋勋安排在马赛铸铁厂，裘国安、郭瑞珪安排在马赛木模厂，学习制造技艺。

　　③ 《近代中国海军》编辑部. 近代中国海军. 北京：海潮出版社，1994：197.

方军事装备的制造与使用。学习西学,需要从学习"应用",转向学习"原理"。这与李鸿章所倡导的"明于制器尚象之理"①,追问"制器之理"与"尚象之理",探索"制作之原"②等思想主张是一以贯之、一脉相承的。

基于自身阅历,日意格意识到,"造船之枢纽",不在所谓的"运凿挥椎",而在画图定式。学堂学生不能从根本上做到心通其"理",所学仍不过是皮毛。为此,船政学堂特意开设了两处画馆,一部分学员学习船图,一部分学员学习机器图,要求学员久而贯通,不致逐末遗本。比如,制造方面的学员,一则教习课读,以培根柢;再者,赴厂习艺,以明理法。其中的"理"与"法",即谓"学理""根本"。只有深入研究"制器造术之本原",才能真正达到"致用"的目的。这就提出了培养海防人才创新能力的必然要求,必须做到重"学理",而不是重"仿造";重"根本",而不是重"末节"。否则,无论科学知识层面,还是技术操作层面,将始终处于被动、落后、滞后的困境。正如李鸿章所奏:"西学精益求精,用意日新,彼既得鱼忘筌,我尚刻舟求剑,守其一得,何异废于半途?"③

为构建海上防卫力量,清政府引进西方技术,购买洋枪洋炮轮船,创办军事工业,而对西方科学技术的学习和使用,普遍依赖洋匠的指授与操纵,而且,国人掌握的西方科学技术十分零星、零散,毫无系统性可言,尚停留在"知其然,而不知其所以然"的感性阶段。有识之士意识到,长此以往,必然危及清廷的海防自主权。"若不详究底蕴,仅借洋人充船主、大副等紧要司事,终是授人以柄,不得谓之中国海军。"④因此,国内海防人才在掌握西方先进技术的同时,必须学习格致之学,掌握其科学的原理。再次以航海为例,时任洋教习的日意格和德克碑曾说:"教作船主有难有易,洋面能望见远山,驾驶较易,其数月数日不见山地之大洋,驾驶较难。卑镇等所称在五年限内,教成中国员匠能自驾驶,系指能望见远山之海而言。如欲保能行驶数月数日不见山地之大洋,须照星宿盘、时辰表测量洋面情形、海水深浅,尚非五年所能尽悉。"⑤航海并不是一门简单的技艺,而是一门高深的学问,其中不仅需要经验的积累,还需要科学的理论支撑。对此,继

①　李鸿章.李鸿章函(答制火器)//宝鋆等.筹办夷务始末(同治朝).北京:中华书局,2008:1084.

②　李鸿章.大学士直隶总督李鸿章奏议覆总理各国事务衙门详议海防折//宝鋆等.筹办夷务始末(同治朝).北京:中华书局,2008:3999.

③　林铁钧,史松.清史编年(光绪朝上).北京:中国人民大学出版社,2000:157.

④　毕乃德.毕乃德记福建船政学堂的分科及其课程//朱有瓛.中国近代学制史料(第一辑,上册).上海:华东师范大学出版社,1983:501.

⑤　左宗棠.同治五年十一月左宗棠咨呈附清折//朱有瓛.中国近代学制史料(第一辑,上册).上海:华东师范大学出版社,1983:365.

任船政大臣的沈葆桢同样有着清醒的认识:"中国员匠能就已成之绪而熟之,断不能拓未竟之绪而精之"①,清政府培养出来的学员往往只具备应用能力与专业技能,却并不具备创新能力与创造能力。因此,"欲日起有功,在循序而渐进,将窥其精微之奥,宜置之庄岳之间"。② 前学堂学习法语的学员,必须"深究其造船之方,及其推陈出新之理";③后学堂学习英语的学员,必须"深究其驶船之方,及其练兵制胜之理"。④ 其间的道理是一贯的,也是相通的。对于留洋学生,清政府寄予厚望,希望他们掌握"管驾官"应知学问的同时,更能"探本溯源""以为传授生徒之资",即不仅具备基本的应用能力,更要求探其"本"、溯其"源"。因考虑到西洋制造之精,实源本于测算、格致之学,李鸿章于 1877 年上奏朝廷,请求让闽厂学生出洋学习,探索"制作之源"⑤。其中的良苦用心正是引导学生知其然,更知其所以然,从模仿走向创造,从实用走向创新。

(三)对海洋素养的培养

对于海防人才而言,既有军事素质的基本要求,还有海洋素养的特殊要求。第一次鸦片战争之前,清政府对于世界地理的知识相对贫乏,海防地理方面的书籍也相对比较少,散见于陈伦炯的《海国闻见录》、王大海的《海岛逸志》和谢清高的《海录》等。1840 年以后,中国学者逐渐开始关注世界地理问题。在林则徐的推动下,1841 年,慕瑞的《地理大全》的部分章节被译成中文,以《四洲志》为书名出版。林则徐还将搜集到的国外资料交给魏源,由他于 1842 年将其编成《海国图志》。另一部世界地理著作则是福建巡抚徐继畬所编的《瀛寰志略》。19 世纪70 年代之后,江南机器制造局、福州船政学堂、天津水师学堂和部分驻外使节着手翻译西学,其中就不乏对西方海洋知识、海防思想和海战理论的引进与借鉴。仅以江南制造局为例,其所属翻译馆的教学、翻译和出版都服务于军火的制造与

---

① 沈葆桢.船工将竣谨筹善后事宜折(同治十二年十月十八日)//中国近代史资料丛刊.洋务运动(第 5 册).上海:上海人民出版社,1961:140.

② 沈葆桢.船工将竣谨筹善后事宜折(同治十二年十月十八日)//中国近代史资料丛刊.洋务运动(第 5 册).上海:上海人民出版社,1961:140.

③ 沈葆桢.船工将竣谨筹善后事宜折(同治十二年十月十八日)//中国近代史资料丛刊.洋务运动(第 5 册).上海:上海人民出版社,1961:140.

④ 沈葆桢.船工将竣谨筹善后事宜折(同治十二年十月十八日)//中国近代史资料丛刊.洋务运动(第 5 册).上海:上海人民出版社,1961:140.

⑤ 李鸿章.李鸿章等奏闽厂学生出洋学习折//张侠.清末海军史料.北京:海洋出版社,1982:378.

人才的培养。① 这些有关海洋素养,尤其是有关海防思想和海战理论的西学书目,有的专讲阵法,有的介绍舰队火力运用,有的研究近代海战史,也有的对近代海军战略战术进行了综合性的探讨。尤其是《防海新论》一书,实质上已经属于海防战略、海战理论的范畴,这为海洋素养的培养提供了较为翔实的文献信息。而且,前方海防将领在筹备海防的历史实践中,也确实参照了这些西方海防思想和海战理论。例如,早在同治十二年(1873年),时任两江总督的李宗羲将哈德理的《防海新论》一书删节,以《防海纪要》书名刊行,提出凡从事海防的大小官员,人手一册,吴淞及长江下游两岸炮台的修筑就参照了《防海新论》的理论成果,②对部分沿海沿江督抚产生了深远影响。光绪五年(1879年)七月,张之洞在奏陈海防事宜的时候,又提出购置《防海新论》,分发给海防将领学习研究。③ 正是由于西方海防思想与海战理论的引进与借鉴,使得近代中国的海防理论上升到一个更高的水平。正如皮明勇总结的那样:"甲午战争前中国人已经初步接触到西方近代海军战略、战役理论的各个方面。这种理论相对于中国传统水师作战指导理论而言,几乎是全新的。它标志着中国近代高层次的海军作战理论的一个新的开端。"④

为培养学生的海洋素养,福州船政学堂开设了"地舆图说"和"航海全书"⑤等课程,并安排学员在兵船见习驾驶,"由海口而近洋,由近洋而远洋,凡水火之分度,礁沙之夷险,风信之征验,桅柁之将迎,皆令即习所闻者,印之实境,熟极巧生,今日聚之一船之中,他日可分为数船之用。"⑥针对航海技术,专门设立了航海理论科和航海实践科。其中,航海理论科的课程主要包括算术、几何、代数、平

---

① 据梁启超的《西学书目表》记载,当时"兵政类"译书共55种,成于翻译馆的占33种;"船政类"9种,成于翻译馆的占8种。其中,《西学书目答问》所列与海洋素养相关的书目主要有:《英国水师考》《美国水师考》《法国水师考》《法国海军职要》《水师章程》《英国水师律例》《水师操练》《海军调度要言》《轮船布阵》《防海新论》《列国海战记》《海战指要》《水师保身法》《行海要术》《航海简法》《御风要术》《航海章程》《筹洋刍议》《借箸筹防论略》等。特别是《轮船布阵》《海防集要》《德国海部述略》《日本海军说略》《洋防说略》《德国扩充海军条议》《海防策要》《海军调度要言》等海防类著作翻译出版,影响深远。

② 姜鸣. 中国近代海军史事日志(1860—1911). 北京:生活·读书·新知三联书店,1994:38.

③ 姜鸣. 中国近代海军史事日志(1860—1911). 北京:生活·读书·新知三联书店,1994:74.

④ 皮明勇. 洋务运动时期引进西方海战理论情况述论. 军事历史研究,1994(1):91.

⑤ 黎兆棠. 光绪八年(1882)黎兆棠致张树声函//朱有瓛. 中国近代学制史料(第一辑,上册). 上海:华东师范大学出版社,1983:443.

⑥ 沈葆桢. 同治九年六月初四日(1870年7月2日)沈葆桢折//朱有瓛. 中国近代学制史料(第一辑,上册). 上海:华东师范大学出版社,1983:444-445.

面三角和球体三角、航海天文学、航行理论以及地理。① 航海实践科则设在兵船进行实践教学。在训练船上,学生们学习"一个船长所必需的理论知识和实践知识"②,包括航海技术、射击技术和指挥等。类似的,天津水师学堂对学生四年应习功课的安排,也包括了"地舆图说",还特别说明,"测绘绘图乃海军分内极要事,因英国海图极精,各国取效。中国于图学一门尚未开办,自应先取英国舆图考究。"③通过开设海洋类课程、海上实训和学业考核,培养出来的学生表现出一定的海洋素养,在海军造船技术、组建海军、海战指挥和海防教育等方面均发挥了重要作用。

政策调整后,就海洋素养而言,清政府加大了对西方海防和海战理论的引进和移译。④ 仅以这一历史时段最值得关注的《海战新义》⑤一书为例,"该书明确指出海军的基本作战任务是,破坏敌国的海上交通线,尽力袭击敌国的商船和军事运输船只;封锁敌国海口,以便阻断其各海口之间联系和国际联系;在必要时,攻击敌国的舰队,消灭其海上力量,夺取和巩固海权;攻占敌国的海岸要塞和军港。"⑥实际上,沿海防务的筹划、防海战略的布局、海上实战的指挥,都一定是以相应的海防理论和海战理论为基础的,或者说,以相应的海防观、海权观为根基。《海战新义》提出了当时最新的海防理论,这是海防布局和海战指挥的灵魂,也是对海防人才素质的本职要求。但《海战新义》的翻译在当时并没有对海防人才产生积极的影响,沿海督抚和海防重臣并没有对此做出正面的反应。"决战海上的

①　毕乃德. 毕乃德记福建船政学堂的分科及其课程//朱有瓛. 中国近代学制史料(第一辑,上册).上海:华东师范大学出版社,1983:466.
②　毕乃德. 毕乃德记福建船政学堂的分科及其课程//朱有瓛. 中国近代学制史料(第一辑,上册).上海:华东师范大学出版社,1983:466.
③　《北洋海军章程》招考学生例. 学生在堂四年应习功课//朱有瓛. 中国近代学制史料(第一辑,上册).上海:华东师范大学出版社,1983:508-509.
④　据姜鸣《中国近代海军史事日志(1860—1911)》记载,1885~1894年间,翻译国外的海防和海战理论方面的著作主要有:《外国师船图表》《整顿水师说》《海战新义》《法国水师考》《英国水师考》《德国扩充海军条议》《海军调度要言》《鱼雷图说》等。
⑤　该书强调,海军最主要的作战任务是与敌国海军决战。"尤要者,为我以兵船进攻敌国兵船。""凡力强者,易于整旅而出,搜剿敌船而击败之。"书中虽未正面地提出"海权"概念,但从侧面提到了"海权"这一名词。《海战新义》归纳了五种最主要的海战样式:一是舰队出海寻求对敌国舰队的进攻;二是舰队在本国海岸防御击敌;三是派遣舰队攻击敌国海口或本土,以牵制敌国舰队的行动;四是当敌国舰队将集中于我海岸时,我舰队向他处机动,以吸引和分散敌兵力;五是将我海军舰船分编为数队,分别行动,牵制敌舰,在机动之中创造战机,适时集中各队击敌之一部。它认为,在这五种作战样式中,进攻和防御是最基本的作战样式。
⑥　王宏斌. 晚清海防:思想与制度研究. 北京:商务印书馆,2005:217-218.

海军理论不仅在李鸿章身上没有点燃思想进步的火花,对于其他人的影响也很难找到痕迹。"①当时在海防教育实践中,海防和海战理论的培养并未引起普遍重视,"海军人物关于海战理论的探讨文章等于零"②。无论是海防统帅,还是海防将领,对海洋素养的重要性认识不足,重视不够,他们既没有以上述海防著作的移译为契机,深入组织开展对欧美海防海战理论的系统翻译与研究,也没有在已有理论成果的基础上,结合中国海防的实际,及时调整以往的海防布局与海防战略,更谈不上引导新式海军学堂加强这一方面的专题性教育。

与此同时,19世纪70~80年代,清政府陆续向国外派遣驻外公使和外交官③,并引出了1887年清政府派遣一批海外游历使集体出洋、周游世界之举。④此次派遣海外游历使的举动⑤,着眼于海外调查考察。游历的主要目的,正如杨家禾在《西学材才六端》所说:"为今计,北洋海军既已成行,南洋师船亦将编列,宜令其分队,周历海口,遍游地球,藉壮声威,俾资简练。中国之地,何处可守,外洋之地,何处可攻,习风涛,辨岛屿,绘为图册,使军中上下,无不周知。地势既明,敌情亦审,运用之妙,存于一心。一旦有事,兵戎斯为将者,乃克操出奇制胜之策,且有谓,求百偏裨易,求一将才难,安知今日之偏裨,非即他日之将才也?干城之寄,或于是乎得之。"⑥此次海外游历富有成效,成果丰富,但清政府并未真正选拔使用这批海外游历使,更谈不上视为海防人才加以重点培养。"12名游历使中竟没有一个出任外交官,著述最多的傅云龙和刘启彤也不过加赏二品衔以道员分派北洋,任北洋机器局和海防支应局的会办。"⑦总的看来,在培养海防人才的海洋素养方面,近代海防教育的实践还存在不少的问题与不足,尤其是在海防理论、战略战术等方面,甚至存在重大的思想盲区。

---

① 王宏斌. 晚清海防:思想与制度研究. 北京:商务印书馆,2005:219.

② 王宏斌. 晚清海防:思想与制度研究. 北京:商务印书馆,2005:219.

③ 第一位是1875年任命、1877年正式到伦敦上任的驻英公使郭嵩焘,以后又派出了驻美国、日本、法国、德国、俄国等国的公使。1885年,御史谢祖源上奏,批评以往出使人员大多非科举正途出身,素质较差,对外国调查研究也不够,建议选拔一批文化修养较高的中央各部官员出国游历,可为国家培养外交和洋务人才。此奏得到皇帝重视,命总理衙门议奏和实施。

④ 王晓秋,杨纪国. 晚清中国人走向世界的一次盛举. 沈阳:辽宁师范大学出版社,2004.

⑤ 这次游历考察所取得的对外国调查研究的成果也是空前的。游历使们分别撰写了几十种对外国调查研究的著作、考察报告及海外游记、日记和诗文集。其中仅傅云龙一人就撰写了游历日本、美国、加拿大、古巴、秘鲁、巴西6国的调查报告(即《游历图经》)、游记(即《游历图经余记》)和记游诗,共达110卷之多。奉命游历欧洲的刘启彤也写了《英政概》《法政概》《英藩政概》《欧洲各国火轮车道纪略》等著作。

⑥ 杨家禾. 西学材才六端∥沈云龙. 近代中国史料丛刊第七十六辑,陈忠倚. 皇朝经世文三编(第20卷). 治体八. 培才. 台北:文海出版社,1966:318.

⑦ 王晓秋. 三次集体出洋之比较:晚清官员走向世界的轨迹. 学术月刊,2007(6):142.

(四)对政治品格的培养

出于对留学幼童"易染西洋习气"的担忧,清政府在留美章程中,专门设置《孝经》《大学》《五经》和《大清律例》等课程,还对留学生讲授清朝列位皇帝的圣谕,定期地朝着假想的北京方向行礼等。比如,"中国旅行家李圭在1876年9月访问了哈特福德市。他在报告中说道,一百一十三名学生(因死亡、生病和撤回而缺七名)分成小组,每组十二个人,每三个月里有两个星期在哈特福德度过,在中国教习的指导下进行阅读、背诵、习字和作文。"①同样,针对留学法国和英国的学生,李鸿章在《选派船政升途出洋肄业章程》也明确提出:"其学生于闲暇时,宜兼习史鉴等有用之书,以期明体达用。"②这其实是加强一种政治品格的教育,使其忠于清廷,忠于皇帝,忠于本国。

尽管如此,顽固派仍然迫使朝廷撤回了留美学生,所列的主要理由是,"外洋风俗,流弊多端,各学生腹少儒书,德性未坚,尚未究彼技能,先已沾其恶习。"③在后来的马江海战中,留洋归国学生实际上具有良好的实战表现,表现出忠于国土,忠于朝廷的良好政治品质。时人感喟:"出洋学生之心,忠义愤发,果何负于国家也哉!使出洋肄业之学生,接踵前往,至今弗绝,必有人材出于其间。乃坐废于庸流忮刻之一言,亦独何为哉!呜呼!庸擢异黜,阘茸进,而奇杰者退矣!邪佞者来,而正直者去矣!此时事之所以不可问也。"④确实,"林君国祥一出洋游学之学生,耳学成而归,统带广乙兵轮船,亦不过一武弁耳,而能大张威武,奋不顾身,毁彼师船,凶锋大挫,卒以救援不至,致被倭船四面围攻,铁木交飞,船将沉下,犹能驶近海岸,与船中人共庆生还,此其智勇兼全,量敌而进,滔滔斯世,诚为不可多得之将才。"⑤可见,投身于晚清海防事业的留洋归国学生,并非如顽固派所说的"腹少儒书,德性未坚",反而是德才兼备,忠勇兼全,为近代海防事业的发展与建设,尤其为海防科学技术的本土化做出了卓越贡献。

---

　　① 〔美〕费正清等. 剑桥中国晚清史(上卷). 中国社会科学院历史研究所编译室,译. 北京:中国社会科学出版社,1985:346.

　　② 光绪二年十一月二十九日(1877年1月13日)钦差北洋大臣直隶总督李鸿章等奏•选派船政升途出洋肄业章程//朱有瓛. 中国近代学制史料(第一辑,上册). 上海:华东师范大学出版社,1983:403.

　　③ 林铁钧,史松. 清史编年(光绪朝上). 北京:中国人民大学出版社,2000:212.

　　④ 余贻范. 论海军当广储人才//沈云龙. 近代中国史料丛刊第七十六辑,陈忠倚. 皇朝经世文三编(第46卷). 台北:文海出版社,1966:725.

　　⑤ 佚名. 论用人//沈云龙. 近代中国史料丛刊第七十七辑,何良栋. 皇朝经世文四编. 台北:文海出版社,1966:73.

政策调整后，在已有福建船政学堂、天津水师学堂的基础上，清政府又先后设立了昆明湖水操内外学堂、广东水陆帅学堂和江南水师学堂等，着意于培养适应近代海防斗争需要的新式人才。新设学堂对于海防人才的培养，仍然离不开对专业技能、创新能力、政治品格和海洋素养等主要层面的培养，这里不再一一赘述。不过，对于海防人才"政治品格"的培养，则比以往更进了一步。受张之洞"中学为体，西学为用"教育思想的影响，近代军事学堂对海防人才的培养，同样强调中西兼学。学习"西学"，是着眼于军事才能的培养，正所谓"窃为古今人才，皆出于学。学之为事，讲习与历练兼之。近日海防要策，首重水师兵轮，次则陆军火器。外洋诸国，于水陆两军皆立专学。天文、海道、轮算、驾驶、炮械、营垒、工作、制造，分类讲求，童而习之，毕生不徙其业，是以称雄海上。"①而"中学"的主要任务就是培养政治品格。"大抵兼采各国之所长，而不染习气；讲求武备之实用，而不尚虚文。"②张之洞在创办水陆师学堂时，更是明确规定，学习西学的学生，同时必须学习中学。"堂中课程，限定每日清晨先读四书、五经数刻，以端其本。每逢洋教习歇之日，即令讲习书史，试以策论，俾其通知中国史事、兵事，以适于用。"③应该说，注重海防人才"政治品格"的培养是必须的，也是必要的。

总结这一时期对人才培养政策的执行，必须肯定，福州船政学堂和天津水师学堂等新式学堂做出了历史性贡献。对此，李鸿章有过总结性的论述："闽厂驾驶、管轮学堂之设，用意极为深远，嗣又派出洋肄业。今南、北各船之管驾如刘步蟾、林泰曾、蒋超英等，造诣皆有可观，但资浅年轻，未经战事，尚未敢信其能当一面。然而将来水师人才，必当于此辈求之。天津仿设水师学堂，招集幼童，朝夕讲肄，今秋可选其尤者上练船操习一、二年，仍须遣令出洋，赴大学堂、大兵船随队观摩，以求精进。凡学生自入堂、上船、出洋、培养磨炼，必须十余年，拔十或可得五，再充兵船头目，浒升管驾统领，庶与西人技能相颉顽，其成材固若斯之难也。"④自1866年创办以来，福州船政学堂的毕业生不仅基本满足了福建海军建军的需要，而且在北洋海军的筹建过程中起到了骨干的作用。⑤ 比如，北洋水师

---

① 张之洞. 张之洞奏创办水陆师学堂折//张侠等. 清末海军史料. 北京：海洋出版社,1982：398.

② 张之洞. 张之洞奏创办水陆师学堂折//张侠等. 清末海军史料. 北京：海洋出版社,1982：398.

③ 张之洞. 张之洞奏创办水陆师学堂折//张侠等. 清末海军史料. 北京：海洋出版社,1982：398.

④ 李鸿章. 请设海部兼筹海军(二月十三日)//台湾省银行经济研究室. 台湾文献史料丛刊第8辑. 李鸿章. 李文忠公选集. 台北：台湾大通书局,382-383.

⑤ 自1866年创办以来，福州船政学堂累计招收驾驶专业学生19届计247名，管轮专业学生14届计210名，其中有24人在毕业后被派往欧洲留学。

之前购置的"蚊船",其中所需的管驾、大副、二副、管理轮机和炮位人员等,"皆借材于闽省";①1888 年,北洋海军成军时,提督以下的总兵、副将和参将等要职,以及主力舰只的管带,也全部由船政局后学堂驾驶班第一、二、三届毕业生担任。再就是,在马江海战②、黄海海战③等海防斗争中,福州船政学堂的毕业生和留学生也发挥了重要作用。作为近代海防教育的旗舰,福州船政学堂"是为中国防海设军之始,亦即海军铸才设校之基",④直接带动了中国近代海防教育。这集中体现为,一批学习优异的毕业生和留学生,逐渐取代洋教习,开始在船政学堂执教。⑤ 以天津水师学堂为例:1880 年 8 月,在时任直隶总督兼北洋大臣的李鸿章的推动下,天津水师学堂成为继福建船政学堂之后,晚清政府创办的第二所海防人才培养机构,⑥成为北方最大的海防技术人才培养基地。其教习(后升任总办)的,即为福州船政学堂的首届毕业生严复。其后,又选调"后学堂"许兆箕等4 名学生直接充任天津水师学堂教习。江南水师学堂与广东水陆师学堂的创办,也都或多或少受惠于福州船政学堂在人力资源上的支持。福州船政学堂及其培养的毕业生,在清朝的海军造船技术、海军组建、海防斗争及海防教育等方面都发挥了重要作用。受惠于福建船政学堂的引领示范作用,中国近代海防人才培养逐渐走上正规化、学院制的发展道路。

同光之际对海防人才政策的实际执行,并非是"执行"朝廷政策的结果,恰恰是"变通"朝廷政策的结果。"咸同之后",地方督抚的权利逐步扩大,中央与地方之间,已经出现一种"外重内轻""分崩格局"的局面。这也致使部分实权在握的地方督抚根本不听从中央的安排,而是根据自身实际情况,自行开展地方活动。

---

① 李鸿章. 光绪六年七月十四日直隶总督李鸿章片//中国近代史资料丛刊. 洋务运动(第 1 册). 上海:上海人民出版社,1961:460-461.

② 1884 年,马江海战中,福建水师有 11 艘军舰参战,其主要将领大多是福州船政学堂的毕业生。

③ 1894 年,黄海海战的 12 名军舰的管带中也有 11 名毕业于福州船政学堂。

④ 张侠. 清末海军史料. 北京:海洋出版社,1982:430.

⑤ 魏瀚"兼通英文,熟悉轮机",因而兼充后学堂管轮教习;郑清濂"在洋肄习数年,学问尚优",因而兼充前学堂制造教习;蒋超英"系由学堂出身,并曾游历西洋,精通西学,熟谙驾驶",而被派到"澄庆"号练船作教习。

⑥ 光绪七年二月初六日,吴赞诚在上海《申报》刊登北洋水师学堂招生告示,并附学堂章程。学堂招收身家清白,身无废疾,文学清通,年龄在 13 岁～17 岁的青少年入学。学习年限 5 年。分驾驶、管轮两科。课程分堂课、船课两种。堂课 4 年,学习英文、地舆、图说、算术、几何、三角、驾驶诸法、测量、天象、重学、化学、格致等。船课 1 年,学习船上诸艺,有大炮、洋枪、刀剑、操法、药弹、上桅接线、用帆诸法等。学生毕业后可选派至英、法、德留学。学堂设于天津机器局附近,至光绪二十六年止,共毕业驾驶、管轮专业学生各 6 届,共 200 余人,均被吸收进北洋舰队。吴赞诚作为天津水师学堂首任总办,对学堂创设,招募学童,筹议聘用严复,购置训练船械等,做出了贡献。

福州船政学堂和天津水师学堂等新式学堂创办,即为其中一例。鸦片战争以来,中国社会发生了根本性变化。旧有传统体制逐渐无法满足社会变化所带来的新兴需求,这其实提出了一个变通旧有体制的迫切任务。在当时的历史条件下,最高决策者(实际上慈禧太后)缺乏相应的政治眼光、胆识和魄力去冲破顽固派的反对力量,更没有相应的政治智慧、视野和胸襟去主动变革旧有决策机制。不过,从海上驶来的坚船利炮而致的社会转型正在不断发生,由社会急剧转型而致的新兴需求不断涌现。针对日益严峻的海防形势,迫切需要培养适应近代海防斗争需要的新兴人才。这是历史发展的必然潮流,不会因清廷的腐败无能而自行消失。旧有中央体制对此找不到相应的政策突破口,自然而然会转向地方,转向地方督抚官员。同光之际,在最终决策阶段,清政府并未做出培养海防人才的政策安排。李鸿章、沈葆桢和丁日昌等却在并未得到朝廷明确的政策安排的前提下,自行做出了一种培养海防人才的政策设计与安排,自行自主"执行"了一套已经做出相应改变的政策内容与方案。

"咸同之后",清廷一直处于一个"地方权力"不断攀升的特定历史阶段。这犹如平衡木,"中央政府"权力的式微,清廷的实际控制力的下降,随之而至的是地方督抚决策权的上升。李鸿章、沈葆桢等开明官员由此可以不顾朝廷是否有相应的决策,而通过"变通政策",由地方自行决策,自主兴学,培养海防所需的人才。实践证明,创设福建船政学堂和天津水师学堂的,变通朝廷"偏选拔"的政策取向为"重培养"的政策导向,不失为培养新式海防人才的有效办法。"惟朝廷似不甚重其事,部臣复以寻常劳绩苛之"①,由于清政府的不重视,不支持,不扶持,使得海防人才培养的规模有限、进展缓慢,成效堪忧。与之相对,其他督抚对于培养海防人才,对于发展海防事业,则采取了一种消极应付、敷衍了事的态度,基本上无所作为。"特别在开办讲授西学学堂等方面,除非北京本身积极支持鼓励,否则各省官员很少有人采取行动。"②其时,对"培养海防人才"这一政策的实际执行,存在一种"政策变通"与"政策敷衍"并存的现象。

四、引进政策执行上的"选择执行"与"政策中止"

对于海防人才的引进,李鸿章认识到,俄美在水师的创建阶段,起先也是借

---

① 李鸿章.直隶总督李鸿章奏大治水师之根基折(光绪十一年七月初二日)//张晓华.中国近代战策辑要(下).北京:军事科学出版社,1993:391.

② 〔美〕费正清等.剑桥中国晚清史(上卷).中国社会科学院历史研究所编译室,译.北京:中国社会科学出版社,1985:330.

才英法。日本同样如此,采取了"法员创制、英员教练"①的策略。因此,清廷设立水师,也必须先学习"西国专门名家之学",②避免师心自用,才能真正实现"以其人之道还治其人"。要学习西方,一是采用"走出去"的策略,派遣学生出国学习,与此同时,还需要借助"请进来"的策略,引进域外人才。无论是引进外国教习,还是派遣学生出国学习,都是为了引智,都离不开人才的选取、人才的使用和人才的管理等基本问题。同光之际,清政府对引进政策的执行,实际上对自洋务运动起始的"借才异域"举措的延续。针对域外人才,在"选人""用人"和"管人"等方面,清政府采取了一系列措施,取得了一定的实效,也难免存在失当之处。而最令人惋惜的是,朝廷听从部分守旧官员的建议,撤回了留美幼童,出现了政策执行上典型的"政策中止"现象。由于篇幅的限制,本书将不再对其历史过程展开分析。

(一)引进人才的主要标准

"借才异国",必须"选用高才"。引进人才,就必须引进确有真实本领的干才,这是显然的道理。1875 年,候补同知直隶州知州薛福成分析说,尽管中国轮船一直以来"仿效西法,参用洋人",却"究未造其深际",根本原因在于,选用的洋人并非上等人选。③ 中国历史上曾有"巫臣教吴""武灵胡服"的事例,起初都是"借才异国",而最后"远出其上",最终大大超越了他们。由此,薛福成提出,不仅要借才异国,而且必须选用"洋将中有挟高才而愿游中国者"。④ 福建船政学堂作为海防人才培养的旗舰,对师资的引进,同样坚持"精通西学"的基本准则,通过"洋官保荐""驻外使馆官员在驻在国自行访定""本学堂毕业生和出洋归国留学生中挑选优秀者"等渠道选聘适用、适当、适合的教习人员。1876 年,时任船政督办的吴赞诚委托日意格在法国格致学堂延访教习时,提出人选必须是"淹通博雅,精于气学、重学、化学者"⑤。再如,1882 年 11 月,黎兆棠在选募管轮洋教

① 李鸿章.请设海部兼筹海军(二月十三日)//台湾省银行研究室.台湾文献史料丛刊第 8 辑.李鸿章.李文忠公选集.台北:台湾大通书局,382.

② 李鸿章.请设海部兼筹海军(二月十三日)//台湾省银行研究室.台湾文献史料丛刊第 8 辑.李鸿章.李文忠公选集.台北:台湾大通书局,382.

③ 薛福成.候补同知直隶州知州薛福成奏应诏陈言海防密议十条折(光绪元年)//张晓华.中国近代战策辑要(下).北京:军事科学出版社,1993:179.

④ 薛福成.候补同知直隶州知州薛福成奏应诏陈言海防密议十条折(光绪元年)//张晓华.中国近代战策辑要(下).北京:军事科学出版社,1993:179.

⑤ 吴赞诚.考校学生阅操各船饬募教习片(光绪二年六月初十日)//高时良,黄仁贤,陈元晖.中国近代教育史资料汇编——洋务运动时期教育.上海:上海教育出版社,1992:334.

习时,坚持"品学兼优,才技出色"①的用人标准。由于域外人才引进坚持了"才技精通""实有才学"的人才引进标准,所引进的人才在突破陈旧落后的思想观念,引入西学,引入西方科学技术方面发挥了重要作用,培养了一批技术人才、军事人才、教育人才和翻译人才。② 这批新兴人才对中国的工业、教育和军事的近代化发挥了不可忽视的作用,为经济建设、人才培养和国防建设带来了新气象。然而,相比海防建设滞后的严峻形势,相比海防人才匮乏的现实困境,其时对于域外人才引进的数量和质量都远不能满足现实需要。梁启超曾经毫不客气地批评洋教习,"半属无赖之工匠,不学之教士"③"国家岁废巨万之帑,而养无量数至粗极陋之西人"④,当时引进政策执行不力,由此可见一斑。

(二)引进人才的主要原则

使用域外人才,清政府明确提出,必须坚持"权自我操""用洋人而不为洋人所用"的原则。无论是训练水师、筹办水师学堂,还是购置军事装备,建设海军,其根本目的是抵御外侮,"不使受制于人",海军之权当然要操之于己。在成立"阿斯本舰队"时,即拟少用洋人,用"中国官为之总统",以防"太阿倒持之弊"。⑤因此,当阿斯本生了擅权的企图时,随即将其遣散。⑥ 从西洋引进的海防装备,自然是与西方科学技术紧密联系在一起的,也必须借材异域,聘用洋人教习。同

---

① 黎兆棠.光绪八年十月初三日(1882 年 11 月 13 日)船政大臣黎兆棠咨呈总理各国事务衙门//朱有瓛.中国近代学制史料(第一辑,上册).上海:华东师范大学出版社,1983:369.

② 比如,左宗棠就善于借才异域,法国精于制造,就聘请法国人担任工程师;英国精于驶船,就聘请英国人担任教员,取英法两国的特长,补自身的不足。从船局创办之初到 1905 年先后三批招用洋员,有名可查者达 81 人。这些人员包括监督、帮办、总监工、工程师、监工、厂首、匠首、工人、教师、职员、医生、翻译等。人数之多和涉及面之广,为其他军事工厂所罕有。尤其是在这 81 人中教师竟达 30 名,约占雇聘洋员的 40%。

③ 梁启超.学校余论//沈鹏、张品兴.梁启超全集(第 1 册).北京:北京出版社,1999:42.

④ 梁启超.论师范//沈鹏、张品兴.梁启超全集(第 1 册).北京:北京出版社,1999:29.

⑤ 奕䜣等.咸丰十一年五月三十日奕䜣等奏//贾桢等.筹办夷务始末(咸丰朝).北京:中华书局,1979:16.

⑥ 1879 年,晚清政府通过借材异域筹备海防,即有聘请赫德,由其总司南北洋海防的提议。薛福成在《上李傅相论赫德不宜总司海防书》中谈道:"夫赫德之为人,阴鸷而专利,恃势而自尊,虽食厚禄,受高职,其意仍内西人而外中国。彼既总司江海各关税务,利柄在其掌握,已有尾大不掉之势;若复授为总海防司,则中国兵权、饷权皆入赫德一人之手。且以南北洋大臣之尊,尚且划分界域,而赫德独综其全;南北洋所派监司大员,仅获衔会办,而赫德独管其政。彼将朝建一议,暮陈一策,以眩总理衙门。既借总理衙门之权牵制南北洋,复借南北洋海防之权牵制总理衙门,南北洋不能难也,总理衙门不敢违也。数年之后,恐赫德不复如今日之可驭矣!"这段话睿智地阐明了"饷权""兵权"均由外国人把控的极端危险性。由于多数人的反对,聘任赫德总司海防的提议由此作罢。

时,晚清政府又对人才引进持有一种审慎警惕的态度,这也是情理之中的事情。李鸿章对此有很清楚的认识:"至兵船将材,甫经创办,尤最难得。陆军宿将,强令巡海,固迁地勿能为良;即向带年江长龙艒板之楚将,不习海上风涛,向带红单艇船之粤将,又不习机器、测量理法,均未便轻以相委。故延西员教习学生,为培材根基,实目前不得已之计。"①以海军总教习为例,②中法战争爆发之后,正是用人之际,洋员却提出离职。类似的,早在咸丰年间,奕䜣即接受赫德的意见,认识到"至驾驶轮船之人""恐事急时,内地人不能熟习",主张"雇用未经换约各国人"③为我所用。但是,咸丰十年,正在急需将购置的外国轮船投入海防斗争之际,英领事忽将外国水手、舵手、炮手悉行撤回,不准为中国驾驶兵船。④ 可见,在洋教习的聘任这个问题上,坚持"权自我操"的原则,是十分必要的,而且,人才引进,始终只是权宜之计,关键在于培养自己的人才。

在当时的历史条件下,晚清政府必须依靠国外的力量,方能成军,这也是客观现实。1879年,就赫德向总理衙门呈递的《试办海防章程》,李鸿章复信总理衙门说,选派西人出任总海防司等名目,这是一个"急求制胜"的"不得已之办法"。可见,筹备海防的过程中,一方面,确实需要聘用洋人,但事关国家安全,似乎又不能完全依靠洋人,由此,始终存在既需要聘用,又不敢放手使用的尴尬局面。正如拉尔夫·尔·鲍威尔所言:"朝廷要设法在利用优越的西洋军事技术时,又避免了自己采取权宜之计准许外国军官指挥中国军队所能产生的危险。"⑤对此,清政府采取了一些因应的策略。比如,船政大臣黎兆棠就在制度上规定,所聘教习"除应授课程并衙门谕办各事外,不得干预别项事宜",除船政之外,不得"暗揽他事"。⑥ 而且,所聘教习"应受船政大臣节制,并应听稽查学堂委

---

① 李鸿章.请设海部兼筹海军(二月十三日)//台湾省银行研究室.台湾文献史料丛刊第8辑.李鸿章.李文忠公选集.台北:台湾大通书局.382.

② 据刘传标编纂的《中国近代海军职官表》,1874~1884年,先后聘任英国的德勒塞(1875年7月聘)、葛雷森(1880年夏聘,1882年11月解聘)、琅威理(1882年12月聘)担任总教习。1884年7月,中法战争爆发,英国政府保持中立,为避嫌,琅威理离职。1885年10月12日,成立中央海军机构海军衙门,所有水师系统归其节制,李鸿章致电琅威理回华复职。1886年再度来华,担任北洋水师总教习。

③ 奕䜣等.奕䜣等奏豫计购船炮价请饬各关分筹又驾驶拟用吕宋人折//宝鋆等.筹办夷务始末(同治朝).北京:中华书局,2008:127.

④ 奕䜣等.奕䜣等奏豫计购船炮价请饬各关分筹又驾驶拟用吕宋人折//宝鋆等.筹办夷务始末(同治朝).北京:中华书局,2008:127.

⑤ 〔美〕拉尔夫·尔·鲍威尔.1895—1912年中国军事力量的兴起//中华民国资料丛稿·译稿(第一辑).北京:中华书局,1978:24.

⑥ 黎兆棠.光绪八年十月初三日(1882年11月13日)船政大臣黎兆棠咨呈总理各国事务衙门//朱有瓛.中国近代学制史料(第一辑,上册).上海:华东师范大学出版社,1983:370.

员之谕,以外不准私自越逾干谒中国官长。"①

尽管清政府确立了"权自我操"的基本原则,但是,如何在办学实践中切实维护自身的教育主权,始终是一件非常重要而紧迫的任务。而且,随着教育近代化进程的加快,西方列强干涉中国教育的事件也日渐增多,形势日益恶化。引进域外人才担任新式学堂的教习,更是加大了外国列强借机干涉我国内政的危险。对此,一些有识之士开始思考维护教育主权的对策。比如,张之洞就提到:"向来学堂用洋员充总教习,往往多所干预,以揽我教育之权,不无流弊",②对此,张之洞主张:"各处学堂总教习,不宜轻假洋员。必不得已,亦宜订明归总办、监督等员节制,以限其权。"③事实上,在日本 1874 年侵吞台湾之后,随即又发生了中法战争、中日甲午战争,其后又有八国联军侵华战争,国家主权尚且日益遭受侵犯,更何况教育权。没有强大的国家实力,没有独立的主权,仅仅拘泥于教育自身的规章制度和因应策略,根本无法真正掌控教育自主权,无法真正做到"权自我操"。

(三)引进人才的管理制度

对于所引进的人才,明确其工作要求,规范其日常管理,是确保人才切实发挥其示范引领作用的基本措施之一。比如,船政学堂对所聘教习有严格的规章制度。吴赞诚通过制度规定,如果担任教导履职得力,三年限满之后,可以续聘;如果任职期间,不受节制,不守规矩,或者担任教导履职不得力,则不再续聘,仍其自行回撤。黎兆棠也强调,所聘教习"在工立限几年,限内应尽心认真教导各生徒,凡事宜勤慎守分"。④ 不仅有严格的制度规定,而且有严格的制度执行。1882 年,由日意格延聘的管轮教习理格就因"教授年余,未甚得力"而被遣令回国。而于 1880 年聘任为后学堂驾驶洋教习的邓罗(H. B. Taylor)则因教导认真负责,先后续聘四次,任教 11 年,不仅工薪逐步增加,而且获赏三品顶戴及二等宝星。

如前所述,清政府形成兴办新式学堂的朝廷政策之后,师资便成为亟待解决

---

① 黎兆棠. 光绪八年十月初三日(1882 年 11 月 13 日)船政大臣黎兆棠咨呈总理各国事务衙门∥朱有瓛. 中国近代学制史料(第一辑,上册). 上海:华东师范大学出版社,1983:370.

② 陈山榜. 张之洞教育文存. 北京:人民教育出版社,2008:428.

③ 陈山榜. 张之洞教育文存. 北京:人民教育出版社,2008:428.

④ 黎兆棠. 光绪八年十月初三日(1882 年 11 月 13 日)船政大臣黎兆棠咨呈总理各国事务衙门∥朱有瓛. 中国近代学制史料(第一辑,上册). 上海:华东师范大学出版社,1983:370.

的核心问题。困难在于,一是必须引进确有实学的人才。二是需要通过规范的制度建设,切实发挥所聘人才的作用。正所谓:"炮可购,惟人才难得。不独得才中国难,即选才西国亦难。昔英员琅威理为水师副提督,或曰良将也,有扼之者,以其不便于己,去之后,用洋员,其才逊,故其名皆不甚著。汉纳根特,陆军之将耳,以治水师,用违其长。东沟战事,易以马格禄,又未见其长。盖吾于彼中人才未能洞悉,往往费千万磅金钱,聘一寻常之洋员,不独无裨于时,且贻各国姗笑。"①这是说人才引进的难处,尤其是引进确有实学的人才的实际困难,比如,费尽周折引进的马格里,其实不过是一名军医,日意格则是一名法国水师军官,都不是真正适合从事枪炮制造或船舰驾驶的专门性人才,更谈不上是一流的专家队伍,甚至有滥竽充数之辈。不过,就整体而言,这些域外人才是比较称职的,基本做到了信守合同,遵守契约,尽职尽责,较好地履行了职责。从无到有的近代教育、拔地而起的军事企业、乘风破浪的船舰兵轮,其中都浸透着域外人才的辛勤汗水,也是其工作实绩的无声证言。

除此之外,如何合理使用这些引进的域外人才,同样是一个重要的课题。仅以琅威理辞职风波为例,琅威理在清政府聘用的众多洋员中表现最为突出,影响也最大,先后两次应聘来中国,对近代中国海防建设做出过重要贡献。但是,在北洋海军成立仅20个月之后,琅威理辞职而去,酿成中外关注的琅威理辞职风波。对于这一历史事件的过程、原因、后果等,历史学家们有过深入的分析,这里不再赘述。这里主要关注这一事件所折射出的如何使用域外人才的问题。

琅威理辞职一事,不仅使北洋海军失去了一位优秀的管理人才,而且,随后一些英籍洋员合同届满之后,清政府准备续聘,均被英国政府回绝。② 此后,清政府对英籍人才的引进陷入一个低谷。对于琅威理的辞职,既有管理制度和经济利益的原因,也有琅威理个人性格方面的原因,比如,缺乏管理者应具备的宽宏大量的品质,脾气暴躁,遇事不冷静,缺乏耐性等。③ 其中也有工作环境方面的原因。费正清在《剑桥中国晚清史》中就分析说:"有些中国的高级海军人员的特点是骄傲自大和尔虞我诈。福州船政学堂出身的高级军官与其他地区来的军

① 佚名.海军人才难得问答//沈云龙.近代中国史料丛刊第七十九辑,甘韩.皇朝经世文新编续集.台北:文海出版社,1966:1113-1114.
② 戚海莹.北洋海军与晚清海防建设——丁汝昌与北洋海军.济南:齐鲁书社,2012:235.
③ 戚海莹.北洋海军与晚清海防建设——丁汝昌与北洋海军.济南:齐鲁书社,2012:234.

官之间的关系十分紧张。有些高级军官对琅威理的非常宝贵的工作表示不满。"①琅威理则称这班人为"既愚昧、又嫉恨别人的人"。② 这种紧张的工作关系,还可以见诸 1890 年 7 月 4 日上海《北华捷报》发表的社论《中国和她的外国雇员》:"外国军官除非不愿尽忠守职,并愿同中国军官同流合污,否则就会受到妒嫉、阴谋与排挤"。③ 8 月 15 日,该社又发表了第三篇社论《琅提督的辞职》,认为当丁汝昌离开香港远赴南海时,"一部分军官已预先安排好将琅赶走"④,并说:"有如此一位廉洁负责的外国军官在此等地位,自然难使中国军官觉得高兴。"⑤出于严格管理,琅威理时常对水师拖沓的办事方式感到厌恶,对水师补给品不能正常供应感到不耐烦等,⑥这些对推动海军建设其实是必要的。造成彼此工作关系紧张的局面,琅威理自身也有很多过失,也有个人性格方面的原因,比如,颐指气使的态度使一些海防将领难以接受,很难与之共事。⑦ 但是,从大局出发,出于国家海防安全建设需要的考量,中方海防将领似乎应该保持更高的克制与容忍。

中日甲午战争后,来远舰帮带大副张哲溁总结海战失利教训时说:"前琅威理来军时,日夜操练,士卒欲求离舰甚难。是琅精神所及,人无敢差错者。自琅去后,渐放渐松,将士纷纷移眷,晚间住岸者,一船有半。"⑧"平日操演炮靶、雷靶,惟船动而靶不动,兵勇练惯,及临敌时命中自难。"⑨并指出:"号令不严。平时旗号、灯号,多有迟久不应。一令既出,亦多催至再三,方能应命。用之已惯,及有事之秋,难免无缓应机宜之病。"⑩更为严重的是,为舰队"所制之弹,有大小不合炮膛者;有铁质不佳,弹面皆孔,难保其未出口不先炸者。即引信拉火,亦多有不过引者。临阵之时,一遇此等军火,则为害实非浅鲜。"⑪按照政策执行的思

————————

　　① 〔美〕费正清等.剑桥中国晚清史(上卷).中国社会科学院历史研究所编译室,译.北京:中国社会科学出版社,1985:213.
　　② 〔美〕费正清等.剑桥中国晚清史(上卷).中国社会科学院历史研究所编译室,译.北京:中国社会科学出版社,1985:213.
　　③ 姜鸣.中国近代海军史事日志(1860—1911).北京:生活·读书·新知三联书店,1994:173.
　　④ 姜鸣.中国近代海军史事日志(1860—1911).北京:生活·读书·新知三联书店,1994:173.
　　⑤ 姜鸣.中国近代海军史事日志(1860—1911).北京:生活·读书·新知三联书店,1994:173.
　　⑥ 戚海莹.北洋海军与晚清海防建设——丁汝昌与北洋海军.济南:齐鲁书社,2012:234.
　　⑦ 戚海莹.北洋海军与晚清海防建设——丁汝昌与北洋海军.济南:齐鲁书社,2012:234.
　　⑧ 陈旭麓.甲午中日战争(下).上海:上海人民出版社,1982:398-399.
　　⑨ 陈旭麓.甲午中日战争(下).上海:上海人民出版社,1982:398-399.
　　⑩ 陈旭麓.甲午中日战争(下).上海:上海人民出版社,1982:398-399.
　　⑪ 陈旭麓.甲午中日战争(下).上海:上海人民出版社,1982:404.

想观念,这些中国将士,对朝廷政策,采取了一种典型的"选择执行"态度,凡有利于私己、有利于肥己的,就执行,否则,则采取听之任之的态度,不予执行,出现一种"上有政策、下有对策"的现象。正如时人所感叹的:"今兵轮管驾统领半皆滥竽充数,未尝练习技能。祇因谄媚之工,势力之大,遂得此优差。月额数十百金,酒地花天,自顾娱乐。问其战车之法,则曰:'此时尚在太平,不必讲也。'问其驾船诸技,则曰:'自有管理西人,可不习也。'终日举止高扬,徽倖优游,贪图保举,弁既然,兵勇亦然。即使平日训练,放鎗无非虚行故事,以此等人溷厕其际,而欲有济戎行,尚可得乎?"①

　　对比辞职前后情形,琅威理确实在很多方面具备海防军官应有的优秀品质。出于海防建设的现实需要,严格管理,这是完全正确的。在此期间,上海《北华捷报》还发表了四封读者来信,其中一封署名"老震旦",据说出自琅威理之手,信中称:"中国以后还会请他国之人帮忙,但亦将无助于中国。中国的战舰不久将变成破铜烂铁,中国的水兵变成漫散无纪的流氓。"②北洋海军后来的实际表现,虽并非完全如同琅威理的夸张之辞,却也好不到哪里去。

　　虽然清政府花大气力引进了域外人才,但是,由于没有创设相应的工作环境,也没有建立相应的管理制度,没能切实发挥域外人才的实际作用。琅威理辞职仅仅4年之后,北洋海军一战而几乎全军覆没。对此,时人不禁感慨:"中日初立海军之始,掌其教者,皆英人也。乃一以琅威理而败,一以婴格尔筛而胜。非教之法不同也。法同而有守法与不守法之殊,教同而有受教与不受教之别。"③

---

① 陈墓蒋菊人.海防撮要论.益闻录,1887(659):200.

② 姜鸣.中国近代海军史事日志(1860—1911).北京:生活·读书·新知三联书店,1994:173.

③ 王树楠.兵事篇//清朝续文献通考(第227卷).兵考·海军.杭州:浙江古籍出版社,2000:9729.

第五章　海权人才观的当代建构

自 1874 年海防讨论算起,至 1894 年中日甲午战争,同光之际海防人才政策经历了从朝野讨论、朝廷决策、政策执行和政策调整,再到政策的再执行等环节,整整走过了 20 年时间。其中难免存在历史的失误与教训,当然也不乏经验与智慧,值得当代海权教育工作者警醒、警觉。应该承认,20 年间,清政府的海上防务始终面临着来自西方国家与邻国日本的严峻挑战,存在不得不加强海防建设的现实压力。清廷当时的最高决策者,迫于海上安全的危险与挑衅,被动应对历史发展的客观要求,采取了一系列被动性、应急性、防御性的措施,海防建设也取得了一些成效,虽然总体上收效甚微。一切历史都是融入新的时代要求的"思想史",是融入新的思想观念的"当代史"。分析以往的历史,绝不是"为历史而历史"的书斋式的寻章摘句,而是为了借鉴历史,汲取历史的经验与教训,更好地服务于当代社会生活。

笔者深入分析同光之际海防人才政策,同样是为了"以史为鉴",以历史为一面镜子,从中吸取海防人才建设的历史教训,总结海防人才建设的历史经验,汲取海防人才建设的历史智慧,以期为当代海权人才建设提出具有现实意义的思想主张。

一、历史的教训与启示

中日甲午海战之后,基于朝野上下"重振海军"的呼声,清政府再次将海防筹备提到议事日程。当时,许多人想到了 10 年前辞职离华的前北洋海军总查琅威理,希望他可以受聘来华,重整海军。时过境迁,未能如愿。但琅威理提交了一份条陈,就重整海军论述了个人见解,其中谈及的,同样不外乎决策与执行,一是要充分认识海军的战略地位,做出相应的政策决策,二是持久的政策执行。他反复强调:"中国整理海军,必先有一不拔之基,以垂久远,立定主意,一气贯注到底,不至朝令夕更。"[1]"设立海军,当先定主意,或志在自守,或志在复仇,主意一

---

① 琅威理.前北洋水师总兵琅威理条陈(节略)//张侠.清末海军史料.北京:海洋出版社,1982:789.

定,即不可移易。"①纵观海防人才政策的思想讨论过程,沿海沿江对于"为什么要重视海防人才""需要什么样的海防人才""如何解决海防人才"等议题都提出了许多合理的意见与建议。虽然决策过程中还存在这样或那样的问题,但从整体上来看,基本抓住了海防人才的关键问题,不乏其科学性与合理性因素,甚至在一定程度上可谓意美法良。一分决策,十分执行。而且,重在落实,重在执行。而清政府的弊政恰恰置于纪纲不饬,法令不行,名实不副,心志不齐。对于海防政策,一旦形成决议之后,剩下的就是"勿忽近功,勿惜重费,精心果力,历久不懈,百折不回",唯有如此,才可能实现"人才渐进,制造渐精",真正做到"能守",也"能战"。② 然而,在政策执行的过程中,中国传统社会"有名无实""有始无终"的痼疾,一再泛滥,致使政策执行的实际收效甚微。经过了 20 多年的选拔、培养和引进实践,海防用人方面的诸多弊政,仍然没有得到根本性的解决。

　　一是,在"知"与"行"的关系问题上,具体到海权建设方面,既要发展"治海之知",也要落实到"治海之行"。比如,1874 年 11 月,恭亲王奕䜣代表总理各国事务衙门所呈《海防亟宜切筹将紧要应办事宜撮叙数条请饬详议折》奏折说道,自"庚申之衅"以来,即自 1860 年第二次鸦片战争以来,面对历次海防斗争失败的惨痛教训,朝野决心痛改以往"姑事羁縻"的积弊,力求上下振作,认真讲求海防,其时,可谓人人有"自强之心",人人为"自强之言",然而,却并无"自强之实。"③实际上,第二次鸦片战争前后,咸丰皇帝在上下讨论的基础上,围绕"练兵""裕饷""习机器""制轮船"等,制定了相应的海防政策。应该说,在当时的备战水平上,"知"的问题,已经得到了基本的解决。但是,在"行"的方面,各地官员,都以各种理由敷衍,都不愿意花费力气推进海防建设。十多年过去了,一旦中日发生海上冲突,临时筹防,却陷入一种"措手已多不及"的被动局面,究其原因,根本在于制订的海防政策并没有落到实处。最终变为泛泛而谈,变成空中楼阁,甚至是一纸空文。自同治六年到同治十三年(1867—1874 年),虽然晚清政府同意了李鸿章等朝廷重臣提出的创建近代海军的主张,但是,筹建海军的实际进展却一直十分缓慢。

　　类似的问题何尝不是一犯再犯,一错再错。同光之际筹备海防之时,沿海沿

―――――――――

　　①　琅威理. 前北洋水师总兵琅威理条陈(节略)//张侠. 清末海军史料. 北京:海洋出版社,1982:789.
　　②　李鸿章. 大学士直隶总督李鸿章奏议覆总理各国事务衙门详议海防折//宝鋆等. 筹办夷务始末(同治朝). 北京:中华书局,2008:4000.
　　③　奕䜣等. 海防亟宜切筹将紧要应办事宜撮叙数条请饬详议折//宝鋆等. 筹办夷务始末(同治朝).北京:中华书局,2008:3951.

江督抚,对于如何切实执行海防政策,同样反复强调,不乏真知灼见。比如,文彬基于"政贵有恒,方能持久"的古训,对"朝换一医,暮更一方"提出了尖锐的批评。① 李鸿章也不乏"若再因循不办,或旋作旋辍,后患殆不忍言"②的良苦用心。然而,"知"是一回事,"行"又是另一回事。思想认识上,知道"事既不能不办,办即不能中止"③。而在实际做法上,无论是创办水师学堂,还是派遣学生出洋,实行一段时间之后,即告中止。在"知"的问题上,已经认识到必须"同心共济,始终不懈"④,必须"以坚定之志,勿存私见,勿生惰心,平时则竭力讲求,遇事尤须和衷商摧"⑤,落实到"行"上,在政策的实际执行过程中,与以往弊政如出一辙,"歧于意见,致多阻格者有之""绌于经费,未能扩充者有之"⑥,最终,要么"误于局中之怠忽",要么"误于局外之阻挠"⑦,落得个半途而废。总之,"同心少"而"异议多","切要之经营,移时视为恒泛"⑧,起初确定的切要措施,随着时间的推移,慢慢变得懈怠,进而松弛。正如杨昌濬分析说:"西人作事,不精不已,不成不置,其坚忍之性,殆非中国之所及,亦非中国所不能行。"⑨如此等等,不一而足。

二是,在"思想"与"政策"的关系问题上,具体到海权建设方面,既要采纳"治海之言",广泛听取建言、意见与建议,更要落到"治海之策"和"治海之制",要有具体的政策、措施,同时要有相应的制度、章程、规则。反思晚清历史,筹备海防,缺乏的并不是"治海之言",而是"治海之制"。胡燏棻曾反思说:"今中国土地之广,人民之众,物产之饶,为泰西各国所未有。办理洋务以来,于今五十年矣,如

---

① 文彬. 署山东巡抚漕运总督文彬奏议覆总理衙门练兵简器造船等办法折//宝鋆等. 筹办夷务始末(同治朝). 北京:中华书局,2008:3964.

② 李鸿章. 大学士直隶总督李鸿章奏议覆总理各国事务衙门详议海防折//宝鋆等. 筹办夷务始末(同治朝). 北京:中华书局,2008:4000.

③ 杨昌濬. 浙江巡抚杨昌濬奏议覆总理各国事务衙门详议海防折//宝鋆等. 筹办夷务始末(同治朝). 北京:中华书局,2008:4007.

④ 杨昌濬. 浙江巡抚杨昌濬奏议覆总理各国事务衙门详议海防折//宝鋆等. 筹办夷务始末(同治朝). 北京:中华书局,2008:4007.

⑤ 文彬. 署山东巡抚漕运总督文彬奏议覆总理衙门练兵简器造船等办法折//宝鋆等. 筹办夷务始末(同治朝). 北京:中华书局,2008:3964.

⑥ 奕䜣等. 海防亟宜切筹将紧要应办事宜撮叙数条请饬详议折//宝鋆等. 筹办夷务始末(同治朝). 北京:中华书局,2008:3951.

⑦ 李瀚章. 湖广总督李瀚章奏议覆总理各国事务衙门详议海防折//宝鋆等. 筹办夷务始末(同治朝). 北京:中华书局,2008:4038.

⑧ 奕䜣等. 海防亟宜切筹将紧要应办事宜撮叙数条请饬详议折//宝鋆等. 筹办夷务始末(同治朝). 北京:中华书局,2008:3951.

⑨ 杨昌濬. 浙江巡抚杨昌濬奏议覆总理各国事务衙门详议海防折//宝鋆等. 筹办夷务始末(同治朝). 北京:中华书局,2008:4007.

同文方言馆、船政制造局、水师武学堂,凡富强之计,何尝不一一仿行。而迁地弗良,每有淮橘为枳之叹。"①其实,筹备海防,根本问题在于制度建设。为此,必须"慎始",在一开始,就建章立制,将海防政策与策略,以制度的形式规范起来,并长期不折不扣的予以执行,日久必见成效。正所谓,"天下事惟慎于其始,而后能为继则可久。"②反观晚清海防建设的历史,其规则制度的建设长期滞后。比如,《北洋海军章程》也是到了1888年才得以颁布,而其时距离1840年第一次鸦片战争,已近50年。由于缺乏制度建设,缺乏用制度管人,缺乏用制度管事,晚清海防一再被动,处处挨打。拉尔夫·尔·鲍威尔分析说,晚清政府应对海防危机的一系列失败,"一部分可以用指挥权不集中,缺乏专业化,训练不充分,缺乏现代武器等来解释;而最重要的则不仅军事系统,即使文官的衙门也存在着彻头彻尾的腐败。"③相比西方而言,"其心志和而齐""其法制简而严""其取人必课实用""其任事者无欺诳侵渔之习"。④ 两江总督李宗羲分析说,"自古觇国势者,在人材之盛衰,而不在财用之赢绌;在政事之得失,而不在兵力之强弱",⑤诚哉斯言! 加强制度建设,用制度管人,用制度管事,同样是当代海权人才队伍建设必须面对的重要议题。

三是,在"器"与"人"的关系问题上,具体到海权建设方面,既要发展"治海之器",更要培养"治海之人",其中的关键在于人才。当今时代,科学技术飞速发展,维护海权的武器装备现代化的进程不断加快,由此,对海防人才的素质要求则显著增强了。这需要合理处理"海防装备"与"海防人才"的关系,在重视海防装备现代化的同时,更要重视海防人才的现代化。这一点,在新的历史条件下,必须坚持,不能懈怠。

无论是就思想观念问题,还是在政策的决策、执行与调整阶段,"用人"始终处于基础性地位,发挥着根本性的作用。以往筹备海防的实践反复表明,"人"为"根本",其余为"末节"。只有立了根本,才可能繁荣枝叶。"根本"不立,"枝叶"

① 胡燏棻.上变法自强条陈疏//郑振铎.晚清文选.北京:中国人民大学出版社,2012:409.
② 王文韶.湖南巡抚王文韶奏议覆总理各国事务衙门详议海防折//宝鋆等.筹办夷务始末(同治朝).北京:中华书局,2008:4021-4022.
③ 〔美〕拉尔夫·尔·鲍威尔.1895—1912年中国军事力量的兴起//中华民国资料丛稿·译稿(第一辑).北京:中华书局,1978:29.
④ 李宗羲.两江总督李宗羲奏议覆总理各国事务衙门详议海防折//宝鋆等.筹办夷务始末(同治朝).北京:中华书局,2008:4028.
⑤ 李宗羲.两江总督李宗羲奏议覆总理各国事务衙门详议海防折//宝鋆等.筹办夷务始末(同治朝).北京:中华书局,2008:4028.

无从生发。1840年5月,时任台湾道的姚莹有感于晚清旧式军队明显落后于西方的现实,提出"简练舟师,选择将帅,修葺战舰攻具,以御其外"①,同时意识到,武器的更新,装备的改进,战略的谋划,战术的运用,其中的关键仍在"将帅得人"。与之类似,1843年2月,李湘棻针对防务发表看法:"夷人船坚炮利,人与船习,运掉灵敏,内地现在水师,固难与之角胜,即赶造大船大炮,尚须督兵演驾,非一二年不能精熟。以我所短,当彼所长,虽有制胜之具,难操必胜之权。"②李湘棻反对的并不是"赶造大船大炮",而是清醒地认识到,纵有"制胜之具",尚需"操演之人"。相对而言,"船炮"是"末节",而"人才"则是"根本"。即便造大船大炮,备有"制胜之具",中国水师一时也难以与英军在海上一争高下。因为这种做法只重视了"末节",而没有抓住"根本"。

从"器"的角度而言,海防建设固然离不开坚船、巨舰和快艇等海防装备。中日甲午战争之前,清政府从英国购置了"海琛""海济"等快舰,从德国购置了"海容""海镇""海胜"等快船,又从德国购置了"海龙""海鸟""海鲸"等水雷艇。清政府已经建立起了一支不容轻视的海军力量,尤其是北洋海军,赢得了不少好评。中日战争爆发之前,不少西方人士认为中国在海上力量具有优势,海军的数量和威力都超过日本。"德国参谋本部认为日本不可能取胜。在路透社的一篇访问记中,琅威理预言日本必败。琅威理认为中国的海军受过良好的训练,舰只合格,炮火至少是猛烈的,而且海岸要塞很强大。他说,威海卫是不可攻破的。"③虽然琅威理也强调,一切还得取决于中国部队的领导如何,但他相信,毫无疑问的是,日本最后必然被彻底粉碎。然而,中日海上对决的最终结果如何,已是路人皆知,不再赘言。

诚然,"器者,末也,犹病之有药也。"④一方面,治病确实离不开药,另一方面,要先有"治病之人",观察病之或为温,或为凉,或宜攻,或宜补,然后可以用"药"。否则,虽有参苓等珍贵药材,如果不能对症,也不可能见效。同样,"欲国之强,而徒知以整顿海军为事,造极大之舰,购至快之船,以为能如是,始足令国

---

① 姚莹.台湾道姚莹覆邓制府言夷务书(道光二十年五月十二日).见张晓华,主编.中国近代战策辑要.北京:军事科学出版社,1993:10.

② 李湘棻.筹议江防添铸炮位折//文庆等.筹办夷务始末(道光朝).北京:中华书局,1964:2564-2565.

③ 〔美〕费正清等.剑桥中国晚清史(上卷).中国社会科学院历史研究所编译室,译.北京:中国社会科学出版社,1985:221.

④ 佚名.海军需材论//沈云龙.近代中国史料丛刊第七十七辑,何良栋.皇朝经世文四编.台北:文海出版社,1966:628.

之强矣,是不啻治病者,不求良医,但求良药。虽感风寒微疾,亦乌足以令厥,疾之瘳。盖愈病者,药,而所以能使药之愈病者,人;敌人者,器,而所以使器之制敌者,人。"①可见,海防建设的关键,始终在于人,在于专门性的海防人才。面对甲午战争惨败,人们再次将目光从"器"转向了"人",去分析海防人才方面的成败得失,正所谓:"中国此时,不难在水师战船,难在水师将领。秉国者苟知此意,先于水师武备学堂中培植人材,选择将帅,然后振兴海军,则海军方始有用。今试问中国水师武备学堂中能知风涛险恶有几人乎? 能统测量沙线者有几人乎? 能统领水师不愧为将才者有几人乎? 不致意乎此,而徒以整顿海军为名,是舍本而逐其末也。"②这是对历史的发问,而对于当代海权人才,同样振聋发聩。铭记历史,在注重"器"的同时,真正体现以人为本的思想,突出"人"的地位与作用。

诚如李宗羲所言:"惟持久之道,在于得人。若练兵、简器、造船、筹饷诸大政,万一不得其人,无论章程如何美备,条目如何精详,一入急切营私之手,势必颠倒舞弊,尽坏立法之初意,又安望其持久哉? 故用人一条,尤为万事之根本。"③通过建章立制,发展完善海防筹备的章程、规划、制度,完备所谓的"治海之法",这固然重要,然而,制度的组织、执行、实施,在根本上都有赖于人,即所谓的"治海之人"。著名历史学家罗尔纲曾分析甲午海战时说:"在海军官佐方面,其不贤者则蔑视主将,排挤贤良,置章制若弁髦,视纪律若具文,故遂致有可行之法,而无行法之人。在朝官方面,有事则张皇灭裂,无事则因循泄沓,目光如豆,不知国际情势为何物,徒以为衙门立,章制定,海军的能事已尽,何必再循名而责实。其甚者如翁同龢等人因与李鸿章有门户之见,且不惜扼李之肘,以国事殉门户者。遂致有绝妙之言,而断无践言之事。"④可见,相比"治海之法"而言,更重要的是要有"治海之人"。这对于当代海权人才建设,仍然管用,仍然值得警醒。"决定战争胜负的是人而不是武器,无论武器装备发展到什么程度,人在战争中的作用始终是第一位的,任何时候都不能见物不见人。"⑤确实,"在现代战争条

---

① 佚名.海军需材论//沈云龙.近代中国史料丛刊第七十七辑,何良栋.皇朝经世文四编.台北:文海出版社,1966:629.

② 佚名.海军需材论//沈云龙.近代中国史料丛刊第七十七辑,何良栋.皇朝经世文四编.台北:文海出版社,1966:629.

③ 李宗羲.两江总督李宗羲奏议覆总理各国事务衙门详议海防折//宝鋆等.筹办夷务始末(同治朝).北京:中华书局,2008:4025-4026.

④ 罗尔纲.晚清兵志·海军志.北京:中华书局,1997:20-21.

⑤ 江泽民.江泽民文选(第2卷).北京:人民出版社,2006:88.

件下，绝不能忽视人的因素"。① 只有"人"才能充分发挥"器"的作用。"宁肯让人才等装备，也不能让装备等人才。"②没有人才，光有武器，根本无法发挥其战争效用。

清政府当时在《北洋海军章程》中规定，总兵以下各级各类官员，必须"终年住船"，不准建衙署，不准建公馆。琅威理治理水师时，北洋海军，纪律严明，训练勤勉，对《北洋海军章程》的执行也比较到位。既得"治海之法"，又得"治海之人"，海防建设就得到了有效推动。随后，琅威理离职，既失"治海之人"，纵有"治海之法"，也不过一纸空文。"琅威理去，操练尽弛。自左右翼总兵以下，争挈眷陆居，军士去船以嬉"；③提督丁汝昌则在海军公所所在地刘公岛盖铺屋，出租给各将领居住，以致"夜间住岸者，一船有半"。各管带也在基地及附近兴建私宅，携妻妾而居，"海军军官生活大多奢侈浮华，嫖赌乃常事，刘公岛上（北洋水师基地）赌馆、烟馆、妓院林立达七十多家"。④《北洋海军章程》规定不得酗酒聚赌，违者严惩。但"定远舰"水兵在管带室门口赌博，却无人过问；甚至提督也侧身其间："琅君既去，有某西人偶登其船，见海军提督正与巡兵团同坐斗竹牌也。""每北洋封冻，海军岁例巡南洋，率淫赌于香港、上海，识者早忧之。"⑤《北洋海军章程》规定的管理制度与保养条例，也形同虚设。特别是实行行船公费管带包干，节余归己的管理办法之后，各船管带平时为了节省费用以肥己，更是敷衍应付，很少进行真正的保养维修。北洋海军甚至以军舰走私贩运，搭载旅客，为各衙门赚取银两。在这种风气下，舰队内部投亲攀友，结党营私。可见，并非没有"治海之法"，缺乏的是执行"治海之法"的人才，缺乏的是真正的"治海之人"，致使《北洋海军章程》形同虚设，海军部队纪律松弛，丧失了战斗能力。日本副岛种臣曾扬言说："中国之积习，往往有可行之法，而绝无行法之人，有绝妙之言，而断无践言之事。先是以法人之变，水军一旦灰烬，故自视怀惭，以为中国特海战未如人耳，若陆战固不畏尔犬羊也。于是张皇其辞，奏设海军衙门，脱胎西法，订立海军官名及一切章程，条分缕析，无微不至，无善不备，如是而中国海军之事亦既毕

① 江泽民.江泽民文选(第1卷).北京：人民出版社，2006：144.
② 江泽民.江泽民文选(第2卷).北京：人民出版社，2006：612.
③ 姚锡光.东方兵事记略.北京：中华书局，2010：88.
④ 李锡亭.清末海军见闻录(节录)//中国近代史资料丛刊续编.中日战争(第6册).北京：中华书局，1993：22.
⑤ 姚锡光.东方兵事记略.北京：中华书局，2010：88.

矣。彼止贪虚其有名,岂必实征其效哉! 又何曾有欲与我日本争衡于东海之志哉!"①不想,竟一语成谶! 至今读来,仍让人唏嘘不已!

二、从"海防"走向"海权"

古代中国受"重陆轻海"传统思维的拘束,缺乏相应的海权思想。相对富庶的中华大地对海洋价值的利用,主要限于"渔盐之利"与"舟楫之便",而并未将其视为通往世界、联系世界的"海上通道",并未将其视为军事战略基地,更没有以"海"控制敌国海岸的战略思维,没有维护海上贸易的权利意识。明朝为抗击倭寇,主要采取"禁海"政策,以"陆"为疆界,抵御来自海上的劲敌。清朝前期,为防流落海外的晚明政权,清政府沿用了明朝以来的"海禁"政策。1840 年以来,为应对来自海上的坚船利炮,清政府被迫加重海防建设。自 1840 第一次鸦片战争年至 1894 年中日甲午战争,虽已有《海防新论》和《海战新义》等国外海防思想的"东渐",但晚清政府仍采取一种"以海防陆"到"陆海兼防"的"海防策略",即以"海域"为疆界,以"岸线"为屏障,抵御外敌对"陆域"的侵占。同光之际制定的海防人才政策,同样出于一种"海防"的思想与策略,而非出于真正意义上的"海权"主张。

1900 年 3 月,《亚东时报》以"海上权力要素论"为题,连载了马汉《海权对历史的影响》第一章的部分内容。② 马汉"海权论"进入东方视野,主要出自日本。之后,留日学生齐熙由日文转译《海上权力之要素》,逐渐传入中国。马汉认为,海洋是世界的财富,出于维护海上商业利益的目的,必须加强海上军事控制。为保障海上利益,就需要建立强大的海军。经历中日甲午战争之后,中国社会上下开始关注马汉的理论,并逐渐认识到,朝廷建设海上力量,不仅出于维护海防安全的需要,即不仅要维护以"海"为线的陆域的安全,还需要维护本国的海洋利益,即海洋权益。1903 年,梁启超在日本横滨出版的中文刊物《新民丛报》上,发表了《论太平洋海权及中国前途》一文。马汉的"海权论"给国内以往持有一种"海防"观念的人一种强烈的思想震撼。梁启超文中谈到,"所谓帝国主义者,语其实则商国主义也。商业势力之消长,实与海上权力之兴败为缘,故欲伸国力于世界,必以争海权为第一意。"③

---

① 吴剑华. 日本议院论中国创设海军事//沈云龙. 近代中国史料丛刊第七十六辑,陈忠倚. 皇朝经世文三编(第 46 卷). 台北:文海出版社,1966;732.

② 王宏斌. 晚清海防:思想与制度研究. 北京:商务印书馆,2005;242.

③ 梁启超. 论太平洋海权及中国前途. 新民丛报,第 26 号,1903.

20 世纪第一大问题,即太平洋的海权问题。1905 年,《华北杂志》第九卷,刊载了一篇题为《论海权》的文章,该文作者提出:"海外之殖民地,旅外之侨民,国际贸易之商业,往来运转之商船,皆恃海军以托命。"①作者意识到,马汉的理论有其合理性,有其政治意义,对于国家而言,海权的根本在于海军。在马汉"海权论"的影响下,时人将国家的强弱与海权力量相联系,认为海权的大小,将最终影响国家的兴衰,"夫权者,无形之物业,视国力之强弱而已。力强则权大,力弱则权小,此一定之势,实无可争。所争者要在其修国政自立耳。国政修则国权盛,而海权乃属推其权也。"②反思中日甲午战争失败的惨痛教训,当时的先进知识分子联想到马汉的"海权论",认为清朝海军失败的重要原因之一,在于缺乏制海权。"大东沟战败后,我残余各舰嗣是蛰居威海卫,不敢与之争锋,黄海之权遂完全落入日本之手。"③清廷自行放弃制海权,兵败日本也在情理之中,令人痛惜。确实,"善谋国者,应以敌之沿岸为第一道防御线,公海为第二道防御线,至于自国之沿岸则第三道防御线矣。战争而至于自国之海岸要塞为防壁,则公海之海权必完全落入敌人之手,其迫促之情可想。稽之战纪,几见有仅凭海岸要塞抗敌而能固吾圉乎?"④受到马汉"海权论"思想的影响,该文作者彻底的改造了以往的海口防御战略思想,比之前已论及的《海防新论》中的"海防中策",具有明显的思想进步。而且,维护海洋权益,提出"敌国沿岸""公海"和"本国沿岸"三道海权防御战线,具有显著的创新性。清政府一直采用"以海防陆"的战略思想,津津乐道于防御海口,以免陆域受到侵扰,殊不知如此做法的后果是,一旦爆发海上危机,不仅保护不了自己的海上权益,更无法保护陆域的安全。基于"敌国沿岸""公海"和"本国沿岸"三道防线,将海权战略延伸到敌国的口岸,一旦爆发海上危机,起先可以在敌国的本土开展,纵使不济,还可退至公海,危机到达本土,则是遭遇前两道防线失败之后的事情,这将为本土战备提供了相对宽裕的战备时间和预警空间。只有实行马汉的"海权论",实行远洋海权战略,始终主动掌握制海权,方可为争取海权争端的最终胜利赢得时间和空间。

马汉的"海权论"起先只是在知识分子中间传播,并产生了巨大的反响,随即逐渐为朝廷官员所接受。例如,1907 年 5 月,姚锡光受命拟制海军复兴规划时,在《筹海军刍议》序中说:"今天下,一海权争兢剧烈之场耳。古称有海防而无海

① 海军司令部编.近代中国海军.北京:海潮出版社,1994:1126.
② 海军司令部编.近代中国海军.北京:海潮出版社,1994:1126.
③ 中国近代史学会编.中日战争.上海:新知识出版社,1956:74.
④ 中国近代史学会编.中日战争(第六册).上海:新知识出版社,1956:74.

战，今寰球既达，不能长驱远海，即无能控扼近洋。……盖海权者，我所固有之物也，彼虽束我，焉能禁我之治海军？"①姚锡光意识到，如果缺失海权，不但不能控制深海远洋，近海权益也无法保证，陆域安全更谈不上。在《拟就现有兵轮暂编江海经制舰队说帖》中，姚锡光还谈道："海军与陆军相表里，我国海疆袤延七省，苟无海军控制，则海权坐失，将陆军亦运掉不灵。"②没有海上防卫的安全，在本质上也就谈不上陆疆的防务安全。与以往的历史教训如出一辙，朝野上下，从来不缺乏针砭时弊的中肯意见与建议，而腐败无能、没落腐朽的清政府对这些先进的海权战略思想，根本充耳不闻，始终没有引起应有的重视。

近代中国虽是一个海洋大国，却一直没有强大的海军，更没有产生过控制海洋的观念。在建设海洋强国的今天，当代中国虽然具有 1.8 万千米的海岸线和 300 万平方千米的海域权益主张，具有相应的国际公海的权益，具有切实的海洋权益主张，但仍不是一个真正的海洋强国。我国与周边国家在黄海、东海、钓鱼岛、南沙群岛等地存在着日趋激烈的海洋权益争端。近海是我国战略利益的核心地区，而重要的海洋利益发展还在于远海。"以史为鉴，可以知兴替。"没有海权的大国是没有未来的。这迫切需要真正从"海防"走向"海权"，改变以往片面的"海防"思想，旗帜鲜明地提出自身的"海权"主张，运用"制海权"思想推进自身的维权能力建设，从"近岸防御"走向"近海防御"，继而从海岸走向浅海，从"浅蓝"走向"深蓝"，从"黄海"走向"蓝海"，从远海走向深海，从远海走向大洋。海权关乎中国的未来发展，而强大的海权有赖于强大的海军，有赖于精尖的海权人才队伍。

三、当代海权人才观的基本要素

无论筹备海防，还是维护海权，人才始终是第一要务，这不仅源于同光之际海防人才政策的上下讨论，更是对整个晚清时期筹备海防的经验教训的深刻反思，历史经验的总结。分析同光之际海防人才政策的历史教训，并由此思考当代海权人才的基本要素，其中的路径之一，有待于再次回到当时的历史，分析朝廷上下对"需要什么样的海防人才"这一问题的历史答卷，以历史的经验、智慧与教训应对现实的课题。既然"人"的问题是解决海防问题、海权问题的关键，那么，筹备海防，维护海权，到底需要怎样的人才？如何解决当代海权人才的实用性、

---

① 姚锡光.筹海刍议·序.清末海军史料.北京:海洋出版社,1982:798-799.
② 姚锡光.筹海刍议·序.清末海军史料.北京:海洋出版社,1982:800.

专业性、创新性和可靠性？这不仅是当时的晚清政府需要面对的问题，也是当代中国需要积极应对的话题。问题是永恒的，而答案却是历史的。笔者拟围绕人才的实用性、创新性、专门性、可靠性和复合性等基本特征，从政治品格、军事素质、海洋素养、应用能力和创新能力等维度，尝试对海权人才观的基本要素做出尝试性的当代解答。

（一）政治品格的灵魂作用

历史上，无论是人才的选拔，还是人才的培养，历朝历代都非常重视儒家经典思想的核心地位，这是历代帝王"为我所用"的需要。同光之际，对海防人才的选拔与培养，同样重视"中学"的地位与作用，这当然与历代帝王"为我所用"的统治需要一脉相承。今天，选拔和培养海权人才，同样也有一个"为我所用"的问题，这个"我"就是广大人民群众，就是党和国家的崇高事业。所以，海权人才的选拔与培养，必须始终把马克思主义政治素质放在第一位，坚决反对只重业务能力而轻视政治素质的倾向。所谓政治品格，主要就是"忠诚"，忠诚于这个国家，忠诚于这个民族。

对于"政治品格"，清政府倡导所谓的"中学为体，西学为用"教育理念，主要是借助"中学"，达到忠诚于清廷，忠诚于清朝皇帝的目的。1840 年以来，剧烈的社会变革，激烈的文化冲突，导致了整个价值观念、思想系统、思维方式、生活方式等方面的剧变，其中就包括国家观念、民族观念、主权意识等近代意识的日益觉醒。"旧日服官，皆言忠于朝廷，或效忠皇上，鲜言国家者，盖古昔帝者家天下，不欲臣下于君之外言国，又吾国由来大一统，不知有他国也。"①作为近代中国最早觉醒的阶层，一些开明的社会精英，尤其是近代知识分子清醒地认识到，国家海防危机的背后，其实是帝国主义瓜分中国的野心，是近代中国的沉沦，是中华民族的存亡。"清末能知世界大势怵心亡国者，郭筠仙之外，唯曾劼刚。劼刚议论中，已大胆以国家为一单位，不复斤斤于'圣清''我皇上'之习说。"②正是郭嵩焘、曾纪泽等有识之士日渐认识到，近代中国在世界舞台的沉沦与落后，主要归因于数千年来中国一直没有确立起"民族观念"，没有确立起"国家观念"，全国上下，一盘散沙，丧失了国家竞争的优势。他们深刻感受到，中国社会想要获得重生，必须进行一次思想的革新，改变传统的"王朝思想"，建立起"国家观念"，引导

---

① 黄濬. 花随人圣庵摭忆. 李吉奎整理. 北京：中华书局，2008：314-315.

② 黄濬. 花随人圣庵摭忆. 李吉奎整理. 北京：中华书局，2008：315.

整个社会从"王朝思想"转向"国家观念",从"忠于朝廷""忠于皇帝"转向"忠于民族""忠于国家"。民众爱国情感、报国情感和报国意识的树立,都以"国家观念"的确立为根本性前提。这个"国家",不仅是朝廷的"国家",是民族的"国家",更是每个国民的"国家",即对于一身而知有国家,对于朝廷而知有国家,对于外族而知有国家,对于世界而知有国家。如此,国家的兴衰、国家的危亡,是整个民族的责任,也是每个国民的责任。国家的利益,是整个民族的利益,也是每个国民的利益。海防意识、海权意识、海洋意识的确立,同样必须以"国家观念"的确立为根本性前提。

古人云:"文章千古意为高"。人才培养,首要的是"立意",这就好比文章的主题,那就是:我们培养的人才,为谁而服务?对海权人才的"政治品格"的追问,实质上是对"为谁培养人"这一根本问题的思考探索。习近平总书记曾强调,为谁培养人?培养什么人?这是人才培养的首要问题,也是办好中国教育事业的关键所在。培养出来的人才,是不是听党的话,是不是坚持走中国特色社会主义道路,是不是把实现中华民族伟大复兴中国梦作为奋斗目标,也就是说是不是心中有党、心中有国、心中有民,这事关中国特色社会主义事业后继有人,事关党的执政之基,事关国家的长治久安,其意义极为重大。当代中国,所谓的政治品格,强调的则是忠诚于国家,忠诚于人民,忠诚于党,集中表现为"听党指挥"。对于海权人才而言,政治品格的培养,根本任务是树立一种卫国意识,一种报国意识,一种国家观念,一种爱国情怀。

世界观和人生观决定一个人对世界、对事物、对人生的根本看法和做人的标准,这是一个人一生中根本的、首要的问题。一个人有了正确的世界观和人生观的指导,就能正确的认识和了解社会、人生和世界,就能正确地体察和分析客观事物,逐步养成高尚的政治品格。崇高的理想信念必然产生服务人民、奉献社会、追求真理的思想境界。一个服务人民、奉献社会、追求真理的人,胸怀大志,无所畏惧,能冲破思想束缚,不怕困难,意志坚强,勇于创新。一个高素质的海权人才,一定是一个服务人民、奉献社会、追求真理、意志坚强的人。当代海权人才的培养、选拔和使用,必须始终坚持以理想信念教育为灵魂,引导海权人才学会运用辩证唯物主义和历史唯物主义的立场、观点、方法分析现实社会生活中的政治、经济、军事、文化、道德现象,评价各种社会思潮,澄清种种模糊认识,正确认识社会主义发展的历史进程,正确认识世界各国发展的历史进程,正确认识当今国际环境和国际政治斗争带来的影响,从而坚定对马克思主义的信仰,坚定走建设中国特色社会主义道路的信念,坚定改革开放和现代化建设的信心,坚定对党的领导的信赖,自觉在思想上政治上行动上与党中央保持高度一致。坚持全心全意为人民服务的宗旨,树立与时代要求相适应、与革命军人特殊使命相一致的人生观和价值观。

(二)军事素质的核心地位

海权人才,首先是军事人才,是确保海上安全、维护海洋权益的军事人才,必须始终突出军事素质的核心地位,集中表现为"能打仗、打胜仗"。作为军事人才,海权人才必须坚持学习了解世界军事发展、斗争和我国安全形势,尤其是世界海军发展、海权斗争和我国海上安全的客观形势,认清霸权主义、强权政治对世界和平构成的严重威胁,了解我国面临的忧患和危险,深刻认识抓紧做好军事斗争准备的必要性和重要性,牢固树立马克思主义战争观,树立"努力学习成才,一切为了打赢"的基本观念,坚持"学为战""练为战",坚定敢打必胜的信心,强化当兵打仗、随时带兵打仗的思想。而且,海权人才必须具备军人的思想素质与意志品质,比如,习武的精神、战斗的精神、牺牲的精神、勇敢的品质、刚毅的品质、坚忍的品质等,军事素质是海权人才其中应有之义,这里不再重点展开。

(三)海洋素养的本质要求

顾名思义,海权人才,需要应对的是来自海上的危机与斗争,海洋素养理所当然是当代海权人才的本质要求。晚清时期,朝廷上下对海防人才的海洋素养的认识、讨论与培养,贯穿整个晚清海防筹备实践,经历了一个从直观到理性、从自发到自觉、从思想盲区到清醒认识的曲折过程。尤其是同光之际,在海防讨论过程中,虽然地方督抚提出了因应时代发展要求的思想观念,并在福建水师学堂和天津水师学堂的人才培养实践中比较注重其海洋素养的培养,对此,前文已有论述。不过,与朝廷海上安全的现实需要相比,其中还存在不少的思想误区,甚至是思想盲区。敌我双方海防斗争的胜败,不仅取决于作战双方的海上防卫力量,而且还取决于作战双方的海上战略战术。

中日甲午战争前,清政府的海防决策层和思想界对西方的海防理论、海防战略和海战理论等在本质上都缺乏足够的重视。一旦面临海上实战,由于缺乏科学的战略战术的理论指导,海军指挥系统缺乏科学规划和使用海上力量的能力,战斗力的实际发挥会受到影响。"忽视海军军事理论和海军战术的学习研究,是清末中国海军教育同日本海军教育相比的最大差异。北洋海军从上到下,战略思想都处于保守状态。从日常的训练到海防的战略指导,基本上是围绕着消极防御的战略展开,根本没有争取制海权的思想。中日两国海军战略思想的差距,决定了甲午海战中两国海军的不同命运。"①导致清政府指挥失误的原因是多方面的,但是,海防海战理论上的准备不足,是其中非常重要的一个方面。仍以马汉"海权论"这一"西学"的"东渐"为例。

依据马汉的"海权论",当时留学海外的学生们逐渐认识到,海权是近代历史发展的必然产物。世界历史发展到资本主义经济,由于资本逐利的本性,使得资本主义国家急于获取海外的原料与市场。工业革命之后,蒸汽动力舰船迅速发展,使得控制海洋成为可能。西方各国既有夺取海洋的控制权的客观需要,又具备了控制海洋的现实可能,野心勃勃的资本家们自然不会放弃这一冒险机会。由于海外留学的经历,正是由于受到"海权论"思想的影响,留学生们对于如何维护国家和民族的海权,自然会萌生更多的思考与探索。回望笛帆《论海战性质》一文,其中就不乏独到的见解:以往"所谓海战者,是无异于水上行陆军之攻击而止耳,非为占领其海面及其附近周围之海水",亦即"以海洋目为陆军出征运送之公道",而未闻"以之为一国专有永久占领之企图""今则不然,战争之范围日宽,海上之竞争愈烈""善战者第一在期得主管其海洋,次之在能保卫本国贸易与捕获敌之船舶",②随着国家海权意识的提升,海洋逐渐成为世界各国竞争日趋激烈的场所,海洋变得日趋重要,而制海权日益与国家的盛衰紧密相连。夺取制海权、掌控制海权,尤其是控制与国家战略和海外利益相关的"海上通道",成为近代国家走向繁荣昌盛的重要条件。海涛《海军军人进级及教育之统系》一文中也谈到说:"凡一国之盛衰,在乎制海权之得失。"③笛帆在《海上主管权之争夺》一文中也认为:"观察各国势力,即以其海上权力之大小定之。何以故?海军强大,能主管海上权者,必能主管海上贸易;能主管海上之贸易者,即能主管世界之富源。"④通过讨论海权与国家盛衰之间的关系,留学生们清醒地认识到:"立国之道,国防而已,处此弱肉强食之秋,立国之元素在军备,军备之撷要在海权。时会所趋,固舍所谓黑铁赤血以外无主义,坚船巨炮以外无事功矣。"⑤历史没有假如。但试图设想,如果有更多的国人,尤其那些事关朝廷海防战略布局的海防将领、海防重臣和中枢要员,甚至清朝皇帝,能够理解和认识马汉的"海权论",清政

①　史滇生.十九世纪后期中日海军教育比较.军事历史研究,2001(1):116-121.
②　笛帆.论海战性质.海军,1910(2):183-184.
③　海涛.海军军人进级及教育之统系.海军,1910(2):211.
④　笛帆.海上主管权之争夺.海军,1910(2):209.
⑤　范藤霄.海军经济问题续议.海军,1910(2):14.

府的海防斗争史又将是怎样一番景象？以往海防教育实践中,清政府忽视海洋素养的培养,忽视海防战略、海战战术的学习训练。包括李鸿章,始终没有设立军事理论的研究机关。"19世纪中期,受西方海军理论和实践的影响,清王朝中的一些人,提出了筹办海防、兴建海军、培养人才、开厂造舰以及遏止日本的海上挑衅、保护海上通商等有一定价值的海防策略。遗憾的是由于清末统治阶级的昏庸腐败,轻视海防,不但海军发展处于停滞状态,而且始终没能形成系统的海军战略理论,海防形同虚设。这是造成我国清末海军衰落、国家遭受多次海上入侵的一个极重要的原因。"①不认识海洋,不了解海洋,不建立海防理论与战略,海防就不免被动,不免落后,这是血的教训。

有感于历史的沧桑,对于当代海权人才,尤其需要注重海洋素养的培养。当代海洋科学、海洋技术、海洋人文社会科学,包括海权战略、海权战术的理论研究与系统学习,由此显得格外重要,其中不仅事关国家经济社会的发展,更关乎国家安全。海权人才培养,诚为"国之大事"。清廷官员姚锡光在为清廷拟定海军规划时,尚且意识到主动接受"海权论"的思想指导,规划提出成立一个"海军研究所",其任务并非研究驾驶与管轮等实用技能,而是将"海军研究所"建成一个"海军中、下等军官讨论学术之地,期扩新知,不封故步。"②姚锡光尚且打算一改以往清廷缺乏海军军事学术研究机构的历史,更何况致力于海权人才建设的我辈？

新中国成立之初,以毛泽东同志为核心的党的第一代中央领导集体,在指导海军建设中,逐步形成了一整套明确的、系统的思想,他提出的人民海军建设和海防斗争的理论、方针、原则和目标,成为毛泽东军事思想的重要组成部分。当时中国面临的现实威胁仍然主要来自海上。海洋对于当时的中国仍然主要是一种屏障的观念,海洋工作的重点仍然在于抵御侵略,保卫陆疆安全。同时也认为:"在防御海上外侮的同时,要从保障海道运输的安全,建立海上通路的战略高度,考虑海军建设问题着手。"③应该承认,在当时的情况下,新中国对海权的认知,还相当薄弱,海洋的开发利用,海军的发展建设也较为缓慢,而早期的海洋战略也主要停留在近岸防御阶段,沿海地区和远洋航运也都处在尚待开发的状态。20世纪80年代,为服务于保卫国家的独立、主权和领土完整,以保卫海防安全

---

① 刘华清.刘华清军事文选(上).北京:解放军出版社,2008:456.
② 姚锡光.筹海刍议·序.清末海军史料.北京:海洋出版社,1982:813.
③ 中国军事博物馆编.毛泽东军事活动纪事.北京:解放军出版社,1994:21.

和海洋权益为使命和任务,中国实施一种"近海防御"①战略,培养起近海范围保卫国家海上安全和抵御海上侵略的能力。党的第二代中央领导集体提出"近海防御"的战略,由"沿海防御"走向"近海防御",主要是为了有效保卫海上安全和海洋权益。"近海防御,不是消极防御,而是积极防御。就是要以积极的海上进攻行动,来达成战略防御的目的。这不但要在近海范围实行,而且也不放弃在有利条件下,排除适当的兵力深入到远海去打击敌人。"②随后,根据邓小平关于"不搞全球战略""近海作战"和我国海上防御范围的系列指示精神,我国正式将"近海防御"战略列入国防体系。进入 20 世纪 90 年代后,党的第三代中央领导集体将"维护国家海洋权益"写入党和政府工作报告,更加关注海洋权益与国家权益的关系。早在 1990 年,江泽民就强调指出:"当前和今后一个时期,军事战略指导的中心问题,还是要维护国家的领土主权、海洋权益和社会秩序"。③ 在 1991 年的十四大报告中,江泽民再次强调要保卫国家领土、领空、领海主权和海洋权益。党的第三代中央领导集体继承了邓小平关于"我们的战略是近海作战,我们建设海军基本上是防御"的战略思想,根据海上军事斗争形势的变化,进一步指明,贯彻近海防御的战略思想,同时建设"遂行海上战役的综合作战能力",这是对近海防御战略的继承、丰富与发展。进入 21 世纪,以胡锦涛同志为总书记的党中央在"和谐海洋"理念下,提出一种国家海洋安全观,主张由"沿海"向"近海""远海"转变,逐步建设一种"近海纵深防御能力",实行一种以远海防卫为重点的区域防御型战略。《2006 年中国的国防》白皮书指出:"海军逐步增大了近海防御的战略纵深,提高海上综合作战能力和核反击能力。"中国逐渐由"近海防御"走向"近海综合防御"与"近海纵深防御"。海权战略、海权理论是建设海上维权能力的理论依据和行动指南。使命任务的延伸引领建设目标的延伸,使命任务的拓展推动军事能力的拓展。

新时期,海洋维权能力的建设出现了新情况、新特点和新变化,这迫切要求海权战略和海权理论有一个新的发展。晚清以来,从海防建设到海权建设,其发展历史表明,没有正确的理论指导,无论海防建设,还是海洋维权能力建设,都可能出现一种盲动。当代中国,在贯彻或落实建设海洋强国战略部署的伟大征程中,在当代海权人才培养的实践中,必须建设一支高水平的海权战略、海权理论

---

① 刘华清. 刘华清军事文选(上). 北京:解放军出版社,2008:304.

② 刘华清. 刘华清军事文选(上). 北京:解放军出版社,2008:412.

③ 江泽民. 论国防和军队建设. 北京:解放军出版社,2003:23.

研究队伍,引导海权人才在重视海洋科学、海洋技术、海洋工程、海洋装备和海洋人文社会科学研究的同时,高度重视海洋权益观、海洋安全观的研究,重视海权理论、海战的战略战术的研究与掌握,以免重蹈历史的覆辙。

(四)应用能力的专门要求

道光十五年,禁言运动先驱黄爵滋曾说过:"整戎政",重在"收实用"。"欲求可用之兵,当先求可用之将"。[①] 祁寯藻也大声疾呼:"各省水师人材甚难,非专门之技,不足以收功。"[②]为什么要如此高度重视海防人才的专门性,重视海防人才的应用能力? 这是因为,晚清政府在实际的海防斗争中,出现了许多当时无法解决的实际问题,需要一批具有实用技能的人才去着手破解,这是根本。在重重海防危机面前,首要的始终是选人用人,选拔或培养具有实用性的人才去解决实际问题。然而,晚清人才选拔与培养所处的实际情形是:由于科举制度的导向作用,使得一批聪明智巧的士人皓首穷经,将全部的精力与心血"销磨于时文、试帖、楷书无用之事"[③]。而且,中国传统书院文化中,也不免存在"空谈讲习""溺志词章""无裨实用"的现象,而在"参考时务,兼习算学",学习"天文""地舆""农务""兵事"等"有用之学"方面,却明显不足。与之相对,在西方,无论为士,为工,还是为兵,讲求的是"共明其理,习见其器,躬亲其事",崇尚的是"学求实济"。[④]为此,晚清政府先后设立同文馆、实学馆、方言馆,建立水师武备学堂、自强学堂等,着意于实用性人才的培养。然而,在人才培养的实际过程中,由于"未备图器,未遣游历",缺乏试验、缺乏测绘等实践环节,缺乏游历、缺乏察勘等实际经历,由此,培养出来的学生只是"日求之于故纸堆中""终成空谈,无自致用"。[⑤]清末,时人在《论储才必期核实》一文中即提出了"专任一事"的人才使用原则。主张水师学生学业修成之后,先上练船实训,然后派往兵船任事,无事之时,"量经纬"以定远近,"精测验"以避雨风,"广游历"以明水道,有事之时,则"于布阵合战之方""明攻暗袭之法",要么做到"以奇而胜正",要么做到"以少而挫众"。战事风云变幻,只有"胸有韬略而兼有阅历"的海防将才,方能临敌从容,不负委任。

---

① 黄爵滋.鸿胪寺卿黄爵滋敬陈六事疏(道光十五年九月初九日)//张晓华.中国近代战策辑要(上).北京:军事科学出版社,1993:1.

② 祁寯藻.祁寯藻等奏请筹议海防择选水师将领折//文庆.筹办夷务始末(道光朝).北京:中华书局,2008:364-365.

③ 冯桂芬.制洋器议//郑振铎.晚清文选.北京:中国人民大学出版社,2012:109.

④ 曾国藩.拟选聪颖子弟出洋习艺疏//郑振铎.晚清文选.北京:中国人民大学出版社,2012:87.

⑤ 李瑞棻.请推广学校疏//郑振铎.晚清文选.北京:中国人民大学出版社,2012:557.

而且,对这类海防将才,"任终其身于水师中",而"绝不烦以陆路之事"。如此,由于在人才的使用上做到了"责任专",人才自然脱颖而出。这实际上是在强调海防人才的专业化培养。虽然清政府创办了海军枪炮学堂、鱼雷学堂、西医学堂等培养海防专业技术人才的学校,但由于起步相对较晚,规模相对偏小,招生人数过少,教学体系较对散乱,缺乏人才培养的通盘考虑和系统建设,造成海防建设中的专业技术人才严重匮乏,极大地削弱了实际的海上防卫力量。①

　　所谓应用能力,所谓专业技能,主要强调的是人才的专业性和专门性。古今中外,即使像亚里士多德、伽利略、达·芬奇、卢梭、爱迪生等世界公认的大师巨匠,其实也不是通晓一切、无所不知、无所不能的"通才",往往只是在某一些学科或学科群中卓有建树的"专才",而非精通一切学科、一切领域。对于当代海权人才而言,所谓"应用能力",强调的是一种"专业性"、一种"专业能力"、一种"专业人才",突出的是一个"专才"的概念。新中国成立以来,党和国家领导人深刻认识到旧中国海防落后带给人们的深重灾难,"从 1840 年到今天,100 多年了,鸦片战争、中日甲午战争、八国联军侵华战争都是从海上打进来的。中国一败再败,屡次吃亏,割地赔款,就在于政府腐败,没有一支像样的海军,没有海防。"②新中国初创海军的时候,碰到的首要难题,就是缺少有知识、有技术,特别是现代科学技术的专门人才。当时,周恩来提出,将政治可靠、有文化、有技术、有舰艇工作经验的原国民党海军起义、投诚人员调配给海军。③ 国民党海军起义为新生的人民海军输送了一批专业人才。毛泽东对其评价称:"懂得科学知识,有技术。"④朱德曾提出,从海军的司令员,到每个战士,都要"学会现代化的海军技术,学会在海上生活"⑤,这都是对海权人才的应用能力、专业能力的强调。1949年 11 月,新中国决定创办第一所正规的海军学校——大连海军学校。正是基于对海权人才专业性、专门性的认识,随后又成立了航空、潜艇、快艇、炮兵、政治、指挥、通信等学校,为国家培养了一批德才兼备、热爱海洋、保卫海洋的干练之才。1979 年 7 月,针对海军建设问题,邓小平同志提出建立一支"精干""顶用""具有现代战斗能力"的海军。所谓"顶用",对此,刘华清同志专门论述到:"'顶用'就是必须有一支具有高度政治觉悟的、先进军事理论和较高科学文化素养的

①　史滇生.十九世纪后期中日海军教育比较.军事历史研究,2001(1):116-121.
②　吴殿卿.毛泽东关心海军建设纪实.中国国防报,2003 年 12 月 23 日.
③　高新生.中国共产党领导集体海防思想研究(1949—2009).北京:时事出版社,2010:65.
④　《当代中国》丛书编辑部.当代中国海军.北京:中国社会科学出版社,1987:33.
⑤　朱德.建设海军,保卫海防.朱德选集.北京:人民出版社,1983:299.

干部队伍及战斗人员;有足够数量的、性能良好的现代武器装备;有严格的训练和合理的编成,能最大限度地发挥人和武器的综合效能"。① 邓小平提出的"顶用",其中重要的一点,就是要求海权人才能够与现代技术,特别是高科技技术海上作战的需要相适应。这既强调其政治品格,强调其军事素质,更强调其科学文化素养,体现出对海权人才的"实用能力"的一种认识与理解。2008 年 4 月,胡锦涛在考察海军南海舰队时提出:"推进海军建设,要坚持人才建设先行。尤其要大力抓好信息化人才、指挥人才和专业技术人才的选拔培养,为海军建设提供有力的人才和智力支持。"②现代海军已经成为一种知识高度密集的兵种,知识化、专业化和技术化程度大大提高。总之,由于海洋维权能力建设的特殊性和复杂性,专业性、专门性、高素质的海权人才队伍建设,已经成为国家海洋事业不断发展的内在需求,必须始终突出海权人才的"专业能力"和"实用能力",尤其要注重现代先进科学技术知识的培养,使之形成专业性、专门性的知识结构。

(五)创新能力的时代要求

为什么要强调海防人才的创新能力? 这是因为,对西方军事科学技术的学习与仿照,仍然只能亦步亦趋,步其后尘,不可能推陈出新,改变为其所制的困境。只有具备自我创新能力,才可能出奇制胜,变被动为主动。正如冯桂芬所说的,面对西方新式军事装备,中国自身"能造,能修,能用,则我之利器也。不能造,不能修,不能用,则仍人之利器也。"③对比分析表明,第一次鸦片战争后,西方国家的海防武器装备旋即进入了一个飞速更新换代的历史时期。蒸汽铁舰逐渐取代了木制帆舰,线膛炮替换了滑膛炮。"19 世纪 40 年代末,西方国家已在军舰上使用螺旋推进器。进入 50 年代后,英、法等国都开始了螺旋推进器蒸气舰的建造。"④与此同时,带有护甲的铁舰或钢壳军舰逐步代替了木壳军舰。海防人才的思想创新、知识创新、科学创新、技术创新,直接带来了海防装备的创新。可见,海防人才的创新能力,是推动整个海防建设变革的智力支持和思想资源。反观清政府,早在第一次鸦片战争时期,先进的社会贤达就提出了"师夷之长技以制夷"的口号,并开始购置、仿造西方海防装备。然而,随着时间的推移,西方的海防装备在不断革新,不断发展,而清政府学习西方的提议,却迟迟未见

---

① 刘华清. 刘华清军事文选(上). 北京:解放军出版社,2008:472.

② 徐生,王建民. 胡锦涛检阅南海舰队强调建设强大海军. 新华网,2008 年 4 月 11 日.

③ 冯桂芬. 制洋器议//郑振铎. 晚清文选. 北京:中国人民大学出版社,2012:109.

④ 戚其章. 晚清海军兴衰的历史启示. 清史研究,1997(4):69.

付诸实际行动。自洋务运动兴起,才逐渐有所作为。但是,相对西方的飞速发展而言,清政府兴办的洋务运动,由于顽固派、保守派的重重阻挠,可谓举步维艰。清廷的海防装备原本就落后西方国家很多,而且,囿于中西思维方式的不同,真正具备创新能力的人才匮乏,中西之间的差距不仅没有缩小,反而扩大了。

时至 21 世纪,中西之间的科学技术水平,仍然存在很大的差距。不仅要学习西学的"枝"与"叶",更要学习其"根"与"本",着力于培养真正具有创新能力的海权人才,仍然是当代海洋维权能力建设面临的重大课题。不创新,不超越,即使紧跟西方军事科学技术发展潮流,亦步亦趋,仍然无法改变受制于人的被动局面。从 1861 洋务运动算起,为学习西方,为改变科学技术落后于西方的被动局面,中国走过了 100 多年苦苦探索的艰辛历程。新中国成立以来,尤其是改革开放以来,国人急起直追,中西科学技术的差距至今仍然很大。如果我们永远跟在别人后面追赶,只是模仿别人,永远也追不上。仅就当代海洋维权能力建设而言,其中的关键,仍然在于军事科学技术的发展,在于军事科学技术的创新,而其根本在于人才,在于发掘海权人才的创新禀赋,培养海权人才的创新意识,激发海权人才的创新活力。

如何提高海防人才的创新能力?李鸿章的《选派闽厂生徒出洋习艺并酌议章程疏》就明确说道:西方精湛的制造技艺,"实源本于测算格致之学"。① 李鸿章认识到"格致""测算""舆图""火轮""机器""兵法""位化学""电气学"等学科知识,这些都是切于"民生日用"之原,切于"军器制作"之原。在他看来,"测算之学"和"格致之学"是制造之"源",是制造之"本"。这里强调的是追"根"溯"源",强调的是缘"末"求"本"。同样,奕䜣等设立京师同文馆,对西方的学习,由起初的语言文字,渐而天文算学,基本的指导思想即是所谓的"洞彻根源",② 追问西方科学技术的"根",追问科学技术的"源",以期达到"道成于上"而"艺成于下"的实际效果。1867 年 1 月,奕䜣从"制造机器火器必须讲求天文算学"这一点考虑,再次上折,延聘西洋教员教习天文算学。在这次奏议中,奕䜣对西方科学技术背后的原理与方法,有了更深的认识:"盖西人制造之法,无不由度数而生",中国讲求制造、轮船、机器的方法,必须以西学为先导,弄懂"机巧之原"和"制作之本",方可取得实际成效。奕䜣这样一种"机巧之原"与"制作之本"的追问,表明

---

① 李鸿章.选派闽厂生徒出洋习艺并酌议章程疏//郑振铎.晚清文选.北京:中国人民大学出版社,2012:138.

② 奕䜣等.奕䜣等奏拟设馆学习天文算学折//宝鋆等.筹办夷务始末(同治朝).北京:中华书局,2008:1946.

他对西学的认识,上升到了一个新的高度。后来,杨选青在《华文西文利弊论》中谈道:"溯自海禁宏开而后,泰西博学之士,各挟所学,以显于中华,于是华人知西学之上有以益国计,下有以利民生,莫不切意讲求,孜孜不倦。"①这就看到,清政府先后设立了同文馆、福州船政学堂、方言馆和天津武备学堂等,致力于学习西方,而实际上数十年来,"卒无人升西学之堂,入西学之室,造西学之极,探西学之微。"②不学习西方文明,不学习西方语言,根本无法登堂入室,不可能真正懂得西学内在的逻辑,"譬之宫墙,西学为室,西文为门,不得其门,不能入其室也。譬之事物,西学为末,西文为本,不明其本,不能知其末也。"③确实,西方技术源于科学,而科学源于思想,源于文明。可以说,西方的科学技术是与西方的科技思想紧密联系在一起的,而西方的科技思想又是与西方的文明紧密联系在一起的。正因为如此,学习西方的技术,必须学习西方的科学,必须学习西方的思想,甚至是西方的文明。晚清政府学习西方,即所谓"师夷长技以制夷",始于技术层面,逐渐转向科学层面,转向制度层面,再到思想层面。

1840年第二次鸦片战争以后,国家和民族的海上安全危机,激起了社会各阶层重新反思中国传统思想的浪潮。自洋务运动起,经戊戌变法,到辛亥革命,再到"五四"时期"德先生"与"赛先生"口号的提出,社会上下都是以西方近代思想体系为基本参照,逐步开始反思与批判中国传统思想文化。从天、地、生、数、理、化各种理论到大炮、军舰、各种机器、实用技术,"西学"得以逐渐进入国门。然而,对于当代中国而言,如何紧跟西方科学技术发展的浪潮,如何赶超西方科学技术迅猛发展的势头,仍然是任重道远。其中,最根本的一点,在于追问科学之"本",追问科学之"源"。由此,不能对科学做一种静态的理解,一种孤立的理解,不能仅仅将科学看作定律、公式和数据的堆集,而是需要体会到科学思想发生发展的内部"所脉动着的精神血液"④,所以,"对比科学思想史上那些深刻的、生动的,对科学的发展提供动力的思想源泉,我们更注重那种所谓发现的逻辑、发展的模式这类相对空泛的、不生动的东西。一句话,当我们对于科学的结果表示了惊慕的同时,对于作为一种思想形态的科学却还缺乏一种存在于内心深处的感受。这一切,又都源于科学并非我们的文化之产物这个基本的历史事

① 杨选青.华文西文利弊论//郑振铎.晚清文选.北京:中国人民大学出版社,2012:552.
② 杨选青.华文西文利弊论//郑振铎.晚清文选.北京:中国人民大学出版社,2012:552.
③ 杨选青.华文西文利弊论//郑振铎.晚清文选.北京:中国人民大学出版社,2012:552.
④ 钱捷.为什么要重视科学思想史的研究? 自然辩证法研究,2000(2):63-67.

实。"①为此,在海权人才培养过程中,必须引导其对西方包括海洋科学技术在内的先进文化,做一种动态的、历史的、联系的系统认识与理解,去把握科学理论和科学概念的本质,去理解它们形成与演变的历史过程,使之真正认识到,"科学绝非一个静态的、截面式的结构或系统,它是一个生动的历史现象,一个成长着的过程。"②唯有如此,方能逐渐接受西方科学思想精髓,逐渐由模仿、复制,走向自主创新。

当今世界,政治风云变幻,国际竞争日趋激烈,科学技术发展迅速。世界范围的经济竞争、综合国力竞争,实质上是科学技术的竞争和国民素质的竞争。人类社会的进步史证明,科学技术的发展能够推动人类经济乃至整个社会的迅速发展。一个国家、一个民族科学技术的发展,不能单靠模仿,也不能靠简单引进的"拿来主义",而是要依靠自身力量的开拓与创新。世界科技发展史表明,重视创造能力的开发,培养创造型人才,是科学技术发展的关键,制约着科学技术的发展并对其发展起着决定性的作用。海军知识密集、专业复杂、技术含量高,尤其离不开创新型人才。新的历史时期,海军武器装备日新月异,科技、技术含量不断提高,对人才的创新能力提出更高的要求。"在未来的信息化战场上,知识将成为战斗力的主导因素,敌我双方的较量将更突出地表现为高素质人才的较量。"③培养和造就高素质的创新型海权人才,始终是一件十分重要而紧迫的任务。"没有一大批高素质人才,就无法掌握新的武器装备,无法创造和运用新的战法,也就不可能赢得未来战争的胜利。"④掌握"新"的武器,运用"新"的战法,都离不开人才自身的创新能力。

人才观是指关于人才的本质及其发展成长规律的基本观点,是对"如何培养人""培养什么样的人""为谁培养人"等根本问题的尝试性解答。人才观对人才的培养、教育、使用、考核和引进等具有根本性的指导意义。对于当代海权人才的培养、选拔和使用,其中同样存在一个人才观的问题。综合上述观点,据笔者粗浅的理解与认识,当代海权人才观应当是:以维护海权为根本目的,具备可靠的政治品格和过硬的军事素质,具备相应的海洋素养和专门的应用能力的复合型、创新型人才。

---

① 钱捷.为什么要重视科学思想史的研究? 自然辩证法研究,2000(2):63-67.
② 钱捷.为什么要重视科学思想史的研究? 自然辩证法研究,2000(2):63-67.
③ 江泽民.江泽民文选(第1卷).北京:人民出版社,2006:612.
④ 江泽民.江泽民文选(第1卷).北京:人民出版社,2006:612.

第六章 海权人才建设发展战略的当代反思

当代中国,建设与发展海洋维权能力的任务日益繁重,同样离不开创新性海权人才的全面培养、合理选拔和科学引进等基本路径。理论上讲,战略是一种构想,是一种总体思路。海权人才建设策略,其实是对如何解决海权人才问题的一种战略构想,一种总体思路,一种发展策略。反思当代海权人才建设策略,感到仍需坚持在维护海权的斗争实践中鉴别人才,在海权教育中培养人才,在海权海防事业中凝聚人才、储备人才,尤其需要以用好用活海权人才为着力点,坚持海权人才的培养与引进。

实施人才战略是一个长期的艰巨的任务,是一个复杂的社会系统工程。至于发展海权人才的当代策略,必须从我国经济发展的战略需要和基本国情出发,着眼于海洋维权事业的长远发展,着眼于各类海权人才的总体需求,着眼于提高我国海洋维权能力,同样是一个十分宏大的课题,不可能在有限的篇幅对此做出相应的思考。思想指导行动,理念至关重要。落实海权人才建设策略任务,必须坚持解放思想、实事求是的思想路线,进一步更新观念和理念,切不可因循守旧,更不能故步自封,要敢于突破传统思维定式,勇于创新。回顾同光之际海防人才政策从讨论、决策、执行到调整的历史,这对于当代解决"如何培养人"这个问题,仍有其历史意义。笔者仅围绕"'同光之际'海防人才政策研究"这一课题,以历史镜鉴为立足点,从以史为鉴的角度,为探索当代海权人才发展的基本策略提出可资借鉴的经验与教训。

一、当代海权人才建设的战略思维

中日甲午战争之后,时人王树楠在《兵事篇》一文中,对中国海军做出了深刻反思:"今国家据三面之海,撤藩篱之弊,恃陋而不备,幸而无衅则已,一有不虞,而欲天下之高枕而卧岂可得乎? 虽然,海军重矣,若以昔日练兵之法,沿之而不知误,知之而不能变,则虽多其船,利其械,其弊与无船无械同者,何则? 船械者,战之具也,必有维持其具之法,与神明其具的人,而后有一船乃有一船之用,有一械而得一械之用。"①反思历史,只有紧紧抓住人才这个核心议题,关乎国家海上安全的海权建设,才可能得到根本性的解决。思想是行动的先导,思想认识问题的有效解决,将为社会实践打下坚实的基础。海权教育始终存在一个"面向世界""面向未来"的原则性问题,对此,迫切需要一种战略思维,站在现实的方位,以立足国情,运用全局性思维,进行创造性地思考,谋划具有世界眼光和未来意识的战略布局。

一是,以一种统筹全局的意识谋划当代海权人才建设。左宗棠《拟专设海防全政大臣以一事权疏》中分析过晚清水师失败的根由,其中认为,朝廷内外的政事,往往"事"与"权"不对应,朝廷内臣只是按照旨意召集会议,而无论大事小事,都有地方"疆臣"请旨办理,而地方官员又各自有自己的疆界,即便设置南、北洋大臣,而对于隔省之事,始终难以越俎代庖。纵然朝廷明令"一隅创建",必须"全局通筹",但是,海防实际事务中,始终难以做到这一点。这实质上提出了一种"统筹全局"的现实需要。"不谋全局者不足以谋一域,不谋万世者不足以谋一时",海权人才建设事关国家安全,事关国家和民族事业的全局,在纵论国际海权争端的大势,擘画海洋强国事业发展蓝图时,需要始终胸怀大局、把握大势、着眼大事,以一种"登泰山而小天下"的气度,对海权事务的全局做到了然于胸、对海权斗争的大势洞幽烛微、对维护海权的大事铁画银钩,才能切实做到因势而谋、应势而动、顺势而为。正如左宗棠所言:"凡一切有关海防之政,"必须"慎选贤能,总提大纲",而后"统筹全局,奏明办理。"②所谓"总提大纲",客观上提出了一种全局意识的能力要求。为统筹海防人才建设,同样需要正确处理"中央"与"地方""海权"与"陆权""沿海"与"内陆""海权人才"与"其他海权事务"之间的关系,树立"全局一盘棋"的观念,做到"小局"服从"大局"。在海权人才队伍建设过程中,紧紧追踪世界海权人才培养的变化趋势,根据海权人才建设的环境和条件,根据海权人才成长的客观规律,不断调整战略思维,不囿于前人,不拘泥于现有,立足对维护海权的现实需要、新的认识和新的判断,从而做出既有远见卓识、又符合客观实际、棋高一着的战略规划。同时将海权人才队伍建设中有待解决的具体问题与深层问题结合起来,把眼前需要与长远谋划统一起来,把国内形势与国际环境结合起来,切不可"头痛医头、脚痛医脚",不可"只见树木、不见森林",闭目塞听、故步自封。

---

① 　王树楠.兵事篇∥清朝续文献通考(第 227 卷).兵考·海军.杭州:浙江古籍出版社,2000:9729.

② 　左宗棠.左宗棠奏选派海防全政大臣折∥张侠.清末海军史料.北京:海洋出版社,1982:789.

二是，以一种面向未来的观念谋划当代海权人才建设。"十年树木，百年树人"，人才的成长成才有其固有的时间与周期律。海权人才的培养，必须能够适应未来30～50年维护海洋权益的未来需要，至少能够适应未来10～15年海上军事斗争的未来需要。李鸿章在《筹办天津水师学堂片》中说道："就地作养人才，以备异日之用。"①"以学堂为根本，乃可逐渐造就，取资不穷。"②其中的"异日之用""逐渐造就"，关注的都是人才成长的周期性，正所谓"育才之要，宜使迭出而不穷，日新之功，不可得一而自画。"③只有以一种面向未来的眼光，持续不断地推进海权人才建设，才能做到培养于"以往"，而使用在"当下"；培养在目前，而使用于未来。李鸿章等提出派遣学生出洋学习，正是出于这样一种谋划未来的战略思维，认识到，即使当下派人出洋学习，"期数年之久，方可操练成才，储备海防之用。"④清政府海防斗争失败的根本原因在于，1840年之前，从未着眼于海防人才的培养，一旦海上有事，苦于朝内缺乏人才，致使海上斗争一败再败。面对历史，面对已经发生的过去，人们有时往往不自觉地发出一种轻蔑的眼光，嘲笑前人的无知与浅陋。其实，回到当下，人们往往并不能准确预测未来。未来10年至20年，国际舞台上，国与国之间的海权争端将呈现怎样的态势？由此将对海权人才提出怎样的素质要求？这是个难题。这就要求当下书写海权人才建设生动历史的人们，始终以一种面向未来的思维与眼光，不断去筹划未来、预测未来、应对未来，不可犯"五十步笑一百步"的毛病。

三是，以一种面向世界的视野谋划当代海权人才建设。海洋具有全球视野的连通性和开放性，以一种"世界通道"的面目呈现在世人面前。如前所述，晚清时期，朝廷一向"闭关锁国"，以"夷夏之分"看待世界，并以天朝自居，并未具备成熟的海洋意识，也谈不上海权意识、"海上通道"意识，对"海"自身尚且不重视，更遑论海上军事基地、海上贸易的权益争取？其所谓的"海防"，也仅处于维护陆疆的利益，维护清廷的统治，自然也就谈不上以一种世界眼光谋划海防，谋划海防人才队伍建设。纵观天下形势，分析当今世界，比如，冷战结束后，针对地区冲突、先进军事技术的扩散、"不对称"袭击和恐怖主义活动等国际战略格局，美国实现了"海上战略"向"由海向陆"的战略转向，即以地区冲突为主要目标，依靠海军特有的机动灵活性，由前沿部署舰只和陆战队迅速组成一支具有海陆空综合

---

① 李鸿章.李鸿章奏筹办天津水师学堂片//张侠.清末海军史料.北京:海洋出版社,1982:389.
② 李鸿章.李鸿章奏筹办天津水师学堂片//张侠.清末海军史料.北京:海洋出版社,1982:389.
③ 李鸿章.李鸿章奏续选学生出洋折//张侠.清末海军史料.北京:海洋出版社,1982:392.
④ 李鸿章.李鸿章等奏闽厂学生出洋学习折//张侠.清末海军史料.北京:海洋出版社,1982:378.

作战能力的海军远征部队派往冲突区,由海上向陆岸实施攻击,以更好地维护自身的海洋权益和海上霸主地位。而俄罗斯则认为,以美国为首的北约是俄面临的主要外部威胁,欧洲海区将成为俄海军战略的重点方向。此外,鉴于亚太地区日美军事同盟的不断发展,俄美之间在西北太平洋的军事对峙依然存在,以美国为首的北约和日本海军将是俄海军的主要作战对象,注重"近海防御与远洋打击并重"的海权战略,如此等等。这就要求人们始终以一种世界视野来审视国家海权战略,并进行相应的海权人才储备。

当前,习近平总书记发出了"进一步关心海洋、认识海洋、经略海洋"①的伟大号召,特别强调,"建设海洋强国是中国特色社会主义事业的重要组成部分"②,这正是以一种"世界眼光",审时度势,对当代中国海洋事业做出的战略部署。进入 21 世纪以来,人类进入到一个大规模开发与利用海洋的新的历史时期。正如习近平总书记所说的那样,海洋"在维护国家主权、安全、发展利益中的地位更加突出。"③根据时代发展潮流和我国根本利益,将始终坚持走和平发展道路。但决不能放弃正当权益,决不能牺牲国家核心利益。"任何外国不要指望我们会拿自己的核心利益做交易,不要指望我们会吞下损害我国主权、安全、发展利益的苦果。"④延伸到海洋领域,同样如此,"决不能放弃正当权益,更不能牺牲国家核心利益"⑤。为此,"要做好应对各种复杂局面的准备,提高海洋维权能力"⑥。在"总体国家安全观"的理论视野之下理解海洋维权能力的发展与建设。确实,"发展是安全的基础,安全是发展的条件"⑦。国家海洋维权能力的建设,

---

① 习近平.进一步关心海洋认识海洋经略海洋 推动海洋强国建设不断取得新成就.人民日报,2013 年 8 月 1 日,第 1 版.

② 习近平.进一步关心海洋认识海洋经略海洋 推动海洋强国建设不断取得新成就.人民日报,2013 年 8 月 1 日,第 1 版.

③ 习近平.进一步关心海洋认识海洋经略海洋 推动海洋强国建设不断取得新成就.人民日报,2013 年 8 月 1 日,第 1 版.

④ 习近平.更好统筹国内国际两个大局,夯实走和平发展道路的基础.引自中共中央文献研究室编.习近平总书记重要讲话文章选编.中央文献出版社、党建读物出版社,2016:27.

⑤ 习近平.进一步关心海洋认识海洋经略海洋 推动海洋强国建设不断取得新成就.人民日报,2013 年 8 月 1 日,第 1 版.

⑥ 习近平.进一步关心海洋认识海洋经略海洋 推动海洋强国建设不断取得新成就.人民日报,2013 年 8 月 1 日,第 1 版.

⑦ 引自中共中央宣传部.习近平总书记系列重要讲话读本(2016 年版).学习出版社、人民出版社,2016:227.

始终离不开国家经济社会的发展。正所谓"富国才能强兵,强兵才能卫国。"①提高海洋维权能力,始终是维护国家海洋权益的根本保障;提高海洋维权能力,海权人才始终是根本。对此,必须始终保持清醒的认识。鸦片战争前后,正是由于腐朽的清朝统治者长期囿于一隅,缺乏根本的世界观,更谈不上开阔的海洋观,致使有海无防,既无"防海之策略",也无"防海之兵将",使得从海上驶来的坚船利炮给中华民族带来了深重的苦难。无论什么时候,都不应忘记这段悲痛的历史,做到"警钟长鸣,勿忘国耻",不断加强海权人才建设,切实发展和壮大国家海洋维权能力。

二、当代海权人才建设的实现路径

第一次鸦片战争时期,林则徐就呼吁"惟水师人才难得""海疆需人"②。几十年过后,李瑞棻在《请推广学校疏》中议论的话题,仍是朝内乏才的困局。"求通达中外,能周时用之士,所在咸令表荐,以备擢用。……然数月以来,应者寥寥,即有一二,或仅束身自好之辈,罕有济难瑰伟之才。于侧席盛怀,未能尽副。夫以中国民众数万万,其为士者十数万,而人才之绝,至于如是。"③晚清海防斗争节节败退,很大的一个原因在于海防人才的缺乏,一时根本没有相应的海防人才储备,无从选拔任用真正可以适应近代海防斗争形势的人才。有感于时弊,彭玉麟在《广学校》一文中痛批:"方今海防孔亟,而所谓熟识洋务者,不过市侩之徒。"④市侩之徒有逐名逐利之心,却并无应对海防危机之策。

同光之际,为破解海防人才的困境,清政府提出了"选拔""培养"和"引进"等基本思路,而从历史实践来看,其中布满错误丛生的荆棘,却也不乏智慧的花朵。基于历史的教训,针对"培养什么样的人"这一根本性命题,当代海权教育必须坚持以海权人才观为指导,紧扣"政治品格""专业技能""军事素质""海洋素养"和"创新能力"等核心素质,开发和培养以维护海权为根本目的,以全局观念、面向未来和面向世界的战略思维为指导,具备可靠的政治品格和过硬的军事素质,具备相应的海洋素养和专门的应用能力的复合型、创新型人才。事业发展,人才是

---

① 引自中共中央宣传部.习近平总书记系列重要讲话读本(2016年版).学习出版社、人民出版社,2016:227.

② 林则徐.林则徐又奏请调张成龙为南澳镇总兵片∥文庆.筹办夷务始末(道光朝).北京:中华书局,2008:280.

③ 李瑞棻.请推广学校疏∥郑振铎.晚清文选.北京:中国人民大学出版社,2012:557.

④ 彭玉麟.广学校∥郑振铎.晚清文选.北京:中国人民大学出版社,2012:295.

关键,正所谓"人才为国家根本,盛衰之机,互相倚伏,正不得谓功效之迂远也。"①维护海权,确为"百年大计"。海洋维权能力建设的方针、政策和路线一旦确立之后,海权人才就成为重中之重的大事。

针对"如何培养人"这一命题,在我们看来,当代中国海权教育、当代海权人才的开发与培养,必须始终站在中国特色社会主义事业的"建设者"和"接班人"的战略高度,坚持以国家海洋维权事业发展需求为政策导向,围绕海洋维权能力的又好又快发展、海上安全范围能力的不断增强和涉海军事科技创新能力的逐步提高等,思考探索海权人才队伍建设的重点领域和主要任务,科学定位海权人才队伍建设的基本目标,培养国家海洋维权事业所需的创新型和应用型人才。回顾灾难深重的近代史、近代海防斗争苦难史,警醒人们深刻思考当代海权人才建设策略。需要说明的是,本章的讨论,绝不是,也绝不可能是当代海权人才的发展战略整体、系统思考,仅仅是基于对历史教训的反思,为应对当代维护海权的迫切需求,就发展建设当代海权人才的实现路径,提供一种思路。

一是,只有始终贯穿"正规化办校"的办学思想,并坚持长期性办学,才能确保当代海权人才建设的规格与质量。自 1840 年第一次鸦片战争起,到中华人民共和国成立的 100 多年间,西方列强频繁从海上入侵,日本、英国、法国、美国、俄国、德国、意大利、奥地利等国的军舰入侵中国沿海 470 余次。晚清政府虽然建立了一支近代海军,但无力抵御外敌从海上入侵。回顾晚清时期近代海军的建立,也是从"制器"与"育才"这两个方面着手的。1866 年,闽浙总督左宗棠发轫创设福建船政,兴建船厂,创办学堂,用以制造舰船,造就人才,揭开了中国近代海军建设的序幕。福建船政学堂成为中国近代第一所海军学校。新式学堂的创办,开创了近代海防教育的先河,尤其是福州船政学堂、天津水师学堂等形式学堂的创办,为培养新型海防人才做出了尝试性努力,也取得了一定的实际成效。新式学堂,尤其是新式军事学堂的创办,为近代新式人才的培养打开了一扇门,也为"西学东渐"拓宽了传播的渠道与路径,为教育的近代化,逐渐走向学院制、走向正规化奠定了坚实的基础。

新中国成立后,为了反对帝国主义从海上入侵,保卫国家的独立主权,维护国家海洋权益,必须建设一支强大的人民海军。要建立海军,建设海上维权力量,一要解决海上的舰船和武器装备,二要培养各级指挥人才和专业技术人才,而培养海权人才尤为关键。1949 年 1 月,回顾晚清海防历史,根据百余年来西

---

① 胡燏棻.上变法自强条陈疏//郑振铎.晚清文选.北京:中国人民大学出版社,2012:415.

方列强从海上侵略中国的历史教训和现实斗争的需要，党和国家领导人做出了组建人民海军的重大决策，提出组成"一支保卫沿海沿江的海军"。① 在组建人民海军的同时，着手创办海军学校。其中，"正规化办校"成为从历史中总结而来的重要经验教训，并将其贯穿于改建、新建各类海军学校的始终。1951 年，萧劲光考察大连海校时，充分肯定该校"已经建立了正规学校的规模和基础"，是"正规的高级海军学校"②。大连海校是人民海军创办的第一所正规的高等海军学校，坚持的就是"正规办校"的基本思想。在考察其他海军学校时，他也一再强调"正规办学"这一基本方略。比如，针对海军第一航空学校，他也提出了"建立正规的、现代化的海军航空学校"③的要求。1953 年 11 月，在反思历史教训和总结办学经验的基础上，《海军军事学校工作条例（草案）》明确规定："海军学校是培养海军中、初级军官和技术人员的正规军事教育机构。"④只有办好正规的海军学校，建立正规的教学管理制度，才能培养一批又一批高素质、高水平的海权人才。

1949～1956 年，短短 7 年时间，新中国办起了一批正规学校，培养了大量的海权人才。其中，根本的一点，就是始终坚持以"正规化办校"为办学方针和指导思想，使得海权人才建设有了明确的方向。历史其实并未走远。"正规化办校"这一来自历史的经验总结，看似简单明了，人们在现实中却时常出现迷失，甚至不时健忘。比如，1959 年庐山会议之后，林彪担任国防部长。1960 年 8 月，在第八次全军院校会议上，他提出"少而精""短而少"的训练方针，强调教学内容要"少而精"，学习时间要"短而少"；"用得着就学，用不着就不学"；"在部队可以学到的，不在院校学"；"可在部队学，也可在院校学的，不在院校学"；"急学急用"等。⑤ 这实际上是对"正规化办校"思想的一种背离，是对人才成长规律、对教育教学规律的一种背弃。在肯定战争条件下办"红军大学""抗日军政大学"的精神财富和优良传统的同时，不能照搬过去的办学模式。这一时期，"忽视在现代战

① 毛泽东. 毛泽东军事文集（第 5 卷）. 北京：军事科学出版社、中央文献出版社，1993：474.
② 海军卷编写组. 中华人民共和国军事院校教育发展史·海军卷. 北京：军事科学出版社，2001：38.
③ 海军卷编写组. 中华人民共和国军事院校教育发展史·海军卷. 北京：军事科学出版社，2001：38.
④ 海军卷编写组. 中华人民共和国军事院校教育发展史·海军卷. 北京：军事科学出版社，2001：39.
⑤ 海军卷编写组. 中华人民共和国军事院校教育发展史·海军卷. 北京：军事科学出版社，2001：110.

争条件下海军现代化建设和办正规海军院校的特点",①是需要认真汲取的经验教训。

晚清政府创办的福建船政学堂、长江水师学堂、江南水师学堂等各级各类海军学校,并未得到长期性的发展与建设。这其中难免存在清政府消亡、军阀割据、中日战争等客观原因。令人唏嘘的是,新中国成立以来,长期性办学的思想并未落地生根。海军院校同样存在屡建屡撤、撤而复建等现象。海军院校初创时期,1949～1956年,已经初步建立起适应海军建设需要的培养各级军政指挥干部和各类专业人才的学校,为建立正规的海军院校教育体系打下了坚实的基础。曲折发展阶段,1956～1966年,为应对当时的精简整编任务,在没有全面论证的前提下,对海军学校进行了压缩与调整。② 其实,办好一所学校,培育合格的人才,需要经过长期的艰苦努力,动辄十几年,甚至几十年,才能初见成效。当时撤并学校时,主要考虑当前的精简整编任务,而对海权人才建设的长远需要考虑不够,对个别学校的撤并不够慎重,缺乏深思熟虑和科学论证。中断发展阶段,1966～1976年,林彪集团片面强调"部队实践中培养干部",否定院校教育在军队现代化建设中的战略地位与作用,海军院校又遭遇了大撤大搬的悲惨命运,③使得多年建设、探索和调整所建立的海军院校教育体系遭到全面的破坏。全面恢复阶段,1976～1989年,海军院校教育终于进入一个新的恢复和增建的历史时期。④ 纵观人民海军院校教育的发展历史,"由于调整中撤销、合并、搬迁的次数过多,有的缺乏长远考虑和科学论证,造成撤了又重建,建了又撤,在人、

---

① 海军卷编写组.中华人民共和国军事院校教育发展史·海军卷.北京:军事科学出版社,2001:156.

② 根据海军卷编写组编写的《中华人民共和国军事院校教育发展史·海军卷》,1961年11月～1962年10月,为压缩海军建设规模,采用保留机构、压缩定额的办法,对海军院校进行了精简整编,撤销了3所舰队联合学校,2所预备学校合并为1所,保留了14所院校。

③ 根据海军卷编写组编写的《中华人民共和国军事院校教育发展史·海军卷》,1969年2月,依照所谓的《军队院校调整方案》,提出了"指挥、政治、体育、艺术学校一律撤销"和"凡是在部队能学到的技术,一律在部队培养"的原则,将全军125所院校裁减82所,其中有海军学院、海军潜水艇学校、海军政治学校、海军第四航空学校、海军通信学校、海军军械学校、海军卫生学校、海军预备学校8所海军院校和海测系。上述8所院校和海测系自1969～1970年先后撤销。最终,原有的14所海军院校和1个海测系,竟被砍去2/3,只剩下5所院校,并撤销了海军管理院校工作的海军司令部军校部。而且,按照林彪"加强战备疏散"和"出、散、洞"的方针,仅剩的5所院校中的4所院校,撤离沿海地区,迁移到远离海军部队的地方,有的上黄土高原,有的到华中腹地。

④ 根据海军卷编写组编写的《中华人民共和国军事院校教育发展史·海军卷》,1977年9月,中央军委批转《关于调整和新增军队院校的报告》,正式批准海军恢复和增建5所院校,即海军政治学校、海军后勤学校、海军第二水面舰艇学校、海军第二航空机务学校和海军军械学校。加上1969年保留的5所和1973年恢复、重建的4所,海军共有13所院校,大体上恢复到"文革"前的状况。

财、物诸方面损失很大,也使一些院校失去了发展的机遇和宝贵的时间。凡是相对稳定的时期,海军院校的发展和提高都比较快"。① 不论晚清海防人才的发展历程,还是新中国海权人才建设的现实选择,都表明,始终坚持"正规化办校",坚持"长期性办学",是培养海权人才的客观要求。对此,不仅要有坚定的思想认识,更要有一以贯之、矢志不渝的实践行动。

二是,为培养德才兼备、又红又专的当代海权人才,必须在注重专业教育的同时,不可忽视政治教育,切实做到二者结合,二者兼顾。晚清时期,针对如何学习西学,如何对待中学的问题,提出了"中学为体、西学为用"的基本命题。"体"与"用",作为一对思想范畴,可以用于不同理论层面。对于"中体西用",在不同的语境中,有不同的理解。当关怀"政"与"艺"的关系时,"政"是"体","艺"是"用";而在讨论"教"与"政艺"的关系时,则"教"是"体","政艺"皆为"用"。因此,放在文化教育,或者人才培养的语境之下,运用"体"与"用"来理解海防人才的成长成才,"中学为体,西学为用"无疑有其合理性。即通过"中学",培养海防人才"体"的层面,使之树立起应有的政治品格;通过"西学",培养海防人才"用"的层面,使之具备应有的专业技能。

早在 1861 年,冯桂芬在《采西学议》一文提出,中国应该"以经、史等学兼习算学",这是因为,"西学不外算学,舍算学无西学也"。② 这就是说,要以中国的经、史等为主,兼习西学。即所谓"以中国之伦常名教为原本,辅以诸国富强之术"。冯桂芬"中本西辅"的观点,成为洋务派"中本西末"思想之滥觞。随着洋务运动的深入,清政府对西学的认识,实际上经历了一个由学习西方语言文字,转而学习西方天文算学,从学习"制造轮船机器诸法",转而追问"机巧之原,制作之本"③的发展过程。不过,无论是对制造之"法"的学习,还是对制作之"本"的追问,针对的都是人才"用"的层面,强调的是专业技能。当时,左宗棠在福建设置的艺局,延聘洋员担任教习,专门讲授语言、文字、算法、画法等,奕䜣对此非常认同,认为此举为"将来制造轮船机器之本"④。可见,对西学的学习,主要着眼于人才的"用",人才的"达用""致用"。与之相对,1867 年 3 月,张盛藻上折反对同

---

① 海军卷编写组. 中华人民共和国军事院校教育发展史·海军卷. 北京:军事科学出版社,2001:388.

② 冯桂芬. 采西学议//郑振铎. 晚清文选. 北京:中国人民大学出版社,2012:107.

③ 奕䜣. 奕䜣等奏酌拟学习天文算学章程呈览折//宝鋆等. 筹办夷务始末(同治朝). 北京:中华书局,2008:1982.

④ 奕䜣. 奕䜣等奏酌拟学习天文算学章程呈览折//宝鋆等. 筹办夷务始末(同治朝). 北京:中华书局,2008:1982.

文馆招收科甲正途人员学习算学,认为科甲正途士子以"尧、舜、孔、孟之道为教""读孔孟之书""学尧舜之道",具备了一种"臣民之气节",已经成为"明体达用,规模弘远"的人才。① 同文馆设立天文算学的这场争论,最终结果是,洋务派官员在主张学习西学的同时,强调学习传统中学,其中,传统中学所指向的,主要是人才"体"的层面。再如,1871 年 7 月,曾国藩围绕军政、船政、步算和制造等海防事宜,挑选幼童出国留学学习西方的舆图、算法、步天、测海、造船、制器等方面的科学知识,这同样是着眼于人才的"达用";对赴洋学习者提出"课以中国文义"的要求,以懂得立身之大节,这是着眼于人才的"明体"。正所谓"聘西人课以诸国语言文字,又聘内地名师,课以经史等学,兼习算学"②,以期培养体用兼备的人才。可见,在当时,所谓"明体",主要是强调学习西学的同时,不可忽视传统中学,不可忽视"政治品格"的培养。

无独有偶,明治维新时期,日本也曾提出一个类似的概念,即所谓的"和魂洋才"。日本学者森岛通夫曾指出:"日本人已经解释说建立一个西方式的近代国家的主题是指在设备上、物质上而言,并非指精神上、感情上而说。尽管在科学、技术、教育、经济、军队和政治结构方面,日本在外表和形式上都迅速西方化了,但在精神上的变化却远远地落在后面。更确切地说,正如'和魂洋才'这个口号所表明的那样,日本人一直是强烈地拒绝西方的精神、观念的,日本人强烈地希望保留自己的文化、自己的生活方式、上下之间的特殊关系以及他们自己的家庭结构,而同时还要建立一个具有可与西方国家相匹敌的力量的近代国家。"③"和魂洋才"的提法虽然也曾遭到日本知识分子的批评,但日本近代化进程基本上遵循了"和魂"与"洋才"相辅相成、彼此融合的原则。清廷提出的"中体西用",虽然对"中学"与"西学"有所谓的"体用""本末""主辅"之分,但是,应该承认,其基本思路是正确的,与"和魂洋才"的提法也没有本质的区别。然而,日本在引进西学、西艺上,比中国更为积极,更为开放,也更富有实效。类似的思想观念,却因政治环境与土壤的不同,而在最终成效上天壤之别。

无论是"中体西用",还是"和魂洋才",在本质上都提出了一个政治教育与专业教育相结合的问题。人民海军在组建之初,在关注专业教育的同时,高度重视政治教育。"海上战斗力量的建设",这是专业教育的基本任务,也是"海军建设

---

①　张盛藻. 张盛藻奏同文馆学习天文算术不可用科甲正途官员折//宝鋆等. 筹办夷务始末(同治朝). 北京:中华书局,2008:2001.

②　冯桂芬. 制西学议//郑振铎. 晚清文选. 北京:中国人民大学出版社,2012:107.

③　〔日〕森岛通夫. 日本为什么"成功". 成都:四川人民出版社,1986:137.

的中心问题",而"从思想上、政治上、组织上保证这一建设要求的实现"①,则是政治教育的基本任务。专业教育解决"培养什么样的人"的问题,而政治教育则解决"为谁培养人"的问题。既不可使专业教育替代政治教育,也不可使政治教育凌驾于专业教育之上;二者相辅相成,不可偏废。回顾新中国海军院校教育的历史,1960年8月,在第八次全军院校会上,其海军院校教育的错误思想倾向之一,即将许多学术上的问题当作政治问题批判,贴"资产阶级故弄玄虚""唯武器论"等政治标签,乱扣政治帽子,进而破坏课程体系,大砍教学内容,削弱基础理论,压缩教学时间。政治运动多,任意听课,不断冲击教学,打乱了正常的教学秩序。② 这种错误倾向,集中表现为以"政治教育"替代"专业教育",使"政治教育"凌驾于"专业教育"之上,实际上是对海军院校正规教育的大冲击和大破坏。1989年的政治风波之后,党和国家对海军院校教育的思考,在重视专业教育的同时,更加重视政治教育,更加关注培养政治上合格人才的问题,推动海权人才的革命化、现代化和正规化,以此全面贯彻党的教育方针,确保海军部队坚持党的基本路线不动摇,永远置于党的领导之下。自此,政治教育成为海军院校教育的一项战略任务。一正一反,历史教训深刻说明,在海权人才培养上,政治教育的过度、政治教育的泛化,与政治教育的忽视、政治教育的弱化,都是不足取、不可取的。其实,"从政治教育到军事技术教育、队列体育训练,从教育计划、教学大纲、教学内容到教学方针、教学制度,从讲课到自学、操作、讨论、实习、考核,把各个方面有机地组成一盘棋"③,这才是对待"政治教育"与"专业教育"二者关系的合理态度。无论是晚清时期"中体西用"的教育思想,还是新中国"又红又专"的培养目标,都表明,海权人才不仅政治上要强,而且必须掌握复杂的海上技术、战术和指挥艺术。只有坚持将政治教育与专业教育结合起来,坚持把政治教育放在首位,坚持人民海军的政治方向,同时严谨治学、严格治校,建立和健全海权能力建设所需的学科体系、专业体系,才能适应海权能力建设发展的需要,造就大批高素质的海权人才。

三是,兼顾"军事教育"与"海洋教育",才能培养出一批又一批"军事素质"与"海洋素养"兼备的复合型海权人才。回顾晚清海防人才培养的生动历史,早在1841年2月,裕谦奏陈沿海地势情形知识,就关注到了海岸沿线的特征,这实质

---

① 海军卷编写组. 中华人民共和国军事院校教育发展史·海军卷. 北京:军事科学出版社,2001:54.

② 海军卷编写组. 中华人民共和国军事院校教育发展史·海军卷. 北京:军事科学出版社,2001:110.

③ 海军卷编写组. 中华人民共和国军事院校教育发展史·海军卷. 北京:军事科学出版社,2001:112.

上是一种认识海洋、勘探海洋的思想观念的萌芽。在奏折中,裕谦提到,英国海上所持力量主要是"船"与"炮",但"炮既不能离船""船又不能近岸"。这是因为,英船"吃水甚深",故而不畏风浪却"畏礁浅",沿海诸多位置为英国"船炮所不能至之处"。这样一来,"但使内地城池,不逼临海口,即或城濒于海,而城外有浅滩十数里,夷船便不能驶近。"①裕谦对沿海防务的筹划,结合了沿海地势情形,主要依据"外夷大兵船不能驶近浅岸""而小船又不敢远离大船肆扰"。② 基于海岸、海口、海面的实际地理情形,采取相应的布防策略,显然符合海防斗争的现实需要,这就要求海防将领必须具备相应的海洋素养。③ 再如,1850 年 8 月,安徽布政使蒋文庆也提出,英军嚣张跋扈,贪婪成性,索求无度,"宜于无事之时,裕有事之备",④由此,蒋文庆提出,沿海各营的防海兵将应该在无战事之日,加强军事训练,"于海洋必亲习风涛""于炮火必亲习点放""于船只器械火药必力求坚致精利"。⑤ 所谓"亲习风涛",同样是出于提高海防人才的海洋素养的目的。1874 年 11 月,时任漕运总督的文彬提出,应该勘测沿海口岸的潮汐情形,即"潮来时水深若干尺"与"潮退后水深若干尺",并"将水势沙线查探明确,记明里数及行船时刻"⑥,便于因地制宜布防,随时布置策应。与之相应,轮船存在一个"吃水"深

① 裕谦. 裕谦又奏陈沿海地势情形折//文庆等. 筹办夷务始末(道光朝). 北京:中华书局,1964:865.

② 裕谦. 裕谦又奏陈沿海地势情形折//文庆等. 筹办夷务始末(道光朝). 北京:中华书局,1964:865.

③ 裕谦在奏折里说,"沿海洋面,外似一望汪洋,其实水中沙线,千条万缕,纵横曲折,即平底沙船,尚必多雇小舟熟习沙线者,探水引路,乘潮行驶,潮退立虞浅搁。故凡船之利于大洋者,必不利于内港;犹之利于内港者,必不利于大洋。"裕谦认为,英国战船虽然可以任载"数千斤之大炮",但是,"内洋水浅,而近岸又必有明沙暗礁为之拦护",如果在"近岸之内洋"施放这种"数千斤之大炮","船必倒退,一经搁浅。船底着实,立刻震裂。"由此,裕谦推断,英国战船"只可施于深水外洋",而"不能施于近岸之内洋"。暂且不论这种推论是否合情合理,不过,裕谦这样一种基于沿海地理情形谋划海防策略的战略思想有其重要的军事价值。而且,为适应海防斗争的现实需要,也迫切需要海防将领将视线投向海面,投向外洋。裕谦提出,沿海军政官员必须"遍历本属洋面","测量水势之浅深、滩岸之远近、沙线之险易",考察"何处小舟可通而重载大船不能到,何处内地大船可通而外洋大号夷船不能到",勘测港岸"距大洋若干里,水深若干丈",勘测城池距岸若干里,距滩若干里,距洋若干里,探测险溜暗礁所在位置,在熟悉海洋情形的基础上,酌情考虑实际情形,采取相应的海防策略,"分别最要次要,何处应安兵安炮防守,何处应分地方居民自为团练防守,何处勿庸防守。"

④ 蒋文庆. 蒋文庆奏英人跋扈请饬沿海各地讲求团练并予海疆道府以兵权折//贾桢等. 筹办夷务始末(咸丰朝). 北京:中华书局,1979:38.

⑤ 蒋文庆. 蒋文庆奏英人跋扈请饬沿海各地讲求团练并予海疆道府以兵权折//贾桢等. 筹办夷务始末(咸丰朝). 北京:中华书局,1979:38.

⑥ 文彬. 署山东巡抚漕运总督文彬奏议覆总理衙门练兵简器造船等办法折//宝鋆等. 筹办夷务始末(同治朝). 北京:中华书局,2008:3963.

度的问题。① 结合战船的"吃水"深度与沿海地理形势,可以进行切合地利的布防。"况来船之高小,又视潮汐之涨落"②,在沿海口岸施放火炮以攻打海上的敌船之时,"炮出之远近迟速",自然也与"潮汐之涨落"密切相关。沿海各口岸的布防策略存在或紧,或严,或散,或漫等不同情形;在陆地设立炮台也应该采取或疏,或密,或近,或远等不同方略。这只是例举海战与潮汐关联的例子,表明海战与海洋知识的紧密联系。限于当时的历史条件,清政府对海洋知识的认识,对海洋知识与海战的关联性的认识,都还处在一个初级阶段,对于海防人才的评价标准,还局限在"娴于驾驶、熟狎风涛"③等经验的层面,尚未上升到理性的层面,更尚未上升到科学认识的水平。

同光之际,清政府先后设立了福建马尾船政学堂、天津水师学堂等,在办学实践中,对以"海洋素养"为核心的素质要求,逐渐有了一些认识,但与国家海上安全的现实需要相比,还存在不少的问题。比如,对于海防与沿海地理形势的认识,正如《水师宜慎选统带说》一文所谈及的:对于水师将领的训练,抑或对海防将领的培养,首要的是"冲突波涛,善识水性",④而要做到这一点,就必须"游历外洋,周巡大海"。⑤ 然而,在以往海防人才培养实践中,"兵船之所巡行者,不过自南至北,自闽至粤,绝不知外洋之情形若何? 大海之风波奚若,是则其识见本领又从何处增进? 尤可笑者,各兵船不但不曾历过外海,即内地沿海之地,亦未甚详悉。"⑥而就海战实际而言,则必须详细掌握沿海地理形势,对"某处有暗礁几何? 某处进某口有何捷径? 某处入某门有何拦阻? 某处台其向背何如? 何处可与兵船响应? 何处可以设伏? 何处可以藏船? 何处可以了敌? 何处可以进攻? 如何而可争上游? 如何而可占上风? 何地可以运饷? 何地可以求援? 何地

---

① 根据文彬的考察,当时美国名为"坐港"的铁船水炮台打仗时"吃水"深度为九尺,而新样大号水炮台打仗时"吃水"深度为二丈二尺。而英国旧式战船的"吃水"深度为二丈一尺,新试铁船"第一号"的"吃水"深度为一丈,"第二号""吃水"深度为一丈六尺,"第三号""吃水"深度为一丈,"第四号""吃水"深度为一丈。

② 文彬.署山东巡抚漕运总督文彬奏议覆总理衙门练兵简器造船等办法折//宝鋆等.筹办夷务始末(同治朝).北京:中华书局,2008:3963-3964.

③ 刘坤一.江西巡抚刘坤一奏议覆总理各国事务衙门详议海防折//宝鋆等.筹办夷务始末(同治朝).北京:中华书局,2008:4042.

④ 佚名.水师宜慎选统带说//沈云龙.近代中国史料丛刊第七十七辑,何良栋.皇朝经世文四编.台北:文海出版社,1966:633-634.

⑤ 佚名.水师宜慎选统带说//沈云龙.近代中国史料丛刊第七十七辑,何良栋.皇朝经世文四编.台北:文海出版社,1966:634.

⑥ 佚名.水师宜慎选统带说//沈云龙.近代中国史料丛刊第七十七辑,何良栋.皇朝经世文四编.台北:文海出版社,1966:634.

可以接应"①等问题,一一了然于胸。然而,当时培养出来的海防人才,离海战的客观要求,尚有不小的差距。1874~1894年,20年间,清政府不时学习西方有关海洋、海防、海军和海战的知识,对此,前文已有所介绍。即便中日甲午战争之后,清政府同样不时关注到西方海洋海防知识的发展与演进。② 尽管如此,反思中日甲午战争,清政府政治上的腐败无能,是其失败的原因之一。同时,海洋观念的落后,也是其失败的重要原因。1840年以来,欧洲列强纷纷东犯之际,清朝统治者依然禁锢于"陆主海从"的保守传统与思维,甚至"只见陆疆不见海域",逐渐成为一个重陆轻海、漠视海洋、囿于陆土的国家,而没有与时俱进地培育起一种陆海统筹、向海而兴的海洋观念和海权思想。无论对于"海防人才"而言,还是对于"海权人才"而论,具备必要的"海洋素养",始终不失为重要的素质要求与评价标准。

当代中国海权人才建设,仍离不开海权教育这一主渠道和主阵地。新中国成立以来,在当代海权教育实践中,对海洋教育的认识,同样经历了一个曲折的发展过程。新中国成立之初,依据海上斗争形势和建设海上战斗力的需要,创办起人民的海军院校。其主要方针是"从长期建设着眼,由当前情况出发,建设一支现代化、富有攻防能力的、近海的、轻型的海上战斗力量"③。对于海权人才的培养,突出"海上战斗力量"这一根本要求,并进行"三热爱"(爱舰、爱岛、爱海洋)教育,对他们进行帝国主义从海上侵略史的教育,培养一种保卫海疆的革命意志,这为海军建设和解放沿海岛屿、保卫祖国海疆做出了重要贡献。可惜的是,海军院校由此走入了一个曲折发展的困境。与之相应,海洋教育也经历了一个早期初创、中途停滞,再到全面恢复的历史发展过程。直至1983年12月,在《关于进一步提高院校教学质量的意见》一文中,考虑到海军的特点和未来海上反侵略战争的需要,再次从"爱舰、爱岛、爱海洋""不避海上训练和战斗任务的艰险""不怕海洋生活的艰苦""海军专业技术知识""适应海洋训练、生活、战斗的坚强体魄"④等方面,提出了海权人才的特殊素质要求。海军院校逐渐增设了"海洋

① 佚名.水师宜慎选统带说//沈云龙.近代中国史料丛刊第七十七辑,何良栋.皇朝经世文四编.台北:文海出版社,1966:634.
② 据姜鸣《中国近代海军史事日志》,比如,1909年7月,《江南制造局》移译《英国水师考》《美国水师考》《俄国水师考》《法国水师考》《英国水师律例》《海军调度要言》《航海通书》《船海章程》《行海要术》《测海绘图》《海军正艺通论》《世界海军现状》等。
③ 海军卷编写组.中华人民共和国军事院校教育发展史·海军卷.北京:军事科学出版社,2001:8.
④ 海军卷编写组.中华人民共和国军事院校教育发展史·海军卷.北京:军事科学出版社,2001:209.

观课程""中国近代海疆斗争史""三热爱、一献身(献身海洋事业)""国际海洋法""海军战史""突出海军特点"的体育训练①等方面的教学内容,激发学员爱国之情,立志为海军事业献身。1980 年 11 月,在《关于调整和加强院校海上实习保障问题》的通知中,将海上实习作为培养海权人才的重要环节。② 1981 年 11 月,召开海军指挥院校战术教学内容改革座谈会,重点研讨了"海军战术教学内容改革问题",提出"研究未来海上作战"③的重要课题。海军战略、战役和战术方面,提出根据"近海防御"战略深入研究"海军战略的主要依据""海军战略的性质""海军战略的目的和任务、作战对象、作战海区""海军作战能力""海军兵力运用""海上作战的指导原则""海上作战的基本形式""海上人民战争的特点""海上作战指挥"④等问题。至此,海军院校逐渐成为海洋科学与人文研究的重要基地,海军院校教育对海权人才的海洋素养也有了一个更加清晰的认识和理性的自觉,对于培养既具有军事素质,有具备海洋素养的复合型海权人才发挥了突出作用。不论是晚清的历史探索,还是当代的曲折实践,都深刻表明,必须将军事教育与海洋教育结合起来,才能真正承担起建设海上维权力量的历史重任。历史的智慧并未走远,她就在身边,就在当下。自 1950 年建立人民海军至今的理论自觉,其间已经走过了 30 多年的曲折历史,这不得不令人警醒。对于海权人才的培养,必须始终坚持面向现代化、面向世界、面向未来,充分发挥海权教育在海防人才培养中的基础性作用。当今时代,科学技术迅猛发展,以科学技术装备起来的海防武器日新月异,对海权人才的海洋素养也提出了越来越高的要求。一个国家、一个民族对海洋的思想认识,对海洋的观念意识,所采取的海上战略,决定着其海洋发展的方向、距离、时机,决定着其建设什么样的海军,建设什么样的海权人才队伍。尤其是海权战略与海权理论,则是国家制定海洋维权能力建设发展战略、规划海军建设、发展海上武器装备、组织海权斗争的准备与实施的理论依据和决策基础。

---

① 海军卷编写组.中华人民共和国军事院校教育发展史·海军卷.北京:军事科学出版社,2001:209-223.

② 根据海军卷编写组编写的《中华人民共和国军事院校教育发展史·海军卷》,1985 年,大连舰艇学院、广州舰艇学院的教员和学员,随海军水面舰艇编队首次出访巴基斯坦、斯里兰卡和孟加拉国,首次走出国门,进入印度洋,丰富海上航行经历。

③ 海军卷编写组.中华人民共和国军事院校教育发展史·海军卷.北京:军事科学出版社,2001:224.

④ 海军卷编写组.中华人民共和国军事院校教育发展史·海军卷.北京:军事科学出版社,2001:269-270.

中国海权战略经历了从"沿岸防御"到"近岸防御",从"近海纵深防御"到"近海综合防御",从"黄水战略"到"蓝水战略"等几个特定的历史阶段。海洋观念的变迁,必然带来海权思想的变化。当前,基于对海洋自身的连通性和开放性的深刻认识,基于维护国家陆疆安全和近海安全的现实需要,中国海权战略需要从"近海"走向"远海",着手建设起"蓝水海军"。过去,主要保卫海岸、近海,而现在要走向深海、远海和大洋,对水文、气象、海温、海流、海雾等海洋科学知识提出了更高的要求。比如,海洋气象问题①,随着海上舰船活动海域的扩大,海上维权使命任务的扩展,复杂多变的海洋气象,对舰船安全构成了严重威胁。在海洋史上,多数时候由于恶劣天气和海况的影响,舰船事故率居高不下。这在很大程度上是由于舰船驾驶人员海洋气象知识不足、经验不丰富、操作不当和应急处置能力不够造成的。再如,从海权地理的角度而言,在海上,向东有朝鲜、韩国、日本,东南亚有菲律宾、越南、马来西亚、印度尼西亚等国家与我国隔海相望。由于极其复杂的历史原因,我国几乎与每个邻国都有历史恩怨和权益纷争,使得我国始终面临周边威胁。虽拥有辽阔的海域,但海域周边的邻国几乎都向我国提出了不同的要求,有的甚至强占我国岛屿与海域,封锁我国海上通道。这些都对当代海权人才的"海洋素养"提出了更高的要求。

加强海洋科学与人文的学习研究,培养海权人才高深的"海洋素养",这是当代海洋维权能力建设的客观要求。20 世纪 90 年代以来,海军院校以古代海军的辉煌史激励当代海权人才的自豪感,以近代海军的屈辱史激发当代海权人才的责任感,以人民海军的成长史激发当代海权人才的使命感,②并开展系统的海洋国土、海洋权益和海洋资源教育。继《国际海洋法》之后,又陆续开展《国际海战法》《海洋国土》等课程,融海洋价值观、海洋权益观和海洋防卫观于一体,形成系统的海洋观教育课程体系。③ 海军院校还深入进行了"海上综合素质"的研讨,认为"海上综合素质"在政治素质上的集中表现为"爱舰、爱岛、爱海洋"的意识,表现为强烈的海洋国土意识;④在军事素质上的集中表现为"在海上运用武

---

① 海洋气象主要涉及气象要素及其基本变化规律,大气环流和海洋环流、天气系统发生、发展和消亡的变化规律及天气模式、大风、浓雾、暴雨和极寒等恶劣天气形成的原因和季节性变化规律等内容。

② 海军卷编写组. 中华人民共和国军事院校教育发展史·海军卷. 北京:军事科学出版社,2001:330.

③ 海军卷编写组. 中华人民共和国军事院校教育发展史·海军卷. 北京:军事科学出版社,2001:332.

④ 海军卷编写组. 中华人民共和国军事院校教育发展史·海军卷. 北京:军事科学出版社,2001:361.

器装备的能力,组织舰艇部门海上训练的能力,灵活果敢的决策能力和复杂情况下的应变能力";在心理素质和体魄素质上的集中表现为"不畏风浪、战胜晕船,适应恶劣海况的耐风浪素质,平时能承受高强度的海上训练,战时能承受海上严酷环境的素质";在基础能力上集中体现为"掌握舰员必须掌握的技能""具备良好的海上生存能力"。① 这都是培养海权人才"海洋素养"的有益尝试。

　　未来,必须始终以国家海防事业发展需求为政策导向,围绕海洋维权能力的又好又快发展、海上安全范围能力的不断增强和海上军事科技创新能力的逐步提高等,思考探索海权人才队伍建设的重点领域和主要任务,科学定位海权人才队伍建设的基本目标。尤其要在世界重大海洋科学研究和高新海洋技术领域,在关系国家海上安全的重要领域,着力培养高层次的海权人才,引领和带动我国军事科学技术的发展,使我国在全球海洋维权能力建设上占得先机。与此同时,必须汲取历史的教训,不断借鉴和研究国外海权战略、理论和战术的先进经验,学习国外应对高技术条件下的海上局部战争的先进理论与思想,服务于当代中国海权建设。这就要求紧扣"政治品格""专业技能""军事素质""海洋素养"和"创新能力"等核心素质要求,突出培养创新型海权人才,注重培养应用型海权人才,逐步形成完善的海权教育体系。

　　四是,借鉴储备人才的历史智慧,做好海权人才的储备,尤其是高端海权人才的储备,是当代海权人才建设必要的一环。如前所述,储备人才,是选拔与任用人才的根本性前提。为巩固王朝统治的现实需要,清政府渴望取得海防斗争的最终胜利,这是不言自明的道理。在历次海防危机中,朝野上下渴求可以真正应对危机的人才,这同样不言自明。比如,第一次鸦片战争时期,耆英等海防将领甚至想到访求"海上习水之人"②,甚至是所谓"能在水底捞获海参者"③;裕谦提出选用"熟识海洋风云沙线著于操舟出没风涛者"④"汩水潜伏江海者"⑤,还有

① 海军卷编写组. 中华人民共和国军事院校教育发展史·海军卷. 北京:军事科学出版社,2001:362.

② 耆英. 耆英奏查明旅顺口形势并各口添兵设炮情形折//文庆. 筹办夷务始末(道光朝). 北京:中华书局,2008:771.

③ 耆英. 耆英奏查明旅顺口形势并各口添兵设炮情形折//文庆. 筹办夷务始末(道光朝). 北京:中华书局,2008:771.

④ 裕谦. 裕谦又奏于乡勇外另行招募武艺超众者方俾实用片//文庆. 筹办夷务始末(道光朝). 北京:中华书局,2008:785.

⑤ 裕谦. 裕谦又奏于乡勇外另行招募武艺超众者方俾实用片//文庆. 筹办夷务始末(道光朝). 北京:中华书局,2008:785.

的提出募集"海滨生长,惯习风涛"①"于海滨一带驾船行走"②的沿海渔户,可谓愚蒙至极,同时暴露了朝内无人而急病乱投医的焦躁心理。针对朝内乏才的困局,同光之际,王凯泰等部分沿海督抚官员提出了"广储人才"的设想,主张在科举取士的常规之外,别开"陶镕之方",拓宽"登庸之路",对于习文事者,"不专攻于词章书法";对于肄武备者,"不徒求诸弓矢刀石",③广求"雄材大略""奇技异能""晓畅天文"和"熟谙地理"④等方面的人才,以回应筹海救国亟需人才的客观形势,从而切实解决人才问题上的被动局面。

清廷设立同文馆,各省设立实学馆和方言馆等,聚在一起学习中外学术,也有储备人才的意愿。正如李瑞棻在《请推广学校疏》所言:"天下之大,事变之亟,成求多士,始济艰难。今十八行省,只有数馆,每馆生徒,只有数十,士之欲学者,或以地僻而不能达,或以额外而不能容。即使在馆学徒,一人有一人之用,尚于治天下之才,万不足一。"⑤出于种种弊端,所设诸馆并未发挥应有的作用,朝廷"不一收奇才异能之用"。⑥ 对此,也应客观地看到,人才储备具有特殊意义,清廷设馆储备人才的做法,本身有值得肯定的地方。先秦出现过"养士",实际就是人才储备。汉代出现了正式的人才储备制度即郎官制度。实行察举制后,凡是地方推荐上来的孝廉,以及其他各种途径取得任官资格的士子,一般先出任郎官。"郎",即"廊",以在皇宫走廊值班而得名。郎官值班皇宫走廊,见识朝廷的阵仗,了解官场的规矩,接近执政的大员,熟悉政务的运作。经过见习磨炼,再二次选拔,担任地方或者部门实职,再通过政务表现,一级一级提拔上来。明清时期,随着科举制度的发展,诞生了馆选制度。所谓馆选,是在新科进士中再考试选拔一批庶吉士,到储备人才的翰林院继续学习深造,三年期满,按照结业考试成绩分授实职。自古就有的这种人才储备制度,有助于高级人才的培养与选拔。绝大多数人,哪怕天资再好,步入仕途之后,也只能从基层做起,凭个人表现,逐渐上升到高层。换句话说,人才低端向高端的成长,是一个自然过程。通过人才

① 程矞采.程矞采奏陈攻防事宜折//文庆.筹办夷务始末(道光朝).北京:中华书局,2008:840-841.

② 讷尔经额.讷尔经额又奏议覆御史殷德泰奏请招集渔户团练水勇折//文庆.筹办夷务始末(道光朝).北京:中华书局,2008:1482.

③ 王凯泰.福建巡抚王凯泰奏议覆总理各国事务衙门详议海防折//宝鋆等.筹办夷务始末(同治朝).北京:中华书局,2008:4015.

④ 王凯泰.福建巡抚王凯泰奏议覆总理各国事务衙门详议海防折//宝鋆等.筹办夷务始末(同治朝).北京:中华书局,2008:4015-4016.

⑤ 李瑞棻.请推广学校疏//郑振铎.晚清文选.北京:中国人民大学出版社,2012:557.

⑥ 李瑞棻.请推广学校疏//郑振铎.晚清文选.北京:中国人民大学出版社,2012:557.

储备制度,在低端把住入口,为人才的成长过程提供条件,而绝不揠苗助长。

借鉴历史,当代海权人才建设需要探索海权人才储备制度,尤其是高端海权人才的储备制度。"在新的历史时期……'建立一支强大的具有现代战斗能力的海军',以抵御外来的侵略,保卫我国的领海主权,为维护我国海洋权益、开发利用海上资源、进行四化建设服务。实现这个使命的关键,在于精心培养和选用人才。"①当前,在海洋领域,受到历史因素的影响,我国从事海洋自然科学领域的人才比重较大,而从事海洋社会科学的人才数量较少,特别是缺乏海洋军事、海洋管理、海洋经济、海洋法律、海洋战略和海洋政策研究等方面的复合型人才。"养兵千日,用兵一时。"回顾同光之际的深重历史,必须清醒地认识到,选拔人才的前提性条件是储备人才。这启发我们,结合海洋维权能力建设的现实需要,探索军事院校专门培养、地方院校协助培养、科研院所联合培养等人才成长渠道,拓宽海权人才成长空间,尤其要加大高素质海权人才的储备力度。"一个国家的海上力量,包括海军、运输船队、渔船队、海洋工程技术队伍和科学考察队伍等,在一定程度上标志着这个国家的经济、技术和军事实力,这关系到一个国家能否有效地维护国家海洋权益和充分地开发利用海洋的问题。"②当前,维护海洋权益成为我国与周边国家和地区海洋争端的焦点,海上安全形势趋于复杂化、国际化,海上侵略与反侵略、掠夺与反掠夺斗争随时可能发生。通过经常性的海上巡航、武器实验、军事演习、模拟救援行动等"非战争性运用",其中既有历练人才之意,也有储备人才之意,值得肯定与加强。这就要求我们注重在海权事业发展实践中发现、培养和造就海权人才,结合海权事业发展领域急需紧缺人才的情况,重点抓好高层次创新型领军海权人才的储备,统筹现有海权人才、后备海权人才和未来海防人才的培养,着重提高海防人才的科技创新能力。通过重点突破,构建人人能够成才、人人得到发展的海权人才储备开发机制,带动海权人才队伍的整体发展,推进海权人才队伍全面发展。

五是,不断拓宽人才选拔渠道,革新人才选拔的方式方法,才能真正实现人尽其才,才尽其用。分析历史,不难发现,同光之际对于海防人才的选拔,主要依靠的是传统的科举取士。科举制度发展到清代,主要考核士子对经义的诵记,而且几尽"非圣人之言不言,非经中之语不用"的惊人地步。考试题目主要摘自《四书》,答卷的所述所论,往往都必须有相应的出处,主要是朱熹的《四书集成》等。

①　刘华清.刘华清军事文选(上).北京:解放军出版社,2008:422.
②　刘华清.刘华清军事文选(上).北京:解放军出版社,2008:370.

科举考试内容僵化和封闭，由此，士子的学习研究也相对走向僵化和封闭。"今中国各书院义塾，制亦大备，乃设八股试帖词赋经义而外，一无讲求。又明知其无用，而徒以法令所在，相沿不改，人材消耗，实由于此。"①科举考试的目的主要是选拔朝廷官员，即治国理民的管理人才，包括治理海疆的军事人才，而考试的内容却以诗赋文章为主，这样一来，一方面，"用非所考、考非所用"，另一方面，"学非所用、用非所学"。"选将才于俦人广众之中，拔使才于诗文帖括之内。至于制造工艺，皆取材于不通文理，不解测算之匠徒，而欲与各国洁长较短，断乎不能。"②考非所用导致学非所用，士子脱离社会实际，社会也难以培养具有真才实学的实用人才，更遑论懂得近代军事科学技术的海防人才。"国待人而治，人待学而成。必无人不学，而后有可用之人。必无学不专，而后有可用之学。"③由于学习内容不能与社会发展的客观要求相融合，与社会发展的步伐相协调，也就难以产生社会实际需要的人才。

考试作为选拔官吏的一种手段和制度本身并无过错。但是，当旧有夷夏世界秩序风雨飘摇之际，海外敌对势力虎视眈眈之时，海防斗争形势日益严峻，对新式海防人才的需求日益紧迫。而且，科学技术发展进程日益加快，以科学技术装备起来的海防武器飞速发展，这对海防人才的科学技术素质提出了越来越高的要求。正所谓"时事多艰，需材孔亟，请推广学校，以励人材，而资御侮"④，从应然的角度而言，清廷应当顺应历史潮流的发展而因时而动、因时而变，不断进行自我革新，才能应对时代发展的要求。如此看来，人才选拔制度必须与社会历史发展同步，与事业发展客观需求同步，不断进行变革。如果不能根据海洋维权事业发展的需要进行变革和创新海权人才选拔制度，最终就会被时代所淘汰，就会直接或间接地影响、阻碍事业的进步与发展。

人才选拔，自然离不开人才评价，离不开人才评价的标准。海权人才评价标准，涉及如前所述的战略思维、军事素质、政治品格、海洋素养、应用能力和创新能力等维度，必须按照"具备可靠的政治品格和过硬的军事素质，具备相应的海洋素养和专门的应用能力"的海权人才观的素质要求。笔者在总结当代海权人才观时，旗帜鲜明地提出了"具备相应的海洋素养"这一条。与其他人才类型相

---

① 胡燏棻.上变法自强条陈疏//郑振铎.晚清文选.北京：中国人民大学出版社，2012：415.
② 盛宣怀.拟设天津中西学堂请奏明立案//郑振铎.晚清文选.北京：中国人民大学出版社，2012：509.
③ 张謇.变法平议//郑振铎.晚清文选.北京：中国人民大学出版社，2012：528.
④ 李瑞棻.请推广学校疏//郑振铎.晚清文选.北京：中国人民大学出版社，2012：557.

比,海权人才最突出的特质在于认识海洋、了解海洋,从而利用海洋、管控海洋。对于这一点,晚清历史上走过了艰难曲折的道路,其中不乏深刻的历史教训。因此,必须始终突出"海洋素养"这一核心评价指标的引导作用,加强人才评价顶层设计的科学性与规范性。不断破除束缚海权人才发展的思想观念和制度障碍,改进海权人才评价方式,拓宽海权人才评价渠道,切实解决"如何评价人才""评价人才什么""谁来评价人才"等基础问题。这就要求我们将评价海权人才和发现海权人才结合起来,坚持在海洋维权事业发展实践中识别海权人才、发现海权人才,尤其要注重在海权建设实践中选拔理论基础扎实、实践经验丰富、创新性强、发展潜力大的优秀海权人才,形成有利于优秀海权人才脱颖而出的储才、用才机制,满足当代海洋维权任务的人才需求。

除此之外,在当代海权人才建设过程中,还需要将国际经验与本土实践结合起来。由于教育活动具有自身所固有的规律,世界各国的海军院校体制存在相通之处,值得相互学习和借鉴,以扬长避短,切不可故步自封。晚清时期,清政府采用"引进来"和"走出去"的方式,向英国、法国、德国、美国等国学习,这是值得肯定的一面。无独有偶,新中国成立以后,为尽快建立人民海军,同样采取了学习苏联的做法,这是非常必要的。这加快了人民海军学校的建设,提高了海权人才培养的质量,避免了走弯路或少走弯路。而且,在学习苏联的过程中,坚持学习与创新相结合,坚持苏联经验与人民海军实际情况相结合,加快建立了符合国情的海权人才培养体系。如果与晚清顽固派的主张一样,片面强调"权自我操",片面强调海军办学的自主性,就会使当代海军院校的发展陷入自我封闭的状态,与世界先进的科学技术日益脱轨,差距越来越大。但在学习国外经验的过程中,也要防止出现脱离中国国情、军情,生搬硬套的现象,这就提出了国际经验与本土实践相结合的实际问题。海军院校办学模式在不同时期、不同国家是有区别的。即使在某些社会条件相同的国家之间,这种差异性也是存在的。任何一个国家的海军院校办学模式都有其自身形成和发展的逻辑,各自的形成和发展环境、条件和适应范围,各自的价值取向和目标取向,都有各自的长处和短处。在学习和借鉴国外海军院校办学模式的有益经验时,更要注意保持和发扬本土海军院校在长期发展过程中形成的独有特色,不能简单照抄照搬国外海军院校的办学模式,轻易否定自己,也不可以偏概全,以一个或少数几个国家海军院校办学模式及其变化来概括海军院校办学模式演变的基本规律,更不能简单地把某一个或少数几个国家海军院校的具体结构作为衡量海军院校办学模式合理性的标准,甚至作为本土海军院校改革、发展和创新的参照依据。

结合晚清历史,反思当代实践,当今世界,科学技术飞速发展,海上武器装备随着科技发展而有质的飞跃,为实现规模化办校、现代化教学、正规化管理,应该在"以我为主"的根本性前提下,坚持改革开放,面向世界,坚持学习外国先进经验和军事科技,将学习经验与独立创新结合起来,防止盲目排外,反对照搬照抄,同时注重本土实践,为当代海权人才建设书写更加灿烂的诗篇。

三、政策的决策与执行机制

任何一项政策的制定与实施,都离不开一定的决策与执行机制。人才政策是如此,海防人才政策也是如此。对于同光之际海防人才政策的决策过程、执行实践与调整过程,前文已有较为详细的历史考察。应该清醒地认识到,无论是决策机制,还是执行机制,清政府在不同程度上都存在这样或那样的问题,值得进行一种当代反思。限于篇幅,在此并不能,也不可能对当代海权人才发展的决策与执行机制做出一种系统解答,仅仅是基于同光之际这一时期的历史的考量,总结其历史教训,揭示其当代启示。

(一)晚清政策决策的失误及其当代应然性要求

对于政策的决策机制的探讨,需要面对"政策是怎样制定的"与"政策应该怎样制定"这两大根本问题,一个是"实然"的问题,一个是"应然"的问题。从"实然"的角度而言,需要回答谁有权利参与决策;谁能在决策中起主要作用;制定一项政策的动机和目的等。从"应然"的角度而言,则需要回答应该运用何种方法或程序来制定政策;怎样依据不同的条件运用不同的决策方法等。清政府决策模式单一,决策程序过于简单,决策主体局限于皇帝一人,朝廷决策往往谈不上"合理决策",更谈不上"科学决策"。这启发人们,在制定当代海权人才政策的过程中,必须进一步规范决策程序、完善决策机制,使得国家决策具有更强的"科学性"与"全局性"。

清政府的政治体制在中央层面形成了"皇权—军机—六部"的格局,其中,皇帝和军机是决策中心。朝廷决策往往由最高决策者自己提出议程,地方督抚以奏折的方式提出政策建议,最终由最高决策层自行裁定,并由朝廷自上而下的组织体系传递给地方。分析其决策模式,不难发现,其决策的依据,主要是中央各部和地方官员的奏折,决策信息来源单一。决策者不了解下情、实情。最终决策主要有赖于清朝皇帝的主观意志与愿望。这是一种典型的"关门模式",清廷中枢在政策议题确定、政策方案形成、政策方案选择以及政策方案的合法化过程中,居于领导地位。地方督抚仅以奏折的方式,发挥自身组织、知识、经验、信息优势,参与决策过程。其中根本没有"民众"位置,更谈不上发挥"专业人士"的资政作用。这种模式是一种权力过分集中、少数人专断甚至个人专断的决策模式。整个决策过程缺乏透明性,也谈不上规范性,更谈不上民主性。

在中央集权的决策体制之下,皇权是国家主权的代表,又是中央政府统治权力的核心。皇权、国家主权和中央政府权力"三维重合"。皇权至高无上。清朝皇帝的意志和决心,成为海防决策的关键。正所谓,天下之事,有"本"有"末",而"本"中又有"本"。就海防事务而言,"至其大本,则尤在我皇上之一心"①。"平大难""建大业",首要取决于皇帝的最高意志。所谓"大本既立,天心应之,亦复何难弗济,何为弗成?"②唯有如此,才可能做到"上下同心,明良交儆,淬精励志,共济艰难。"③其中的关键环节,在于最高层英明而果断的科学决策。正如李鸿章所言:"惟有中外一心,坚持必办,力排浮议,以成格为万不可泥,以风气为万不可不开。"④其中的难点,也是关键,在于力排浮议,在于不拘成格。比如,创设福建船政局之时,"外间不无异议",正是因为有"朝廷主持于内",而海防重臣"维系于外",才得以避免"废于半途"的命运。⑤ 纵观历史,任何改革创新的举措与建议,一旦提上议事日程,则"必有多方辩论阻挠之人"。但群情暗于远识,"以局外而论局中之事",往往各怀成见,却又不得要领,"徒以变乱是非,坐误事机"⑥。这个时候,能否切实推行改革举措,关键在于"宸衷独断"⑦。如此,最高层自身的决策水平,就显得举足轻重。筹备海防,事关国家安危,事关民族存亡。

针对海防人才政策议题,在决策机制上,必须始终坚持"国家利益至上"的根本原则,只有这样,对于凡不利于海防人才培养、选拔和引进的弊端,才可以逐步

---

① 王文韶. 湖南巡抚王文韶奏议覆总理各国事务衙门详议海防折//宝鋆等. 筹办夷务始末(同治朝). 北京:中华书局,2008:4018.

② 王文韶. 湖南巡抚王文韶奏议覆总理各国事务衙门详议海防折//宝鋆等. 筹办夷务始末(同治朝). 北京:中华书局,2008:4018.

③ 王文韶. 湖南巡抚王文韶奏议覆总理各国事务衙门详议海防折//宝鋆等. 筹办夷务始末(同治朝). 北京:中华书局,2008:4018-4019.

④ 李鸿章. 大学士直隶总督李鸿章奏议覆总理各国事务衙门详议海防折//宝鋆等. 筹办夷务始末(同治朝). 北京:中华书局,2008:4000.

⑤ 杨昌濬. 浙江巡抚杨昌濬奏议覆总理各国事务衙门详议海防折//宝鋆等. 筹办夷务始末(同治朝). 北京:中华书局,2008:4007.

⑥ 李宗羲. 两江总督李宗羲奏议覆总理各国事务衙门详议海防折//宝鋆等. 筹办夷务始末(同治朝). 北京:中华书局,2008:4025.

⑦ 李宗羲. 两江总督李宗羲奏议覆总理各国事务衙门详议海防折//宝鋆等. 筹办夷务始末(同治朝). 北京:中华书局,2008:4025.

予以革除,凡有利于海防人才成长、任用、提拔的善策,才可以逐步予以采纳。这就要求"决策主体",尤其是最高层面的"决策主体"具有求实的态度,可以结合世情、国情和人情,结合局部利益与全局利益、眼前近期利益与长远根本利益,做到实事求是,使决策结果符合客观实际。而且,决策者须有统摄全局的系统思维能力,从战略高度做出符合全局发展和利益要求的决策。即使对局部问题进行决策,也要胸中有全局,了解该局部在全局中的地位、作用及利益关系,使局部的决策符合全局的发展要求和根本利益。问题在于,当时,"系天下于一身"的光绪皇帝,不仅没有实际握有决策的权柄(实权握在慈禧太后手里),更谈不上所谓的"统摄全局""系统思维"和"战略高度"。况且,历次海防危机和一系列不平等条约的签订,外加太平天国运动的国内危机,导致"中央政府"与"地方督抚"之间的权利不断走向失衡。"中央政府"的权力正不断衰弱,而"地方督抚"的权力正不断上升。

就"部臣守经"而"疆吏达权"①的体制而言,清廷入关以来,为加强中央集权,逐渐形成了一种如前所述的"内外相维"的治理模式,实行的是一种"大小相制""集权与分寄"相结合的体制,以此达到控制军权,确保中央集权的目的。军队的兵籍由兵部控制,而由地方督抚分任兵政,节制提镇武臣,握有监督和提调黜免武员的人事权。"这是以小分大、以文制武。"②与此同时,"将军督抚分任各省兵政,其全权实操于部。故疆臣奏事,虽直达天听,必经部核乃办。"③一旦朝廷部署重大军事行动,则由中央自各省抽调军队,派钦差大臣统帅。"这又是以大制小。"④军队的管辖、调遣和指挥实现了相对分离,互相制衡。这样一种中央与地方"内外相维"的运行机制,使得中央六部行政职能很大程度上建构在"以大制小"之上,即"制约地方权力"的角色定位之上。"以兵部而言,由于军令和统兵权的分割,所以其职能主要是通过掌兵籍及对武职员的考核任免达到收天下军事权的目的。"⑤这样,兵部的主要职能,仅限于实现对地方的控驭。由此,兵部逐渐失去了关注国防形势,关注军队建设,关注军队实际管理的动力与能力,久而久之,"变成只能依例而行的守成部门"⑥,日常管理运行因循守旧、消极被动、

①　朱寿朋. 光绪朝东华录. 北京:中华书局,1958:1296.

②　刘伟. 晚清新政时期中央与各省关系初探. 华中师范大学学报(人文社科版),2003(6):40.

③　罗尔纲. 绿营兵志. 北京:中华书局,1985:243.

④　刘伟. 晚清新政时期中央与各省关系初探. 华中师范大学学报(人文社科版),2003(6):40.

⑤　刘伟. 晚清新政时期中央与各省关系初探. 华中师范大学学报(人文社科版),2003(6):40.

⑥　刘伟. 晚清新政时期中央与各省关系初探. 华中师范大学学报(人文社科版),2003(6):40.

反应滞后,行动迟缓。由于缺乏主动应对海防危机的意识,也缺乏相应的动力,每次海防危机之后,都是迫于外在压力,基于军事斗争失败,才做出被动的、滞后的政策反应,慢慢也就丧失了主动应对海防危机的能力。

同治之后,皇权旁落,"中央"与"地方""部臣"与"疆吏"之间权力格局的变化,外加"满"与"汉"之间,"帝"与"后"之间,"湘"与"淮"之间,"洋务派"与"保守派"之间的重重矛盾,同光之际实际的海防决策体制陷入了重重危机,处于一种"决策失效"的困境。"中央"与"地方""部臣"与"疆吏"之间的权力格局发生了急剧的变化,而朝廷决策的机制却并未随之发生相应的变化,这是当时清政府出台的政策出现决策失效、执行失效的根本原因。一方面,中央政府并无应对海防危机的能力,也无应对海防危机的良策。另一方面,地方督抚纵有海防危机的良策,却无最终的决策权,参与决策仍然局限于呈递"奏折"的形式。如此一来,受制于旧有的决策体制,受制于既有决策主体(慈禧太后)的决策能力,受制于中枢大臣的重重掣肘,地方督抚提出的海防危机的良策一时无法上升为朝廷决策,而中央政府又提不出合理的方案。再如,就"满"与"汉"关系而言,作为统治民族,满洲贵族始终与占人口绝大多数的汉族存在不同程度的民族矛盾。清政府出于维护和扩大其统治的现实需要,在保证满洲贵族统治利益的前提下,实现了"满汉并用""满汉一家"的统御之术。尤其是鸦片战争爆发及太平天国起义以后,兵饷两空的清政府无力支撑危局,不得不进一步笼络汉臣,笼络汉人充军,以维护统治。这一时期,以曾国藩、李鸿章等为代表的湘淮集团应运而生,并迅速发展起来,湘系、淮系为出任地方督抚的官员逐渐增多。新的汉人地方军事集团崛起并左右了 19 世纪后期晚清政局的发展。满洲贵族开始感到其特权和地位受到了严重威胁,其在重用汉人的同时,愈加害怕汉人羽翼丰满,形成尾大不掉的局面,满汉官僚之间的权力斗争也日趋激烈。同光之际,围绕新式海防人才的培养,存在顽固派与洋务派的激烈争论,其中既有科举制度固有利益的根本冲突,也有满汉之间权力争夺的影子。而且,水师学堂低水平重复建设、北洋海军整体效能的低下,其中也有湘淮、淮闽以及淮系内部的矛盾重重的原因。可以说,当时的海防决策,其实是一种妥协的方案,一种折中的方案,而非一种完全基于国家海防安全需要的理想的顶层设计。

对于军事人才建设,清政府缺乏统一规划,缺乏顶层设计,缺乏系统方案,也没有相应的能力做出系统的方案设计,这必然导致军事系统内部错综复杂、派系林立。"各地督抚创办海军学校,主要是为了满足本地区、本集团的需要。新式学堂建立后,各项管理大权也实际控制在督抚手中。因此,清末海军学堂表现出较强的地方色彩,各立门户,界限分明,相互沟通协调较难,甚至有时还互相排斥,致使清末海军人才的培养使用很难形成全国一盘棋,影响了教育力量和教育成果的合成,造成培养人才的使用不当和浪费。"①晚清军事教育的复杂程度,世所罕见。"晚清军事教育体制在短短二三十年间几经变革,学校名目繁多,正规院校和各种速成、将弁学校同时并存,学校招生对象和培养目标各不相同,造成各校毕业生之间的巨大差异。"②为增强自身实力,各校毕业生彼此之间出现一种"互相拉拢、互为奥援"的团团伙伙关系,逐渐演变成一种以学堂出身为基础的派系。以武备学堂出身形成了所谓的"武备系",以四川速成学堂出身形成了所谓的"速成系",以四川军官学堂出身形成了所谓的"军官系",以北洋保定军官出身形成了所谓的"保定系"。③ 而近代海军教育系统,同样如此。由于半封建、半殖民地的社会政治条件,外加西方列强支持各派军阀割据,而国民党时期,蒋介石为了达到"对海军分而治之"④的目的,在保存旧派系的同时,又处心积虑地制造新派系。比如,自 1866 年,闽浙总督左宗棠和总理船政大臣沈葆桢在福州马尾创办船政学堂起,直至 1922 年止,"几乎所有的海军学校——马尾、天津、南京、昆明湖、威海、烟台及前期黄埔各海校"⑤,几乎都是由福建人主持,逐渐形成了"闽系",闽系又以"马尾系"为核心。此后,随着直奉战争爆发,张作霖在葫芦岛创办航警学校,建立海防舰队,并与渤海舰队合并,改成东北舰队。1930 年,蒋介石接受东北海军,并将葫芦岛航警学校改成葫芦岛海军学校,不久又迁往青岛,建立青岛海军学校,逐渐形成了"青岛系"⑥。经过历史的发展演变,旧中国的海军逐渐形成了"马尾系""青岛系""电雷系""黄埔系"等主要派系。⑦ 各个派系的海军部队之间的交流慢慢减少,彼此戒心日益加重,逐渐形成了一种门阀矛盾,甚至是军阀矛盾、地域矛盾。

今天的中国,国家海洋事业的发展已经进入一个重要阶段,有关海洋维权、

---

① 史滇生. 十九世纪后期中日海军教育比较. 军事历史研究,2001(1):119.

② 王建华. 半世雄图——晚清军事教育近代化的历史进程. 南京:东南大学出版社,2004:307.

③ 王建华. 半世雄图——晚清军事教育近代化的历史进程. 南京:东南大学出版社,2004:307.

④ 陈景芗. 旧中国海军的教育与训练//中国人民政治协商会议福建省委员会文史资料研究委员会. 福建文史资料·第八辑(海军史料专辑). 福州:福建人民出版社,1984:91.

⑤ 陈景芗. 旧中国海军的教育与训练//中国人民政治协商会议福建省委员会文史资料研究委员会. 福建文史资料·第八辑(海军史料专辑). 福州:福建人民出版社,1984:91.

⑥ 陈景芗. 旧中国海军的教育与训练//中国人民政治协商会议福建省委员会文史资料研究委员会. 福建文史资料·第八辑(海军史料专辑). 福州:福建人民出版社,1984:91.

⑦ 陈景芗. 旧中国海军的教育与训练//中国人民政治协商会议福建省委员会文史资料研究委员会. 福建文史资料·第八辑(海军史料专辑). 福州:福建人民出版社,1984:91.

海洋权益、海洋战略等问题，与可持续发展，与民族复兴，与中国崛起密切相关。中国的海上利益在哪里，中国的海洋维权力量就必须到哪里。这就需要克服、缓解，甚至摆脱海权能力建设发展过程中的各种羁绊，以一种"全局性"和"整体性"的战略高度去思考海权人才建设问题。所谓思维的"全局性"和"整体性"，这实际上是一种能力、一种境界、一种方式，是认识问题的角度、幅度、深度和广度的一种标志。科学回答发展当代海权人才建设这一全局性、规律性、长远性的问题，必须运用战略思维，对此做出一种"全局性""宏观性"和"前瞻性"的战略思考。具体而言如下。

一是"从大看小"。大，就是系统，是全局；小是要素，是局部。从大看小就是要放眼整体，总揽全局，站在全局的高度去处理全局与局部、局部与局部的关系。随着海洋战略思想、海上维权战略、海战理论、海战战术以及海上武器装备的发展变化，国家海洋维权形势与任务对海权人才的素质与规格的现实需求也随之发生变化，这就要求我们不断调整海权人才建设的战略布局。国家对海权人才的培养，是与国际海洋权益争端、国家海洋维权形势与任务、国家海上安全形势与任务等大局联系在一起的。海上安全形势变化，海洋战略格局重组，必然导致海权人才建设重心的转移。比如，新中国成立以来，党和国家多次调整海军院校的体制编制，①这正是以一种"从大看小"的战略思维，整体布局海权人才建设的集中体现。同时，通过海军院校体制编制的调整，将部队与院校放在一起通盘规划，不断加强部队训练与院校教育之间的业务联系，实现军队院校与地方院校、军队院校与军队院校之间的联合办学和强强合作，不断拓展面向未来的人才联合培养的深度和广度。这不仅有助于调整国家海洋事业与海权人才建设事业之间的契合度与匹配度，也有助于打破部队与军校之间、军校与军校之间、军校与地方院校之间的信息壁垒、人事壁垒和资源壁垒，真正做到站在全局的高度去处理全局与局部、局部与局部之间的关系。

二是"从长看短"。"长"就是"未来"，"短"就是"当前"。从长看短就是面向未来看现在，用长远的观点、发展的观点来对待眼前和现实的问题，而不能鼠目

---

① 根据海军卷编写组编写的《中华人民共和国军事院校教育发展史·海军卷》，改革开放以来，直至 20 世纪末，军事院校进行了多次的体制调整。比如，1985 年 8 月，海军党委拟订了《关于对海军院校体制改革精简整编方案意见的报告》，对海军院校的数量和任务、培训层次和学制、各级各类军官的培训比例、院校的体制编制、院校的名称、部分院校校址进行了调整，其中海军院校由 13 所调整为 12 所。随后，在 1992 年、1993 年、1995 年、1999 年等多次对海军院校体制进行了相应的调整。21 世纪以来，于 2003 年、2011 年，又先后两次调整了军事院校体制。

寸光,就事论事。人才培养周期长、见效慢,具有一种相对的滞后性。这就要求教育工作者始终面向未来,以一种"超前意识"谋划社会现实对人才素质与规格的需求。海权人才建设也要遵循这一教育规律,以一种"超前意识""前瞻思维"和"未来眼光",从海洋维权事业"明天的需要"去考量当前的海权教育,在人才培养的层次结构、学科专业建设和教学内容体系等方面打好提前量,深入论证海权人才的未来需求。仍以海军院校体制编制调整为例,新中国成立以来,军队院校为军队现代化建设培养了大批人才,但离设定的理想目标还有差距,院校教育课程更新速度明显滞后部队武器装备的发展,不能充分满足当前部队的实际需求,这是党和国家当前持续调整海军院校教育体制的根本原因。

三是"正负兼顾"。既要看到面临的有利条件、拥有的优势和决策带来的效益,又要看到面临的不利条件、劣势和决策后带来的负面效应。为切实推进海权人才建设,不断调整海军院校的教育体制,这是必要的。但是,院校体制是一项复杂的系统工程,涉及方方面面。对院校体制进行调整、改革,一定要树立一种"正负兼顾"的科学思维,全面考量决策的正面效应和负面效应,切不可"头痛医头、脚痛医脚"。第二次世界大战以来,世界各国军事院校体制都曾有过或大或小的改革和调整,之所以取得应有的效果,皆有赖于以一种"正负兼顾"的思维方式,进行可靠的调查和科学的论证。比如,美国西点军校于1975年进行了系统的改革。此前,西点军校组成了由"各兵种代表""地方大学代表"和"西点军校代表"等组成的调查团,进行了为期7个月的大型调查,对毕业将军、在校教师、学员和工作人员等1000多人进行了访问,全面检查西点军校的各项工作,并调研了国内许多著名大学,借鉴了联邦德国、法国、英国和加拿大等国军队院校的经验。在此基础上,广泛征求国内军内各类人员的意见,提出"有分析""有对比""有依据""有方案"的改革意见152件。①

随着国家海洋战略的变化,对海权人才的要求,也随之发生了变化,这要求海军院校教育也做出相应的调整。但是,海军院校教育的调整需要科学论证,慎重决策,以确保利大于弊,做"正功"而不是"负功"。撤销一所海军院校容易,建成一所海军院校不仅要花费大量的人力、物力、财力,还需要长期的文化积淀和历史传承,往往需要耗费几代人的艰苦努力。海军院校建设周期长,投资大,见效慢。新中国成立以来,现存的大多数海军院校都几易其名,院址多次搬迁,训练任务不断调整,从撤销到恢复,又从恢复到撤销,这不仅给海军院校自身建设

---

① 樊高月.西点军校.海口:海南出版社,1996:256.

带来极大的损耗,也给海权人才建设的整体发展带来不利的影响。未来,在海权人才建设过程中,需要坚持这样一种"正负兼顾"的辩证思维,保持海军院校数量的相对稳定,而不宜轻易撤并。

晚清时期,由于清政府的腐败无能,基本没有就海防人才问题做出过任何应对海防形势与任务的科学决策,而是任由地方督抚自行其是,致使新兴军事学堂的创办与发展存在缺乏规划、低水平重复、门类单一、整体实力薄弱等致命缺陷。当前,我国军队建设发展和军事斗争准备中,仍然不同程度地存在一些"资源分散、重复建设、政出多门、管理多头、职责不清"等问题,这就要求高层领导机关强化战略管理职能,充分发挥"规划"和"计划"的统筹指导作用。这就要求运用马克思主义宽广眼界观察世界,用马克思主义宽广眼界观察中国,拿望远镜看世界,用显微镜看中国,审时度势,准确把握海洋维权能力建设的国际格局和未来趋势。近年来,根据形势任务的发展变化,全军制定了国防和军队建设发展中长期总体规划。国防和军队建设的情报、通信、军事训练、国防动员、人才培养、后勤建设中长期发展规划等领域也制订了专项中长期发展规划,基本形成了中国特色的现代军事战略规划体系。具体落实到当代海权人才建设策略,同样需要汲取历史教训,坚持"全局性"与"整体性",坚持总体筹划、综合配套,分步推进、逐步到位,着眼于解决海权人才建设中的全局性、长远性和战略性的重大决策问题,并保持政策的系统性和连续性,防止急功近利,避免大起大落。

(二)晚清政策执行的失效及其当代应然性要求

晚清时期,对于海防人才政策,主要存在"选拔政策""培养政策"和"引进政策"三大层面。基于"路径-激励"的分析框架,围绕"政策路径"和"激励机制"这两个自变量,应该清醒地认识到,晚清时期,无论是"政策路径的明晰性",还是"对地方政府的激励性",海防人才政策的执行实践都存在这样或那样的问题。

晚清时期,海防危机重重,外加朝廷内外,矛盾交错。这都表明,社会的急剧变化与转型,"已向原有的中央集权体制提出了新的需求。"①比如,地方督抚"在镇压太平天国的过程中扩大了财权、军事权,实力增强,因而获得了影响中央决策的条件。地方督抚既是中央的派出代表,又是地方行政的最高领导,皇帝通过奏折制度直接控制督抚,而督抚则通过请旨取得处理地方事务的'事权'。"②地

---

①　刘伟.晚清新政时期中央与各省关系初探.华中师范大学学报(人文社科版),2003(6):40.

②　刘伟.晚清新政时期中央与各省关系初探.华中师范大学学报(人文社科版),2003(6):40.

方督抚逐渐填补了内外危机带来的权力空缺,很自然地成为中央的主要依靠对象。同光之际,清政府将筹备海防的权力基本都交给了经办督抚,这提高了经办督抚的地位,这在一定程度上扩大了地方督抚的权力,造就了地方势力。"从决策程序看,清廷的决策权在皇帝和军机,所以政策的制定很大程度上受决策人的主观因素制约;另一方面,政策的推行主要在地方督抚,所以政策执行得怎样又要受地方督抚的制约,这就使政策极易受不同利益者的左右,带来了中央政策的不稳定和执行中的走过场现象。"①随着地方督抚权力的逐渐扩大,地方督抚实际上不仅参与了海防决策,更是政策执行的真正主体力量。但是,清政府一方面不得不依赖地方督抚以维持其统治地位,另一方面又对督抚权力时刻流露出忌惮或戒备。这是对晚清海防政策的执行实效展开分析的宏观背景。仅以"选拔政策"和"培养政策"为例,具体分析如下。

延续以往的惯例与传统,清政府对于"选拔政策"具有相对明晰的政策规定,政策路径也相对明晰,即以往的文举、武举和保举等制度安排。按照"路径-激励"分析框架,假设政策路径的明晰性较高,"中央政府"对地方政府的激励性也很强时,"地方政府"往往会"如实执行"中央政策,即依托专门行政机构,全面落实执行中央政策。这是因为,政策执行的路径非常明晰,地方政府肩负明确的职责和任务。全面落实中央政府的政策,地方政府可获得正向的激励,比如,政绩突出的地方官员可获得表彰和晋升等政治激励。同时,中央政府可以依据绩效标准,评估政策执行的情况,对政策执行不力的地方政府予以督查、纠正,直至追究行政责任。从理想层面而言,作为一种理性行动者,地方政府一般优先执行这种"路径明晰""具有正向激励"的中央政策。事实上,反观晚清朝局,由于清政府的腐朽,政治的腐败,对"地方政府"实际控制力的式微,外加政绩考核机制的失灵,激励机制的缺位,使得这种"如实执行"模式变得不可能。恰恰相反,由于缺乏正向激励,监督机制又缺位,地方政府作为执行主体,自然不会"自觉"执行中央的政策规定,首先考虑的往往是执行政策是否可以使自身获益,最大限度地满足自身利益。由此,难免出现一种"选择执行",按照最为有利可图的方式执行政策。如不能获益,则想方设法"消解"政策,出现一种"政策敷衍"现象;如能获"意外之利",则可能"变形"政策,出现一种"政策利用"现象。部分地方督抚在执行"保举"政策时,即出现了"政策利用"和"政策敷衍"等执行失效的情形。

对于"培养政策",尤其是培养新兴海防人才,受限于当时清廷最高层的决策

---

① 刘伟.重新认识晚清中央权威衰落的原因.华中师范大学学报(人文社科版),1998(6):45.

水平，即使 1885 年中法战争之后，即朝廷再次调整海防政策，海防人才培养正式上升为朝廷政策之后，"中枢机构"没有提出，也没有相应的决策能力与水平提出明确的指导思想，没有形成系统方案，没有顶层设计，没有通盘考虑，更未指出清晰的政策路径，而是将新式海防人才的创办、管理、人事任用和经费筹措等事宜都一股脑交给了经办督抚，由地方督抚分区创设，自行兴办。既然政策路径不明晰，如何执行，自然就有赖于地方政府做出自己的路径选择。李鸿章、沈葆桢和丁日昌等有识之士，着眼于民族利益，主动实行"政策变通"，并创造性地执行政策，自行设计执行方案，开创了近代学院制、正规化培养海防人才的道路。反之，一些庸庸碌碌、因循守旧的保守派官员，考虑到朝廷没有明晰的政策路径，朝廷难以对地方督抚提出明确的任务指标和时限要求，也难以考核评价政策的执行效果，实施政策又无关自身的利益，于是，无视朝廷的命运，无视民族的命运，以一种事不关己的态度，采取了一种"政策敷衍"的态度，最终敷衍了事，无所作为。这就不难理解，正是由于缺乏明确的政策路径，又缺乏相应的激励机制与监督机制，对于海防人才的解决途径，虽然朝廷的最终决策重在海防人才的培养，而在实际的政策执行中，却收效甚微，出现了不同程度上的"政策利用""政策敷衍""政策变通""政策中止"和"生硬执行""选择执行"等失范现象。分析表明，"政策路径是否明晰"和"激励与约束的政策配套是否完善"是能否保证政策得到有效执行的基本维度。当然，其中还有待于发挥执行主体发挥自身的主动性、创造性和能动性。这启发人们，对于海权人才建设而言，强化中央决策和顶层设计的同时，更要重视政策的明晰性，更要重视激励与约束配套政策的制定，如此才能逐渐强化政策的执行，减少政策执行上的差距与失效。这就要求：

一是，围绕"政策路径"和"政策配套"这两大变量，因时制宜、因事制宜地运用"约束机制"和"激励机制"这两大杠杆，推进政策的有效执行。

从中央政府的视角看，为提高政策执行的效果，可供选择的途径主要有两条。途径之一在于：提升政策路径的明晰度。只有清晰政策内容，使地方政府对政策文本形成精准的认识与理解，才能尽可能减少出现政策目标歧义的可能性，降低执行的依据、标准及结果等出现偏差的可能性，尤其是降低或避免地方政府背离中央政策决策初衷的风险。对此，中央政府决策有必要"自上而下"地细化政策目标和执行工具。途径之二在于：改进激励和约束机制。当某一政策领域存在不确定因素时，政策路径的模糊化处理就成了政治决策的一种策略选择。地方政府在执行中央政策的过程中，也会把自身对政策的认识与理解，政策执行的利益获得融入执行过程。为促使地方政府准确理解并实施中央政策，必须在政策实施过程中,引入相应的激励机制和约束机制。如果中央政府对某项政策实施提供了显著的激励效应,地方政府就会真正行动起来,将决策者提出的政策目标,切实转化为实际的政策效果。具体而言如下。

一方面,一项政策如果规定了明晰的政策目标和政策工具,且与其他政策的冲突程度较弱,这就为地方如实执行政策提供了前提性条件。随着这项政策的目标和内容趋于明晰化,地方政府便有责任保证政策目标转化为实际结果。针对这一情形,关键是列出问责清单,对落实中央政策不力的地方政府,甚至搞"上有政策、下有对策"的地方政府,及时予以督查、纠正,直至追究行政责任。另一方面,一项政策如果没有规定明晰的政策目标和政策工具,没有提出明确的行动目标,决策者只是提出了一种价值导向,表达了一种政策思路,或是提出了一种政策规划,而政策目标、执行工具和评估标准都还处于比较模糊的状态。决策者虽然明确了政策问题,并做出了概念性、总体性的政策规划,提出了总体目标和原则要求,但政策目标和实施手段并不明确。这就要求给予地方政府更多的自主权、较大的自由裁量权,允许地方政府自行开展自主性、实验性、试错性的执行。

执行主体一旦拥有选择政策工具和实现路径的自主权,政策执行所处的政治、经济和社会环境,执行主体自身的动机、态度和价值诉求,都会成为影响政策工具和政策路径选择的重要因素,这就为"如实执行"中央政策带来更多变动的因素。同时,由于政策路径不明晰,地方政府具有更大的自由裁量权,可以试验不同的政策工具、技术手段。地方政府"自下而上"的执行探索,也可以为中央增进对政策环境和政策目标的理解提供可资借鉴的参考经验。中央政府可以在地方试错性执行、创造性执行和实验性执行中总结经验教训,进而完善政策内容。此时,政策执行的过程往往也是一个利益博弈的过程,追求一种"利益原则",因而难免存在"利大快执行,利小慢执行,无利不执行"的现象。针对这一情形,关键是发展完备的激励机制,比如,将政策的执行与职位的晋升等关联起来,促进地方官员更好地执行中央政策。

总之,为提高地方执行的效果,中央政府要么制订出明确政策路径,通过约束机制责令地方政府开展"自上而下"的贯彻执行,要么不制订明确的政策路径,而通过激励机制引导地方政府开展"自下而上"的创造执行。相应地,在当代海权人才建设过程中,也需要重视这一点。

二是,发挥"政策宣传"与"政策教育"等政策工具的作用,引导执行主体清晰地理解与认识中央政策,准确执行中央政策。

正确执行政策,首先在于正确理解政策,在于全面、深刻地把握政策的实质及其边界。作为政策执行的一种手段和方法,政策宣传是指关于公共政策决定、政策内容和政策实施方式的宣布和传播,是政策执行的重要环节。政策宣传的直接目的在于通过对政策目标和政策内容的宣示、宣布和传播,促进政策执行者、政策对象、目标群体,以及各利益攸关方对政策的理解和认同,从而推动公共政策的有效执行和政策目标的实现。现代社会,任何一个国家的政府都十分重视政策宣传,使广大民众充分了解政策,为政策的有效执行奠定广泛、坚实的群众基础,以推动政策的顺利实施。通过政策宣传,政策执行主体认真领会和理解政策目标和具体的政策内容,加深对政策的"领会"和"认同",为有效执行政策打下坚实的思想基础。注重政策宣传是党和国家的一项重要传统,也是我国政策执行的一条基本经验。革命战争年代,毛泽东等老一辈革命家就非常重视政策宣传工作。在《对晋绥日报编辑人员的谈话》中,毛泽东就指出:"我们的政策,不光要使领导者知道,干部知道,还要使广大的群众知道。有关政策的问题,一般地都应当在党的报纸上或者刊物上进行宣传。"①针对当时存在的问题,他指出,"在我们一些地方的领导机关中,有的人认为,党的政策只要领导人知道就行,不需要让群众知道。这是我们的有些工作不能做好的基本原因之一。"②通过政策宣传,使更多的民众能够理解、接受、支持和执行该项政策,进而为政策的有效执行形成良好的政策环境。反之,如果政策宣传不够或者宣传不准确,就会造成政策不明确和政策信息不畅,政策执行主体就不能准确理解政策目标和政策内容,也难以获得政策对象的理解、支持和监督,容易出现政策执行的偏差。

在政策宣传的同时,还需要加强政策教育。在中国共产党的历史上,与政策教育密切相关的概念有政策学习、政策宣传、政策解释等。例如,1941 年 12 月 17 日,《中共中央关于延安干部学校的决定》强调:"除正确地教授马列主义的理论之外,同时必须增加中国历史与中国情况及党的历史与党的政策的教育,使学生既学得理论,又学得实际,并把二者生动地联系起来。"③1951 年,在中国共产党第一次全国宣传工作会议上,刘少奇就强调,党的宣传工作可以分作两项:"一项是当前中心工作、时事政策的宣传,一项是马列主义基本理论的宣传。"④刘少

---

① 毛泽东. 毛泽东选集. 北京:人民出版社,1986:1318.
② 毛泽东. 毛泽东选集. 北京:人民出版社,1986:1318.
③ 中共中央宣传部办公厅、中央档案馆编研部. 中国共产党宣传工作文献选编(1937—1949). 北京:学习出版社,1996:302.
④ 中共中央宣传部办公厅. 党的宣传工作会议概况和文献选编(1951—1992). 北京:中共中央党校出版社,1994:12.

奇同时说："每个党员要把党的主张、党的政策向人民作解释、作宣传,宣传我们党的基本观点,以马列主义的观点反对一切错误的观点。"①简单讲,政策教育是有目的、有计划、有组织对民众开展政策思想、政策体系和具体政策活动,从而促进民众对政策的认知和认同、支持和执行。政策教育作为政策执行工具,就是要引导政策对象和目标群体认同政策目标并自觉执行该项政策以致力于其政策目标。当然,政策的有效执行,固然需要得到政策对象和目标群体对政策的接受和顺从,更重要的是,执行主体要在理解和认同政策的基础上,付诸实际的行动。在当代海权人才建设过程中,也必须善于发挥"政策宣传"和"政策教育"等政策工具的积极作用。

　　三是,发挥"政策学习"与"政策创新"等政策工具的作用,引导执行主体调动自身的主动性、能动性和创造性,强化"政策落地"和"政策细化"。

　　"政策学习"就是深入研究政策文件,了解政策内容、适用范围和条件,领会政策的精神实质,了解和掌握政策的来龙去脉,研究执行政策的实际情况和形势任务等。"地方"开展当代人才发展战略的政策学习,了解政策背景、领悟政策精神、熟悉政策内容,这不仅有利于提升政策执行效果,也有利于完善中央决策。而且,通过政策学习,"地方"可以将自身经验和外部启示,实际应用于政策执行,以更好地解决实际问题。"地方"执行机构基于自身的学习能力和创新意愿,可以根据环境和问题的变化,及时发现海权人才建设中出现的实际问题、形成新的思路、探索新的方法、应对新的挑战,并通过局部调整政策的实施与执行,从而更好地实现海权人才建设的政策目标。

　　在理解政策的基础上,"地方"还必须加强政策创新,提出新的思路、手段和方法,以更好地实现政策目的和目标。改革开放以来,考察中国海洋维权能力建设实践,可以看到,中央没有,也不可能照搬国际社会的整体制度设计,当然也绝非一味地埋头苦干的结果,而是基于中国海权维护的现实问题,不断调整现有政策的结果。对此,"地方"绝不能被动执行政策,而是要懂得根据本地实际情况,采取相应的具体策略,努力实现更好的政策结果。这自然就离不开发挥主动性、能动性和创造性,不断进行政策创新。同光之际,福建创办船政学堂之后,天津从中受到启发,随即开办了天津水师学堂,即为最好的例证之一。通过借鉴其他"地方"解决海权人才问题的创新实践,一个"地方"试用新的政策工具和实施机

---

　　① 中共中央宣传部办公厅.党的宣传工作会议概况和文献选编(1951—1992).北京:中共中央党校出版社,1994:9.

制,这为完善中央政策提供了试错机会。通过政策创新,"地方"既可以从本地实践中吸取经验教训,也可以从其他"地方"以及国外的政策创新中获得启迪、灵感。一个"地方"解决海权人才问题的创新性实践,经信息传播,会引起其他"地方"关注并学习其成功做法。

中央制定的海权人才发展战略,针对全国性、全局性和整体性问题。但各个"地方"执行海权人才发展战略的政策环境差异往往很大。这就要求"地方"必须重视政策落地。"地方"如果不能积极将政策落地,建立符合当代实际的具体政策,细化中央政策方案,政策执行就会无所依据。"地方"落地中央政策,发挥创造性、能动性和主动性,执行中央海权人才发展战略,这不仅为理解中国制度环境下的海权人才发展政策的执行机制提供了一个理论视角和实践模式,也为中央最终完善海权人才发展战略提出了明确的实现路径。中央制定的海权人才发展战略在建构中执行,也在执行中走向完善。与此同时,中央政府还应规范政策执行的评价机制、激励机制与监督机制,防止政策执行过程中的"选择执行""变通执行"和"生硬执行"等失范行为,杜绝"政策落地"过程中的"政策变通""政策敷衍""政策利用",甚至"政策歪曲"等失效现象。

结 束 语

　　我国是一个海陆兼备的国家,有着广泛的海洋战略、安全和经济利益。早在殷商时期,古代先民已有沿海和海上的渔盐舟楫活动。《山海经》载有"禺虢""禺京"的海洋神话传说。《诗经》中更有"于疆于理,至于南海"的记载。中国古人经营边疆,料理天下,领土直至南海之滨,留下了涉海的活动印迹。"沔彼流水,朝宗于海",至此,大海作为人们涵咏吟唱的对象,进入到文学的视野。屈原《天问》有"河海何历"的发问,表达了"东流不溢,熟知其故"①的思索与困惑,可谓是中国古人探索海洋的先声。从秦人徐福船队远航、唐代鉴真东渡日本,直到为世人所熟知的明代郑和下西洋,中国古代留下了诸多航海的记载,郑和下西洋更是一次真正的"和平之旅"。同时,中国古代还打通了一条形成于秦汉时期、发展于三国隋朝时期、繁荣于唐宋时期、转变于明清时期的海上丝绸之路。中国人开发海洋、利用海洋的生产生活实践不绝于史,留下了"依海而生""倚海而存"的濒海奋斗史。一部中国近代史,却是一部"禁海而衰""背海而危"的海防屈辱史。新中国成立以来,特别是改革开放以来,走在复兴之路上的当代中国人,书写了"向海而兴""开海而强"的当代沿海开放史。

　　当今世界,围绕海洋资源与权益的全球争夺日趋激烈。中国作为一个海洋大国,却还不是一个海洋强国,甚至还是一个海洋资源开发与利用的弱国,海洋资源与权益还不断受到来自周边及其海洋霸权国家的侵蚀和损害。历史其实并未走远。面对当前日益复杂的海洋维权任务,海洋维权能力的建设,再一次摆在了国人面前。党的十八大报告旗帜鲜明地指出,提高海洋资源开发能力,发展海洋经济,保护海洋生态环境,坚决维护国家海洋权益,作出了建设海洋强国的伟大战略部署,提出了进一步"关心海洋""认识海洋""经略海洋"的时代课题。海洋事业是一项科学技术密集型事业,也是一项人才密集型事业。兴海强国,归根结底,关键仍然在于教育,在于人才。相应地,维护国家海洋权益,关键在于海权人才队伍建设。

---

　　① 天问//先秦诗鉴赏辞典.上海:上海辞书出版社,1998:789.

　　以史为鉴,越发让人感到,面对西方列强一次次来自海上的侵略战争,近代中国在海防建设,尤其是海防人才建设方面所做的探索、所付出的代价、所带来的教训、所取得的经验,对于当代中国仍有着显著的借鉴意义。为此,本书抓住同光之际海防策略大讨论这一历史事件,以"海防人才"为中心议题,从思想基础、政策决策、政策调整、政策执行和政策启示等方面,展开了一次系统的探讨。结合历史,分析现实,本书从政治品格、海洋素养、军事素质、专业技能和创新能力等方面,对"需要什么样的海权人才"做出了深入的讨论,并提出一种当代海权人才观,即以维护海权为根本目的,具备可靠的政治品格和过硬的军事素质,具备相应的海洋素养和专门的应用能力的复合型、创新型人才;从"正规化办校"与"长期性办学""军事教育"与"海洋教育""政治教育"与"专业教育""国际经验"与"本土实践"等层面,对"如何培养海权人才"做出了一种尝试性解答;并分析了海权人才建设在决策机制和执行机制等方面应当汲取的历史教训。

　　面对"海权人才"这一课题,答案是历史的,而问题却是永恒的。本书的初步研究只能算是一个开始,算是一个起点,还有许多问题有待进一步解决,有待后续的深入思考。围绕"晚清海防人才思想与政策"这一论题,并从"海防"走向"海权",今后还有待探讨"两次鸦片战争""中日甲午战争""八国联军侵华"等重大海防危机事件之后,朝野上下对海防人才问题的思考与讨论;有待分析总结晚清时期社会思想界的先进知识分子对海防人才问题的思考与讨论;有待分析马汉海权理论"东渐"之后,对晚清中国社会的影响,尤其是对海权人才思想与政策的影响;有待分析清末学制变革之后,新式学堂,尤其是新式海军学堂在培养海权人才方面所做的探索与尝试;围绕书中提出的"海洋素养"这一概念,有待分析海洋科学知识、海洋人文知识、海防战略、海防战术、海权理论、海权战略等与海防人才或海权人才之间的互动关联。特别是中日甲午战争之后,清末民初,由于西方海权理论的"东渐",国内对海权理论的移译、研究与运用等,则鲜有涉及,也有待后续发掘整理,开展专题研究,如此等等。

　　本书虽论及了"当代海权人才建设发展战略"这一课题,但对当代海权人才建设的基本策略、实现路径、决策体制、执行机制的分析并未完全展开,仅仅围绕晚清历史的教训与启示,做出了一些基于历史的分析与考量。如何从战略的角度分析当代海权人才建设,其中有待解决的问题尚有很多。再如,着眼于海权人才建设的当代实践,如何培养政治上可靠、业务上精良、军事上过硬、作风上优良,"能打仗""打胜仗"的海权人才? 如何与世界海权强国对接,切实培养当代海权人才的海权战略、海战理论、海战战术? 如何与世界科学技术发展接轨,切实提高海权人才的专业能力,尤其是创新能力？如何提高全民的海洋意识和海权意识？如何吸取近代中国畏海禁海、重陆轻海的历史教训,构建起当代中国的海权观、海洋安全观,真正走出一条"依海富国、以海强国、人海和谐、合作共赢"的发展道路？如何从体制机制上创新,在海权人才队伍建设上,不断开创"人人成长、人尽其才"的选人、用人、育人格局？如此等等。

在这些根本性问题面前,近代中国的海防屈辱史,带给人们的是一个错误的答案,是惨痛的教训,血的代价。警钟长鸣,勿忘国耻。走在中华民族伟大复兴之路上的每一个中国人,尤其是全体海洋人,应该结合世情、国情和军情,以自己的实际行动,走出一条有中国特色的海权人才队伍建设之路,书写当代海洋强国崛起的生动历史,交出一份无愧于时代、无愧于历史的满意答卷。"天下兴亡,匹夫有责",作为工作在中国海洋大学这所国内海洋高校的一分子,同样有一种理所当然的家国情怀,时时从内心深处生发出一种立足本职、尽心尽力、扎实工作的责任感、使命感和紧迫感。

参考文献

一、历史档案

[1] 宝鋆等. 筹办夷务始末(同治朝). 北京:中华书局,2008.

[2] 董光和,张国乔,清光绪兵部奏稿. 北京:全国图书馆文献缩微中心,2004.

[3] 福州船政局. 船政奏议汇编. 福州:光绪戊子,1888.

[4] 故宫文献编辑委员会. 宫中档光绪朝奏折. 台北:东亚制本所,1972.

[5] 贾桢等. 筹办夷务始末(咸丰朝). 北京:中华书局,1979.

[6] 林铁钧,史松. 清史编年(道光朝). 北京:中国人民大学出版社,2000.

[7] 林铁钧,史松. 清史编年(光绪朝上). 北京:中国人民大学出版社,2000.

[8] 林铁钧,史松. 清史编年(光绪朝下). 北京:中国人民大学出版社,2000.

[9] 林铁钧,史松. 清史编年(同治朝). 北京:中国人民大学出版社,2000.

[10] 林铁钧,史松. 清史编年(咸丰朝). 北京:中国人民大学出版社,2000.

[11] 钱实甫. 清代职官年表. 北京:中华书局,1980.

[12] 台湾省银行研究室. 台湾文献史料丛刊第 8 辑. 李鸿章. 李文忠公选集. 台北:台湾大通书局.

[13] 台湾省银行研究室. 台湾文献史料丛刊第 9 辑. 刘铭传. 刘壮肃公奏议. 台北:台湾大通书局.

[14] 台湾省银行研究室. 台湾文献史料丛刊第 288 种. 道咸同光四朝奏议选辑. 台北:台湾大通书局.

[15] 文庆等. 筹办夷务始末(道光朝). 北京:中华书局,1964.

[16] 赵尔巽. 清史稿. 北京:中华书局,1977.

[17] 中国第一历史档案馆. 光绪朝朱批奏折. 北京:中华书局,1995.

[18] 中国第一历史档案馆. 光绪宣统两朝上谕档. 桂林:广西师范大学出版社,1996.

[19] 中国第一历史档案馆. 咸丰同治两朝上谕档. 桂林:广西师范大学出版社,1998.

[20] 朱寿朋. 光绪朝东华录. 北京:中华书局,1958.

[21] 中央研究院近代史研究所. 近代中国对西方及列强认识资料汇编. 台北:永裕印刷厂,1984.

二、丛书类编

[22] 陈山榜. 张之洞教育文存. 北京：人民教育出版社，2008.

[23] 陈学恂，田正平. 中国近代教育史资料汇编. 上海：上海教育出版社，1991.

[24] 陈学恂. 中国近代教育大事记. 上海：上海教育出版社，1981.

[25] 邓洪波等.《中国状元殿试卷大全》·清道光至光绪（附朝鲜）. 上海：上海教育出版社，2006.

[26] 高时良，黄仁贤，陈元晖. 中国近代教育史资料汇编. 上海：上海教育出版社，1992.

[27] 黄濬. 花随人圣庵摭忆. 李吉奎整理. 北京：中华书局，2008.

[28] 李鸿章全集. 合肥：安徽教育出版社，2008.

[29] 沈云龙. 近代中国史料丛刊第七十九辑，甘韩. 皇朝经世文新编续集. 台北：文海出版社，1966.

[30] 沈云龙. 近代中国史料丛刊第七十六辑，陈忠倚. 皇朝经世文三编. 台北：文海出版社，1966.

[31] 沈鹏，张品兴. 梁启超全集. 北京：北京出版社，1999.

[32] 沈云龙. 近代中国史料丛刊第七十七辑，何良栋. 皇朝经世文四编. 台北：文海出版社，1966.

[33] 吴曾祺. 国朝名人书札. 北京：商务印书馆，1919.

[34] 夏东元. 郑观应集. 上海：上海人民出版社，2014.

[35] 苑书义，孙华峰，李秉新. 张之洞全集. 河北人民出版社，1998.

[36] 阎湘. 左宗棠彭玉麟沈葆桢诗文选译. 成都：巴蜀书社，1997.

[37] 中国近代史资料丛刊·洋务运动. 上海：上海人民出版社，1961.

[38] 中华民国资料丛稿·译稿（第一辑）. 北京：中华书局，1978.

[39] 左文襄公全集. 长沙：岳麓书社，1996.

[40] 张侠. 清末海军史料. 北京：海洋出版社，1982.

[41] 张晓华. 中国近代战策辑要. 北京：军事科学出版社，1993.

[42] 朱有瓛. 中国近代学制史料. 上海：华东师范大学出版社，1983.

[43] 郑振铎. 晚清文选. 北京：中国人民大学出版社，2012.

三、中文论著

[44] 宝成关. 奕䜣慈禧政争记. 长春：吉林文史出版社，1980.

[45] 鲍中行. 中国海防的反思——近代帝国主义从海上入侵史. 北京:国防大学出版社,1990.

[46] 陈旭麓. 甲午中日战争. 上海:上海人民出版社,1982.

[47] 费正清等. 剑桥中国晚清史. 中国社会科学院历史研究所编译室,译. 北京:中国社会科学出版社,1985.

[48] 郭廷以. 近代中国史纲. 香港:香港中文大学出版社,1986.

[49] 季岸先. 中国古代海洋意象史辑. 青岛:中国海洋大学出版社,2010.

[50] 姜鸣. 龙旗飘扬的舰队:中国近代海军兴衰史. 上海:上海交通大学出版社,1991.

[51] 姜鸣. 中国近代海军史事日志(1860—1911). 北京:生活·读书·新知三联书店,1994.

[52] 军事科学院. 中国近代战争史. 北京:军事科学出版社,1987.

[53] 勒法格. 中国幼童留美史. 高岩,译. 香港:文艺书屋出版社,1980.

[54] 刘中民. 中国近代海防思想史论. 青岛:中国海洋大学出版社,2006.

[55] 茅海建. 近代的尺度:两次鸦片战争军事与外交(增订本). 北京:生活·读书·新知三联书店,2011.

[56] 茅海建. 天朝的崩溃——鸦片战争再研究. 北京:生活·读书·新知三联书店,2005.

[57] 戚海莹. 北洋海军与晚清海防建设——丁汝昌与北洋海军. 济南:齐鲁书社,2012.

[58] 钱基博. 近百年湖南学风. 长沙:岳麓书社,1985.

[59] 戚其章. 北洋舰队. 济南:山东人民出版社,1981.

[60] 戚其章. 甲午战争史. 上海:上海人民出版社,1990.

[61] 戚其章. 晚清海军兴衰史. 北京:人民出版社,1998.

[62] 戚其章. 晚清史治要. 北京:中华书局,2007.

[63] 孙克复,关捷. 甲午中日海战史. 哈尔滨:黑龙江人民出版社,1981.

[64] 史全生. 中国近代军事教育史. 南京:东南大学出版社,1996.

[65] 苏同炳. 中国近代史上的关键人物. 天津:百花文艺出版社,1980.

[66] 王鸿鹏. 中国历代武状元. 北京:中国人民解放军出版社,2002.

[67] 王宏斌. 清代前期海防:思想与制度. 北京:社会科学文献出版社,2002.

[68] 王宏斌. 晚清海防地理学发展史. 北京:中国社会科学出版社,2012.

[69] 王宏斌. 晚清海防:思想与制度研究. 北京:商务印书馆,2005.

[70] 王家俭. 中国近代海军史论集. 台北:文史出版社,1984.

[71] 王吉尧. 中国近代军事教育史. 北京:解放军出版社,1997.

[72] 吴杰章. 中国近代海军史. 北京:解放军出版社,1989.

[73] 薛福成. 出使英法意比四国日记. 长沙:岳麓书社,1985.

[74] 薛桂芳.《联合国海洋法公约》与国家实践. 北京:海洋出版社,2011.

[75] 郑观应. 盛世危言. 北京:华夏出版社,2002.

[76] 郑敬高. 海洋行政管理. 青岛:青岛海洋大学出版社,2002.

[77] 张墨等. 中国近代海军史略. 北京:海军出版社,1989.

[78] 张晓华. 中国近代战策辑要. 北京:军事科学出版社,1993.

[79] 张玉田,陈崇桥. 中国近代军事史. 沈阳:辽宁人民出版社,1983.

四、期刊论文

[80] 陈美慧. 福州船政学堂与中国近代海军教育体系的形成. 宁夏社会科学, 2004,126(5).

[81] 季云飞. 同光之交"海防议"中若干问题辨析. 学术界,1992,34(3).

[82] 李海涛. 工业化视野下的同光之交海防筹议. 苏州大学学报(哲学社会科学版),2014(6).

[83] 陆儒德. 论晚清海军教育的成功之处. 航海教育研究,1998(1).

[84] 李细珠. 晚清地方督抚权力问题再研究——兼论清末"内外皆轻"权力格局的形成. 清史研究,2012(3).

[85] 皮明勇. 洋务运动时期引进西方海战理论情况述论. 军事历史研究,1994(1).

[86] 戚其章. 晚清海防思想的发展及其历史地位. 东岳论丛,1998(5).

[87] 陈在正. 1874—1875年清政府关于海防问题的大讨论与对台湾地位的新认识. 台湾研究集刊,1986(1).

[88] 苏小东,陈美慧. 福州船政学堂在中国近代海军教育中的地位. 军事历史研究,2006(4).

[89] 苏小东. 北洋海军管带群体与甲午海战. 近代史研究,1999(7).

[90] 王宏斌.《防海新论》与同光之交海防大讨论. 史学月刊,2002(8):58-62.

[91] 谢茂发,李京波. 近三十年来国内晚清海防思想研究综述. 东方论坛,2011(5).

[92] 徐燕,胡雁. 论"甲申易枢"后的奕譞主政. 贵州师范学院学报,2015,31(8).

[93] 杨永福. 评十九世纪七十年代中期清政府关于海防的讨论. 文山师专学报(校庆专辑),1994.

五、学位论文

[94] 陈强. 论晚清帝国视野下海防思想的衍变——以咸丰朝为中心. 厦门:厦门大学硕士学位论文,2009.

[95] 李凤至. 我国海洋人才政策研究. 青岛:中国海洋大学硕士学位论文,2012.

[96] 刘海峰. 嘉、道时期海防政策研究. 乌鲁木齐:新疆大学硕士学位论文, 2010.

[97] 刘玲. 海国时代的来临——中国近代海防的开端. 厦门:厦门大学硕士学位论文,2009.

[98] 田丽君. 李鸿章海防思想与海军教育实践研究. 兰州:西北师范大学硕士学位论文,2011.

[99] 孙成华. 洋务运动时期海防思想研究. 长春:吉林大学博士学位论文,2009.

[100] 孙峰. 传统与现代之间——清同治年间海防思想研究(1861—1879). 厦门:厦门大学硕士学位论文,2009.

[101] 杨春峰. 晚清海防思想的变迁. 长春:吉林大学硕士学位论文,2006.

[102] 周益峰. 晚清海防思想研究. 西安:西北大学博士学位论文,2004.